Brigitte Waldens

Wut
hat keine Tränen

Wo Rache zu viel der Ehre wäre, bleibt nur Verachtung übrig.

Was heute nicht ist – kann morgen schon werden.

Wer an das Gute im Menschen glaubt, hat das Böse noch nicht kennengelernt. Menschen verletzen, quälen und demütigen. Weil sie es können. Weil sie es wollen. Ganz anders die Tiere. Sie gehorchen klaglos, leiden still und lassen sich ergeben zur Schlachtbank führen. Denn sie sind dem Menschen untertan. So steht es geschrieben.

Nun können Tiere bedauerlicherweise nicht lesen und wissen daher nichts von der Rangordnung, die ihnen zugewiesen wurde. Aber sie können denken und fühlen. Tiere empfinden Schmerz, Trauer und Zorn gegenüber ihren Peinigern. Genau wie wir. Gute Voraussetzungen, um vom Untertanen zum Widerstandskämpfer zu werden. Und es gibt sie. Rebellen, die bereit sind zur Gegenwehr. Sie stehen auf und bieten dem Schicksal entschlossen Paroli. Selbst, wenn der Gegner um Vieles stärker sein sollte als sie selbst.

Dann werden Menschen und Tiere zu Kontrahenten, die ihre Auseinandersetzungen mit allen verfügbaren Mitteln austragen. Oder aber zu Verbündeten, vereint in der gemeinsamen Wut, die keine Tränen hat.

Dieses Buch berichtet von zwölf Begegnungen im Spannungsfeld zwischen Schuld und Vergeltung. Zwischen Fiktion und Wirklichkeit, die sich zu Narrativen über den Mut der Verzweiflung zusammenfügen.

Im Kapitel *Wildgericht* wird die Geschichte von Engelbert erzählt, der seit dreißig Jahren unter dem Joch einer herrschwütigen Ehefrau lebt und sich dennoch in seinem unfreien Leben komfortabel eingerichtet hat. Wenige Tage vor seinem fünfundsiebzigsten Geburtstag zieht er Bilanz über die Gewinne und Verluste in seinem Dasein, das bisher in selbstzufriedener Mittelmäßigkeit verlief. Ohne zu ahnen, dass nur einige Meter entfernt auf einem brachliegenden Grundstück über sein weiteres Schicksal entschieden wird.

Wie viel Unmenschlichkeit kann ein Geschöpf aushalten, das mit dem Menschen nahezu identisch ist? Unfassbar viel. Hanumans Leiden schienen kein Ende zu nehmen, bis er eines Tages doch noch Zuneigung und Mitgefühl erfuhr. Ob sich damit alles zum Guten wandte, lässt sich in *Affenschande* nachlesen.

In der Episode *Hahnenkampf* muss sich ein Junge gegen seinen Zwilling zur Wehr setzen, der sich bereits vor der Geburt als lebensuntüchtiges embryonales Rudiment im Körper des Geschwisters eingenistet hat. Dort ernährt sich der Parasit vom Fleisch und Blut des anderen. Gelingt es nicht, die Missgeburt zu vernichten, muss der beste Freund des Jungen sterben. Ein erbitterter Kampf zwischen den ungleichen Brüdern bringt die Entscheidung.

Es herrscht Aufregung im Beritt. Ein mörderischer Ripper geht um. Obwohl die Blutspur immer breiter wird, verläuft die Suche nach dem Phantom der Koppeln ergebnislos. Bis vom Acker unvermutet Hilfe kommt. Wie das zusammenhängt, können Sie in der Geschichte über die *Pferdestärken* erfahren.

In Liebe vereint. Im Hass verbunden. Im *Drohnenflug* enden die großen Gefühle. Was übrig bleibt, sind Hoffnungslosigkeit und Leere. Die Königin und ihr Ritter verlieren das Leben, weil der Tod nicht warten kann und keinen Aufschub gewährt. Und Pauline hat das Lachen verlernt. Denn ohne Zukunft gibt es keine Freude.

Was *Schafskälte* tatsächlich bedeutet, erlebt ein Muttertier hautnah und schmerzhaft, als ihm seine beiden Lämmer weggenommen werden. Ohnmächtig muss das Schaf mit ansehen, wie der Metzger die Jungen abholt und zum Schlachthof bringt. Gut, in dieser ausweglosen Lage einen Freund zu finden, auf den man sich voll und ganz verlassen kann.

Genervt vom Kindergebrüll in seinem Wohnhaus, sucht ein Orchestermusiker an einem entlegenen Fischteich die Ruhe zum Üben. Dabei bringt ihn das *Forellenquintett* auf eine Idee, die rein gar nichts mit Harmonie und sanften Tönen zu tun hat. Also setzt er den Bogen an zu einem tödlichen Spiel. Als die Violine schweigt, färbt sich das Wasser rot und brandet auf unter dem Beifall des bluthungrigen Publikums.

Wie eine Spinne im Netz wartet Madame KaLi auf ihr nächstes Opfer, das sie umgarnen und einfangen kann. Die fette Geldverleiherin im Rollstuhl war zum bösen Geist der Kleinstadt geworden, der lange Zeit über das Wohl und Wehe vieler Menschen am Ort bestimmte. Ob das *Spinnennetz* hält oder reißt, verrät die achte Erzählung im Zyklus von Wut ohne Tränen.

Eine Katze hat neun Leben, sagt man. Trotzdem oft nicht genug, um in der Nachkriegszeit zu überleben. Das Fleisch der Samtpfoten wanderte als falscher Hase in den Kochtopf, das Fell wurde zum Kürschner gebracht, der aus dem Pelz winterwarme Jacken, Mützen und Muffs fertigte. Gab es eine Möglichkeit, dem allgegenwärtig lauernden Tod zu entkommen? Das *Katzengold* legt die Spur, die zu einem Ausweg führt.

Der Umzug in die Stadt hatte Amanda einiges abverlangt. Sich im gefährlichen Straßenverkehr in Acht zu nehmen, den Konkurrenzkampf um Essbares siegreich zu bestehen und eine geeignete Unterkunft zu finden, gehörte zu den Herausforderungen für die junge Fähe. Nun aber hatte sie ein ideales Domizil für sich und die Familie entdeckt. Also alles in bester Ordnung? Die Ereignisse im Kapitel *Fuchsschwanz* lehren, dass man sich nie allzu sicher fühlen sollte.

Wer ist der Jäger? Wer die Beute? Beim Zusammentreffen zweier Mörder werden die Spielregeln außer Kraft gesetzt, weil beide sich für unbesiegbar halten. Als im Kampf um Leben und Tod die Entscheidung fällt, fließen keine *Krokodilstränen.* Denn Killer weinen nicht. Noch nicht einmal um sich selbst.

Ein Mann wacht am Morgen auf. Doch sein Albtraum fängt jetzt erst an. Gefangen in einem Käfig, wird er von fremden Riesenwesen beobachtet wie ein seltenes Exemplar im Zoo. Als er erkennt, dass keine Chance zur Flucht besteht, beschließt er, das Beste aus der Situation zu machen. Im Haus des Verhaltensforschers Piet versucht er, Kontakt mit der unbekannten Spezies aufzunehmen. Ob das hilft, aus dem *Hamsterrad* auszusteigen, ist allerdings ungewiss.

Von allen Seiten

Wildgericht

Engelbert hatte seit über zehn Jahren nicht mehr mit einer Frau geschlafen. Abgesehen davon ging es ihm recht gut. Vor allem, wenn man berücksichtigte, dass der fünfundsiebzigste Geburtstag unaufhaltsam näher rückte. Bald würde er unwiderruflich zum Club der Alten Eisen gehören. Da half es auch nicht viel, immer wieder zu beteuern, dass die Zahl im Geburtsschein eben nur eine Zahl ist und nichts darüber verrät, wie sich der Betreffende fühlt und wie gut er tatsächlich drauf ist. Trotzdem: Ganz spurlos waren die Jahre auch an ihm nicht vorübergegangen.

Was hatte er dem Alter – und damit natürlich auch Mechthild - nicht schon geopfert. Erst die geliebte kleine Jolle, die sein ganzer Stolz gewesen war. Allerdings ein kostspieliges Hobby, das seinen Geldbeutel arg strapazierte und zudem viel Aufwand erforderte. Mechthild hatte zunächst seine Leidenschaft akzeptiert, obwohl sie sich rein gar nichts aus dem Segeln machte und ihn deshalb auch nicht auf seinen Törns begleitete. Schließlich aber hatte sie ihn doch zum Verkauf gedrängt. Angeblich wegen der enormen finanziellen Belastung. Dann die zahlreichen Exkursionen in die europäische Bergwelt, die er zusammen mit den Kumpeln aus dem Alpenverein erkundete. Mechthild hatte entschieden verlangt, dass er mit diesen riskanten Klettertouren aufhören solle. Engelbert gehorchte, gerührt von Mechthilds Fürsorge. Insgeheim blieben allerdings einige Zweifel, ob die Forderung nach Aufgabe des Kraxelns tatsächlich aus Sorge um seine körperliche Unversehrtheit und nicht doch aus Ärger über die Wanderungen unter Männerfreunden entstanden war, an denen Mechthild nicht teilnehmen konnte. Sie hatte immer schon den Verdacht gehegt, dass am Ende solcher Trips wilde Orgien auf einer einsamen Berghütte stattfinden würden. Selbstverständlich in Gesellschaft mehr oder weniger zweifelhafter Damen. Eine Vorstellung, die Mechthild unter keinen Umständen billigen konnte.

Zu guter Letzt kam der Abschied von der Sache, die Engelbert noch einen Rest von Spaß und Freude bereitete: Bye, bye, Sex. Damit müsse endlich Schluss sein, hatte Mechthild damals verlangt. Seitdem galt der Bereich unterhalb der Gürtellinie als lustfreie Tabuzone, über die nicht gesprochen, an die nicht gedacht und die niemals berührt werden durfte. Manches Mal, wenn Engelbert in seinem Bett unter dem Fenster, das sommers wie winters geöffnet bleiben musste, erbärmlich froh, sehnte er sich nach Nähe und Wärme. Doch das klinisch reine Schlafzimmer mit dem militärisch ausgerichteten, faltenfrei festgezurrten Bettzeug, in dem alles fehlte, was zum Kuscheln und Zärtlichsein hätte einladen können, wurde zum lusthemmenden Bestandteil im Zusammenleben.

Engelbert fügte sich. Wie immer. Denn was Mechthild sagte, war Diktat. Mechthild führte, Engelbert parierte. Ohne Murren und Knurren, folgsam und fügsam. Wie ein devoter Hund. Verwegenheit war nicht sein Ding. Ihm fehlte schlicht die Traute zum Risiko. Was Mechthild betraf, wurde Engelbert selbst der Weg des geringsten Widerstands zu beschwerlich. Deshalb machte er es sich leicht und wählte die Straße, die mit Feigheit gepflastert war – begrenzt von Leitplanken aus Anpassung und Gehorsam. So hatte Engelbert in den dreißig Jahren mit Mechthild das Gehorchen ohne aufzumucken gelernt. Und lebte einigermaßen komfortabel damit. Eine warme Hütte, gut gefüllte Näpfe und ab zu ein Ausflug an langer Leine, die allzu freiheitliche Eskapaden verhinderte. Ein leichter Ruck genügte, und Engelbert kehrte brav wieder zurück in die vorgegebene Spur. Gut so. Schließlich brauchte jeder Hund ein Herrchen oder Frauchen, das sagte, wo es lang ging und was zu tun sei. Mechthild hielt das Stöckchen und Engelbert sprang.

Trotz des Verzichten-Müssens konnte Engelbert zufrieden sein. Beispielsweise, was die Gesundheit betraf. Im Vergleich zu manch anderem seines Jahrgangs hielt er sich ziemlich wacker. Rüstig zu Fuß unterwegs, was wichtig war, um die zahlreichen Besorgungen erledigen zu können, die ihm Mechthild Tag für Tag auftrug. Wenn es die Zeit erlaubte, war Engelbert auch viel mit dem Rad auf Tour, allerdings mit speziell gefedertem Sattel und Elektroantrieb. Zulässige Hilfsmittel, die einem munteren Rentner wohl erlaubt sind.

Lediglich eine unschöne, unheilbare Hautflechte machte seiner Eitelkeit zu schaffen. Mit diesem ästhetischen Makel haderte Engelbert auch nach Jahren immer noch. Denn silbrig geschuppt wie ein Reptil war es aus mit *bella figura* in Sauna und Strandbad. Eine solche Ungerechtigkeit hatte ein ansehnlicher Kerl wie er nicht verdient, grollte Engelbert vor allem dann, wenn er in den Spiegel schaute, um seine Römerlocken zu ordnen. Die klassische Frisur hatte er sich von antiken Büsten im Museum abgeguckt, nachdem eine Kollegin ihm gesagt hatte, er sehe aus wie Rex Harrison als Cäsar in dem Film *Cleopatra*.

Wirklich ärgerlich und beunruhigend waren jedoch die erheblichen Erektionsstörungen. Da wuchs nichts mehr, da stand nichts mehr, da reckte sich nichts mehr in die Höhe. Seiner sexuellen Funktion beraubt, war das schrumpelige Ding zwischen seinen Beinen arbeitslos geworden und nur noch zum Wasserlassen tauglich. Insgeheim besorgt, versuchte Engelbert die Zwangsstilllegung seines Gliedes pragmatisch zu beurteilen. Ein Mann seines Alters würde wohl nicht mehr in die Verlegenheit geraten, den Penis zu reaktivieren. Falls doch, würde es schon klappen. Gelernt ist schließlich gelernt. Beim Sex war es nicht anders als beim Fahrradfahren. So oder ähnlich sprach sich Engelbert selber Mut zu.

Mechthild hatte von all dem natürlich nichts bemerkt. Oder wollte davon nichts bemerken. So genau wusste Engelbert das auch nicht. Aber klar. Mechthild war letztendlich das ursächliche Problem mit ihrem strikten „Nein“ zu Zärtlichkeit, Leidenschaft und Verlangen. „In unserem Alter muss endlich Schluss sein mit diesem unnötigen Zeug“, lautete das Mantra der gestrengen Domina. Einer Domina ohne jeglichen Sexappeal, dafür aber mit eindeutigen Vorstellungen, wie ein Zusammensein ohne Sex zu funktionieren hatte. Während Mechthild im Fitness-Studio regelmäßig ihren faltig gewordenen Körper stählte, übte sich Engelbert im verstohlenen Taschenbillard, wann immer es möglich war. Selbstverständlich war er stets darauf bedacht, einen ausreichenden Vorrat an Papiertüchern bei sich zu haben, um die verräterischen Spuren zu tilgen. Mechthild hätte die Flecken in der Unterhose bei der wöchentlichen Wäsche sofort entdeckt und ein moralisch entrüstetes Donnerwetter losgetreten. Etwas, was Engelbert unter allen Umständen vermeiden wollte. Anderenfalls hätte er sich stillschweigend in Geduld üben und abwarten müssen, bis sich der Groll seiner Gattin wieder verzogen hatte.

Doch mit der Zeit hörte auch das auf. Einsame Lust war auf die Dauer nicht so erfüllend, wie er sich das erhoffte. Also änderte er sein Leben auch in dieser Hinsicht und tat, was Mechthild von ihm verlangte.

Tok,tok,tok. Ein bekanntes, unangenehmes Geräusch drängte sich in Engelberts Gedanken. „Diese verdammten Biester. Schmeißen schon wieder die Fichtenzapfen auf die Erde und sorgen für Dreck im Garten. Wird wohl wieder mal Zeit, den roten Viechern eins aufs Fell zu brennen", schimpfte Saubermann Engelbert vor sich hin und ging ins Schlafzimmer, um das Schrotgewehr zu holen, das stets griffbereit neben seinem Bett lehnte. Die Waffe stammte aus dem Nachlass seines Vaters, der ein begeisterter Jäger und weniger ein leidenschaftlicher Heger gewesen war.

***

Es war noch sehr früh am Tag. Die Nacht hatte sich gerade verabschiedet und dem ersten Morgengrauen Platz gemacht. Da wurde es auf dem verwilderten Grundstück gegenüber lebendig. Denn der Wildwuchs der Natur bot eine ideale Deckung für ein konspiratives Treffen der besonderen Art.

In der Tat hatte sich an diesem frühen Morgen eine außergewöhnliche Versammlung zusammengefunden. Vier Eichhörnchen, zwei davon sichtlich betagt mit grauen Haaren im buschigen Schwanz. Zwei abgemagerte Katzen und ein hinkender schwarzer Hund, der immer wieder seine rechte Vorderpfote anhob, um sie nicht unnötig zu belasten. Eine Ringeltaube, die sich in sicherer Entfernung von den beiden Katzen gurrend auf einem Gesträuch niedergelassen hatte. Und schließlich flatterte auch noch eine Fledermaus heran. Damit war alles dafür bereit, wozu sich die Runde an diesem Morgen eingefunden hatte: Zu Gericht zu sitzen und ein Urteil zu fällen.

***

„Was hast du gemacht?", wollte Mechthild wissen, als Engelbert wiederholt auf ihr strenges Kommando ‚Komm mal her!' nicht reagiert hatte. „Ich wollte den Eichhörnchen eine Lektion verpassen", erklärte Engelbert. „Doch als ich in den Garten kam, waren sie schon verschwunden. Schade. Ich dachte, sie hätten noch vom letzten Mal genug. Aber offenbar hat das nicht ausgereicht. Sie sind wieder da." „Dann tu was dagegen. Ich habe keine Lust, die verstreuten Zapfen aufzusammeln. Außerdem machen sich die blöden Dinger über das Vogelfutter her. Also sei gefälligst in Zukunft etwas schneller, wenn sie sich bei uns blicken lassen. Und da wir gerade dabei sind: Du könntest gleich mal die Wohnung und das Treppenhaus saugen."

Das Revier in und um das Eckhaus aus der Vorkriegszeit an der abschüssigen Straße, in dem Engelbert und Mechthild die erste Etage bewohnten, unter allen Umständen sauber zu halten: Auch das gehörte zu den Aufgaben, die ihm Mechthild übertragen hatte. Kein Zutritt für Zweibeiner, Vierbeiner und Geflügeltes. Um unerwünschte Besucher zu verscheuchen, die den Garten verunreinigen, beschädigen oder sonst wie in Unordnung bringen könnten, war jedes Mittel recht. Absolut jedes. Da waren sich Mechthild und Engelbert einig. Und der Einsatz zeigte Erfolge. Kein Hund wagte sich mehr auf das Grundstück, Gebüsch und Bäume waren frei von Nagern, die Zahl der lästigen Tauben dezimiert und weit und breit keine streunende Katze in Sicht. Steinwürfe, Wassergüsse und Metallgeschosse – all das hatte Wirkung gebracht. Überhaupt konnten Mechthild und Engelbert gut ohne Tiere leben. Tiere machten Schmutz, rochen schlecht und hatten unappetitliche Angewohnheiten wie Hochspringen, Ablecken und am Schritt schnüffeln, was Engelbert gar nicht leiden konnte.

Engelbert erinnerte sich noch genau an einen Sommertag, an dem er gemeinsam mit seinen Enkelkindern den Zoo in der Stadt besucht hatte. Der Weg durch das weitläufige Gelände führte unter anderem vorbei an einem Eisbärengehege. „Meine Güte, wie das hier stinkt", bemerkte Engelbert und rümpfte die Nase. Seine Abneigung brachte ihm allerdings keine Zustimmung bei den kleinen Begleitern ein. „Aber Opa, Raubtiere haben nun mal ihren eigenen strengen Geruch", erklärte altklug der Älteste. Genauso wie die Seelöwen in der Kinderstube, die ebenfalls besucht wurde, um den frischgeborenen Nachwuchs zu bewundern. Nach Engelberts Ansicht gab es dort allerding nichts zu bewundern. Ein glitschiges, nasses Etwas auf dem Fliesenboden, dazu eine Tiermutter, die nach Futter schrie, nebenan – nur durch ein dünnes Gitter getrennt – der Vater der Menagerie, der die unbekannten Gäste argwöhnisch beäugte. Während seine tierlieben Enkel sich absurderweise mit dem brüllenden Bullen unterhielten, kämpfte Engelbert mit einem Brechreiz, ausgelöst durch den aufdringlichen Gestank nach Fisch und fauligem Wasser. Mechthild, die draußen auf einer Bank wartete, würde seine Abneigung teilen. Mechthild, die fleischgewordene Inkarnation von Sauberkeit und Ordnung, war mitgekommen, um mal wieder den zoologischen Garten am Wohnort besuchen zu können. Doch auf eine Begegnung Auge in Auge mit dem Getier verzichtete sie gern.

Nein, Tiere mussten nicht sein. Hervorragend, dass in dieser Beziehung zuhause klare Regeln herrschten. Dank vereinter Anstrengungen war das Grundstück seit langem aufgeräumt und besenrein. So sollte es sein. Nur hin und wieder ließ sich ein vorwitziges Rotkehlchen sehen, das auf dem spärlichen Gras nach Regenwürmern suchte. Ein possierlicher Anblick, der großzügig toleriert wurde.

Aber Ordnung musste sein, dachte Engelbert zustimmend, während er in den Ritzen des Sofas mit der Fugendüse des Staubsaugers nach versteckten Staubkörnchen fahndete. Deshalb hatte er auch nichts dagegen einzuwenden, noch vor dem Betreten der Wohnung jedes Mal die Straßenschuhe auszuziehen und auf dem dicken Zeitungsstapel neben der Tür abzustellen, der natürlich regelmäßig ausgewechselt wurde. Manchmal jedoch ging ihm Mechthilds Ordnungsliebe dann doch etwas zu weit. Etwa dann, wenn er vergaß, eine Zeitschrift zurück in den Zeitungskorb zu befördern. Auf diese Nachlässigkeit folgte automatisch ein mahnender Ordnungsruf von Mechthild. Sie kannte eben kein Pardon, wenn es um die Wohnung ging. Jedes Stück musste an seinem Platz sein, nichts durfte herumliegen.

Engelbert selbst war in den eigenen vier Wänden ein streng limitierter Platz zugeteilt worden. Einige wenige Fächer im Bücherregal, etwas Raum im Kleiderschrank, um seine Hosen, Sakkos, Hemden und Pullover unterzubringen. Die gesamte Einrichtung, Möbel, Regale, die Lampe über dem Esstisch, an der sich Engelbert wiederholt die Stirne blutig stieß, die Flauschteppiche, die Wände und Decken - alles in sterilem Weiß. Dazu ein paar nichtssagende Fotos an den Wänden, wenig Dekoration, kaum etwas, was der kalten Atmosphäre ein bisschen Wärme und Behaglichkeit gegeben hätte.

Engelbert hatte sich schon so an das unpersönliche Flair der gemeinsamen Behausung gewöhnt, dass ihm das jegliche Fehlen von wohnlicher Gemütlichkeit überhaupt nicht mehr auffiel. Selbst der Christbaum zu Weihnachten wurde auf den Balkon verbannt. Mögliche

Tannennadeln auf dem Boden – undenkbar. Dann doch lieber die adventliche Stimmung draußen lassen. So blieb in den vier Wänden alles sauber. Und für Mechthild gab es keinen Grund zu klagen.

Anlass zur Meckerei fand sich nämlich immer wieder schnell und oft. Etwa dann, wenn Engelbert seine Pflichten versäumte und beispielsweise das Staubsaugen vergaß. Wie beispielsweise vor Kurzem, als Mechthild wegen ihres lädierten Knies zwei Tage im Krankenhaus verbringen musste. Bei ihrer Rückkehr entdeckte sie sofort, dass Engelbert nicht wie aufgetragen den Fußboden gesäubert hatte. Eine Woche lang herrschte Stillschweigen im Haus. Sogar ein dicker Blumenstrauß änderte daran nicht viel, bis sich Mechthild endlich herabließ, aus dem Schmollwinkel herauszukommen.

Was für Außenstehende eine zu vernachlässigende Bagatelle sein mochte, war für Engelbert ein elementares Erlebnis, das massiv in seinen Wohlfühl-Alltag eingriff. Ein entscheidender Grund, künftig alles zu vermeiden, was Mechthild verärgern würde. Engelbert lernte schnell. Wie ein gut abgerichteter Hund eben.

***

„Die Sitzung ist eröffnet“, verkündete die Fledermaus, die wegen ihres neutralen Verhältnisses zu dem Beschuldigten von der Versammlung einstimmig zum Richter gewählt worden war. „Wir sind hier zusammengekommen, um die Causa Engelbert vom Eck zu besprechen. Die Verbrechen, die ihm zur Last gelegt werden, sind ermittelt und unzweifelhaft geschehen. Jetzt wollen wir gemeinsam das rechte Strafmaß festsetzen. Zu diesem Zweck bitte ich die hier vertretenen Geschädigten, noch einmal kurz ihre Erlebnisse zu schildern. Ich rufe auf Husch-Husch und Wegda, wohnhaft in der Schrebergartenkolonie am Walde.“

Der Tigerkater mit dem eingerissenen Ohr trat vor, dicht gefolgt von der langhaarigen schwarz-weißen Katze, die auf den Namen Wegda hörte. Ihr Fell war verfilzt, steckte voller Pflanzenreste und Dreck. „Hohes Gericht, wir sind gekommen, um den Mann Engelbert vom Eck anzuklagen. Anzuklagen wegen Misshandlung unserer Eltern und Großeltern und ihrer Verwandten, die auf dem Grundstück vom Eck ihr Zuhause hatten. Täglich liebevoll betreut und gefüttert von der Frau, die zu dieser Zeit im ersten Stock des Gebäudes wohnte. Meine Familie lebte dort glücklich und zufrieden, hielt das Grundstück zum Dank für die Fürsorge frei von Mäusen und

Ratten. Alles war gut bis zu dem Tag, an dem unsere Beschützerin das Haus mit unbekanntem Ziel verließ. Schon bald nach dem Einzug der neuen Mieter sollte sich das sorgenfreie Leben unserer Sippe grundlegend ändern. Engelbert und seine Frau Mechthild hassen Katzen. Das wurde sehr schnell klar. Bereits am nächsten Tag, als sich unsere Familie am gewohnten Futterplatz im Garten versammelte, standen der böse Mann und die Frau auf dem Balkon und warfen mit Steinen nach unseren Verwandten. Völlig verstört liefen diese davon. Es konnte sich doch nur um einen Irrtum handeln, dachten sie anfangs. Doch es war kein Irrtum. Am folgenden Tag, und am übernächsten, die ganze darauf kommende Woche immer das gleiche Drama. Gezielte Steinwürfe, dazu sogar eimerweise Wassergüsse, die meine Verwandten manchmal bis auf die Haut durchnässten. Doch damit nicht genug. Es dauerte nicht lange und der überdachte Unterstand, in dem unsere Familie Schutz vor Regen, Wind und Schnee fand, war zerstört. Der böse Mann hatte Kleinholz aus der Hütte gemacht."

„Unsere drei Geschwister haben die Misshandlung nicht überlebt. Sie waren zu schwach, um die harten Entbehrungen ohne Nahrung und Wetterschutz zu überstehen. Mein Bruder und ich hatten Glück. Denn unserer Mutter gelang es, uns am Genick zu fassen und von dem schlechten Ort wegzubringen. Der Hunger aber blieb. Denn unsere Eltern und Großeltern bekamen tagelang nichts zu essen. Die paar Nager, die sie mit Mühe fangen konnten, reichten bei Weitem nicht aus, alle Mitglieder der Sippe satt zu bekommen", setzte Wegda den Bericht von Husch-Husch fort. „Schließlich sahen sie ein, dass sie gegen die Vertreibung nichts ausrichten konnten und beschlossen schweren Herzens, ihr Heim aufzugeben. Seitdem lebt unsere Familie mehr schlecht als recht in der Laubenkolonie ein paar Straßen weiter. Dort werden wir allerdings von den meisten Menschen nicht geduldet, werden verjagt, wann immer sie uns zu Gesicht bekommen. Einen gefüllten Napf finden wir nur noch ganz selten. Müssen draußen unter dem Gebüsch schlafen und haben keine Gelegenheit, uns zu pflegen, wie es einer reinlichen Katze geziemt. Deshalb, hohes Gericht, entschuldigt bitte unser verwahrlostes Aussehen." Wegda senkte voll Scham den Kopf und schwang den buschigen Schwanz aufgeregt hin und her.

„Keine Sorge. Das Gericht und alle Anwesenden haben tiefes Mitgefühl mit euch und dem Schicksal, das eure Familie getroffen hat. Wir danken für eure Ausführungen. Wenn es nichts mehr zu sagen gibt, nehmt bitte wieder Platz." Der verständnisvolle Zuspruch des Richters in der schwarzen Flügelrobe tat den beiden Samtpfoten sichtlich gut.

„Und jetzt rufe ich Troll aus der Sippe vom Sonnenberg in den Zeugenstand. Wir sind gespannt auf seinen Bericht." Der schwarze Rottweilermischling erhob sich und humpelte nach vorn zum Richtertisch. „Setz dich, Troll", sagte die Fledermaus. „Ich sehe, das Stehen bereitet dir Schmerzen." „Zu gütig, Euer Ehren", antwortete der schwarze Hund dankbar und ließ sich auf die Hinterpfoten nieder.

***

Gehorchen, den richtigen Umgang mit Kontrolle und Unterstellungen pflegen. Für Engelbert war das Außergewöhnliche längst zur Gewohnheit geworden. Zahlreiche Abläufe im Zusammenleben hatte er diesem Umstand bereits angepasst. Nur nicht erwischen lassen, lautete seine Devise. So passte er auf, dass die Reifen des Autos stets frei von Dreck und Erde waren. Denn es wäre durchaus möglich, dass verschmutzte Reifen peinliche Fragen auslösen würden. „Wo warst du? Auf der Straße werden die Reifen nicht dreckig. Also was hat dich in den Wald oder auf einen einsamen Feldweg getrieben? Mit wem bist du dorthin gefahren?" Jede noch so plausible Antwort erwies sich nach Mechthilds Ansicht als unglaubwürdig. Schwierig, in dieser von Misstrauen geprägten Situation nicht schuldbewusst zu wirken. Dabei hatte Mechthild niemals Grund für solche Verdächtigungen gehabt. Na ja, bis auf ein einziges Mal. Aber das war lange her und nicht der Rede wert.

Auch wenn sich Engelbert im Schuppen draußen hinter dem Haus aufhielt, um aufzuräumen oder Geräte für die Gartenarbeit zurechtzulegen, war Mechthild nicht weit. „Was machst du da? Telefonierst du mit jemand und mit wem? Komm endlich wieder nach oben oder muss ich erst selber nachschauen, was du im Schuppen treibst?"

Engelbert hatte sich mit dem Staubsauger langsam durch das Treppenhaus Stufe für Stufe nach unten gearbeitet und stand nun vor seinem kleinen Büro im Kellergeschoß. Er schaltete das Gerät aus und schloss mit einem leisen Seufzer die Tür hinter sich. Endlich allein in seinem persönlichen Refugium. Alles da, was er brauchte. Filmprojektor, Leinwand, Computer, Drucker und Scanner. Die Regale bis zur Decke gefüllt mit Plakaten und Programmheften aus fast hundert Jahren Filmgeschichte. Von *Sissi* bis zur *Brücke am Kwai,* vom *Blauen Engel* bis zum *Doppelten Lottchen* war alles vorhanden. Gerahmt und an die Wand gehängt, sorgfältig aufgerollt oder in Schubladen aufbewahrt, hatte Engelbert seine cineastischen Schätze gehortet. In einer Ecke waren Metalldosen aufgetürmt, die historische Streifen enthielten. Selbstverständlich gab es auch eine moderne Version der Dokumentation mit etlichen DVD's. Außerdem gehörte ein digitales Archiv auf seinem Rechner mit Bildern und Lebensläufen von Stars und Sternchen, namhaften Filmhelden oder weniger bekannten Darstellern zu Engelberts privatem Kino-Museum.

Voll Stolz suchte er immer mal wieder das eine oder andere Zeitdokument heraus, um sich in die unendlichen Weiten seiner persönlichen Phantasiewelt zu beamen. Um mit Heinz Rühmann alias Pfeiffer mit drei F in der *Feuerzangenbowle* die Schulbank zu drücken, um beim *Letzten Kaiser* untertänig Kotau zu machen oder um sich unter die Meuterer auf der *Bounty* zu mischen. Auf Tara machte er Scarlett O'Hara den Hof, im Kolosseum fieberte er beim Wagenrennen mit Ben Hur und während des *Längsten Tages* suchte er Deckung im Schützengraben. Stundenlang konnte Engelbert auf diese Weise seine Zeit verbringen, während sein Kopfkino auf Hochtouren lief.

Mechthild sah diese Freizeitbeschäftigung jedoch gar nicht gern. Denn Ausflüge Engelberts, bei denen sie nicht dabei sein konnte, waren Mechthild ein Graus. Sogar wenn diese nur in dessen Gedanken stattfanden, lehnte die gestrenge Domina derartige Eskapaden ab. Aber in diesem Punkt blieb Engelbert hart. Seine Kollektion war für Mechthild tabu. Glaubt er zumindest. Bis zu diesem Moment.

***

„Etliche meiner Freunde hatten mich schon vor dem Mann gewarnt, der gegenüber das Haus vor der Kurve bewohnt. Pass auf, haben sie gesagt. Dieser Mensch ist schlecht, mag keine Tiere und versucht, uns übel mitzuspielen. Also geh ihm besser aus dem Weg", begann der schwarze Hund seinen Bericht vor dem aufmerksam lauschenden Richter. „Leider habe ich diese gutgemeinten Ratschläge in den Wind geschlagen. Was soll mir schon passieren, habe ich gedacht. Ich bin groß, stark und schnell. Vorzüge meiner Rasse, die auch Menschen Respekt einflößt."

„Doch wie wir alle sehen können, ist die Begegnung mit dem Beschuldigten trotz dieser körperlichen Vorzüge nicht glimpflich für dich verlaufen", stellte die Fledermaus trocken fest. „Bitte schildere uns, wie es dazu gekommen ist."

„Jedes Mal, wenn ich dem Mann über den Weg gelaufen bin, hat er mir gedroht. Hat mich angeschrien und sogar mit einem Stock nach mir geschlagen. Natürlich habe ich ihm die Zähne gezeigt, geknurrt und deutlich gemacht, dass ich mich wehren würde. Einer aus der Sippe vom Sonnenberg lässt sich nicht so leicht einschüchtern. Daher ist es lange Zeit nicht zum Äußersten gekommen. Doch an dem besagten Unglückstag traf ich den bösen Mann nicht zu Fuß, sondern er saß in seinem Auto und fuhr mit ziemlicher Geschwindigkeit die Straße hinunter. Als er mich erblickte, gab er noch zusätzlich Gas, so dass ich nicht rasch genug beiseite springen konnte. Der Wagen erfasste mich am Bein und schleuderte mich in den Straßengraben, wo ich verletzt liegenblieb. Der Mann war schon längst weitergefahren, als mich nette Menschen fanden und zum Arzt brachten. Der Doktor stellte fest, dass mein rechtes Bein mehrfach gebrochen war. Er tat alles, um es zu retten. So brauche ich jetzt nicht als Dreibein durch die Gegend zu laufen. Aber komplett gesund werde ich wohl nie wieder werden. Aus dem kräftigen, mutigen Rottweiler ist nun ein Humpelhund geworden, den niemand mehr ernst nimmt."

Der betrübte Troll seufzte vernehmlich und fuhr dann fort: „Das Schlimmste aber ist, dass ich meine Aufgabe als Wachhund nicht mehr wahrnehmen kann, weil ich nicht in der Lage bin, Einbrecher oder andere finstre Gestalten zu verfolgen. Wie ich höre, planen meine Leute, sich einen neuen, jungen Hund zuzulegen, der keine Behinderung hat und deshalb meine Arbeit übernehmen kann. Mir bleibt dann nur noch die Hoffnung, in meiner Hütte bleiben zu dürfen und das Gnadenbrot zu bekommen. Sollte ich ins Tierheim abgeschoben werden, möchte ich nicht mehr leben."

„So schlimm wird es sicher nicht kommen. Denn deine Leute schätzen dich bestimmt sehr und wissen, was sie an dir haben", versuchte der Fledermaus-Richter den verzweifelten Troll zu beruhigen. „Wir haben deinen Ausführungen aufmerksam zugehört und rufen jetzt Turtel auf, wohnhaft auf dem Roten Dach, nach vorne zu kommen."

Der Ringeltäuberich spreizte die Flügel und hob von seinem Ast ab, um sich vor dem Richterstuhl niederzulassen. „Nun, Turtel, was hast du uns zu sagen?" Aufgeregt bewegte sich der Kropf des Vogels auf und nieder. Mehrmals öffnete die Taube ihren Schnabel, doch kein Ton war zu hören. „Nun, Turtel. Wir warten", mahnte der Richter. „Ja, gewiss, hohes Gericht. Entschuldigung, hohes Gericht. Ich habe die

Berichte meiner Vorredner mit Anteilnahme verfolgt, doch hat mich das Gesagte so stark an die grausame Tat erinnert, der meine liebe Frau zum Opfer fiel, dass mein Kopf für einen Moment ganz leer war." „Soll das Gericht eine Pause verkünden, damit du dich sammeln kannst?", fragte die Fledermaus. „Nein, nein, Euer Ehren. Es wird schon gehen", erklärte der Täuberich und begann mit der Schilderung seines Schicksals.

„Meine liebe Frau und ich hatten uns wie immer in den Morgenstunden in einer der fünf Fichten auf dem Grundstück gegenüber niedergelassen, um unser Frühstück einzunehmen, als auf einmal dieser furchtbare Mensch auf dem Balkon auftauchte. Zuerst dachten wir an nichts Böses, bis er schrie: „Ihr widerlichen Vögel, euer scheußliches Gegurre, das ich Tag für Tag ertragen muss, geht mir entsetzlich auf die Nerven. Damit wird jetzt ein für allemal Schluss sein." Und ehe wir es uns versahen, holte der Mann hinter seinem Rücken ein Gewehr hervor, legte an und traf meine Frau mitten ins Herz, noch bevor wir auffliegen und flüchten konnten. Wie ein Stein fiel sie vom Ast, während es mir gelang, davon zu fliegen. Nur einige Federn musste ich lassen. Doch meine liebe Frau Federleicht war tot. Ich konnte ihr nicht mehr helfen. Der Mann rief noch hinter mir her: „Keine Sorge, du Mistvieh. Dich kriege ich bestimmt das nächste Mal, wenn du dich noch einmal auf mein Grundstück traust." Das, Euer Ehren, ist kurz gefasst meine Geschichte. Was ich aber nicht in Worte fassen kann, sind der unsägliche Schmerz und die nicht enden wollende Trauer, die ich über den Verlust meiner lieben Frau empfinde. Wie ihr alle vielleicht wisst, bleibt eine Taube lebenslang mit dem gewählten Partner zusammen. Jetzt, da unsere Ehe brutal beendet wurde, möchte ich ebenfalls nur noch sterben. Um dann mit meiner lieben Frau irgendwo im Vogelhimmel wieder vereint zu sein."

„Na, na, lieber Turtel. Ich kann dein Leid gut verstehen. Aber wie heißt ein altes Sprichwort: Die Zeit heilt viele Wunden. Es ist doch möglich, dass du irgendwann eine neue liebe Gefährtin findest, mit der du wieder glücklich sein kannst." Doch der Täuberich schüttelte kaum merklich den Kopf, als er die aufmunternden Worte des Richters vernahm. Mit einer Verbeugung flog er auf und kehrte zu seinem alten Sitzplatz im Geäst des Busches zurück.

***

Während sich Engelbert in seinem gemütlichen Büro im Basement umschaute, ging ihm so manches durch den Kopf. Arbeiten und Geld verdienen waren für ihn stets unverzichtbare Aspekte in seinem Leben gewesen. Um diese Ziele zu erreichen, hatte er vieles in Kauf genommen in den über fünfzig Jahren seiner Tätigkeit als Werkzeugmacher in einem Metall verarbeitenden Betrieb in der nahe gelegenen Großstadt. Sogar eine drohende Kündigung hatte er überstanden, indem er persönlich beim Firmeninhaber vorstellig geworden war, sozusagen auf Knien um seinen Verbleib im Unternehmen gefleht und sich bis zum Geht-nicht-mehr erniedrigt hatte. Aber was hieß das schon. Er durfte seinen Job behalten, das Gehalt war gesichert. Und das allein zählte. Ich bin zufrieden. Mehr will ich nicht. So hatte Engelbert stets sein Verhalten verteidigt. Für diese geordnete Bequemlichkeit war er auch jederzeit bereit gewesen, seine Freiheit aufzugeben.

.Stoisch ertrug er Missgunst und Denunziation von Kollegen, die ihm seinen beruflichen Erfolg neideten. Ebenso erledigte er ohne aufzubegehren die Mehrarbeit, die ihm seine Vorgesetzten aufbürdeten, auch wenn sein Überstundenkonto stieg und stieg.

Jetzt im Ruhestand, sah es mit den Einkommensverhältnissen nicht mehr so rosig aus. Wie selbstverständlich hatte es Mechthild nach der Heirat übernommen, sich um die gemeinsamen Finanzen zu kümmern. Alle Einnahmen und Ausgaben unterlagen ihrer peniblen Kontrolle. Engelbert stand noch nicht einmal ein Taschengeld zur Verfügung. Für alles und jedes, was er für sich selbst anschaffen wollte, musste er um Erlaubnis fragen und Rechenschaft ablegen.

Dumm war, dass seine Rente deutlich niedriger ausfiel als Mechthilds Altersbezüge. Das lag vor allem daran, dass er einen Teil des Geldes an seine erste Ehefrau abgeben musste. Die Heirat war ein Fehltritt gewesen, wie sich schon bald herausstellen sollte. Die Dame ging unverantwortlich leichtsinnig mit seinem schwer verdienten Geld um, was im Endeffekt zur Scheidung führte. Relikt dieser gescheiterten Beziehung: Ein Sohn und eine geschmälerte Rente. Äußerst ärgerlich, dachte Engelbert verstimmt. Denn das bedeutet nichts anderes, als bis zum Lebensende finanziell abhängig von Mechthild zu sein. Allein würde er die jetzige Wohnung niemals halten können. Deshalb kam eine Trennung – selbst wenn er sich diese noch so wünschen würde – niemals in Frage. Simpel ausgedrückt: Ein Mann verlässt seine Frau nicht, wenn sie die Kohle hat. Mechthild wusste das natürlich und spielte ihre Stärke als Geldgeberin überdeutlich aus.

In Wirklichkeit war das mit der finanziellen Abhängigkeit allerdings nicht weit her. Denn in seinem ausgeprägten Geiz hatte Engelbert zeit seines Lebens eifrig gespart und ein beträchtliches Kapital angehäuft, von dem er bis zum Ende seiner Tage sorgenfrei hätte leben können. Doch diese Vorstellung kam ihm niemals in den Sinn. Warum auch. Wozu das eigene Geld anrühren, wenn man einfach und bequem von dem Vermögen anderer profitieren konnte. So wurde die Mär vom mittellosen Engelbert zu einer festen Größe in seiner Vita. Immer wieder gern zitiert und überzeugend vorgetragen – auch als Entschuldigung für den vermeintlichen Mangel an Großzügigkeit, wenn beispielsweise ein anderer die Kosten für ein Essen übernahm oder Engelbert etwas schenkte, was dieser sich wünschte, aber niemals selbst kaufen wollte. Mit zig-tausend Euro im Rücken, sorgte die Saga vom armen Mann bei Engelbert stets für versteckte Heiterkeit.

***

Nun warteten nur noch die vier Eichhörnchen darauf, vor den Richtertisch gerufen zu werden. Alsbald wandte sich die Fledermaus an die Gruppe und bat sie vorzutreten: „Die Eichhorn-Sippe von den fünf Fichten möge jetzt berichten, was sie dem Beschuldigten zur Last legt", forderte der schwarzgeflügelte Kadi die Rotpelze auf.

„Ich heiße Zapf und bin das Oberhaupt der Familie derer von den fünf Fichten", ergriff das größte Hörnchen das Wort. „Mit mir gekommen sind meine Gattin Gnusch, mein Sohn Knopf und dessen Gattin Plüsch." „Seid willkommen", entgegnete die Fledermaus. „Was habt ihr uns zu erzählen?"

„Es geschah im letzten Frühling. Meine Schwiegertochter hatte im Kobel gerade ihren ersten Wurf zur Welt gebracht. Vier reizende kleine Hörnchen, drei Mädchen und ein Junge. Wir waren so stolz auf unsere prächtigen Enkelkinder. Aber dann brach das Unheil über unsere Familie herein. Unglücklicherweise hatte mein Sohn beim Bau des Nestes den falschen Ort gewählt. Obwohl meine Sippe schon zu dieser Zeit immer häufiger mit Steinen von dem Grundstück des Beschuldigten vertrieben worden war, hatte er ungeachtet dessen den Kobel dort in einem hohlen Stamm eingerichtet. Dieser Leichtsinn sollte sich bitter rächen." Dem alten Eichhorn versagt die Stimme.

„Ich war an diesem frühen Abend unterwegs, um für meine Frau ein paar Samen zum Nachtmahl zu sammeln und leider nicht daheim, als das Unvorstellbare geschah", setzte Knopf den Bericht fort. „Ich traf meine Frau jammernd im leeren

Nest, von den Kleinen keine Spur. Schluchzend erzählte Plüsch, was passiert war. Plötzlich war der Mann aufgetaucht, hatte eine Leiter angestellt und mit einem Griff die Babys aus dem Nest geholt. Hilflos musste meine Frau mit ansehen, wie der Mann unsere Kinder packte und zur Regentonne im Garten brachte. Dort hat er die Vier im Wasser ertränkt. Ohne sich um das Flehen der verzweifelten Mutter zu scheren. Im Gegenteil. Als die Tat vollbracht war, rief er zu der Frau auf dem Balkon herauf: „Jetzt ist die Brut tot. Hoffentlich haben wir nun Ruhe vor dem Geschmeiß." So, Euer Ehren, ist es geschehen. Deshalb klagen wir an und fordern Rache."

Erschüttert hatten die Übrigen zugehört. Minutenlang herrschte Stille im Rund. Dann klopfte die Fledermaus auf den Richtertisch und bat um Aufmerksamkeit. „Nachdem jeder der Anwesenden seinen persönlichen Bericht über die Taten des Beschuldigten Engelbert vom Eck abgegeben hat, kommen wir nun zur abschließenden Urteilsfindung. Zu diesem Zweck bitte ich jeden einzelnen, sein gewünschtes Strafmaß vorzutragen. Husch-Husch, würdest du bitte beginnen."

Der Tigerkater tat, wie ihm geheißen. Seine Schwester Wegda folgte, danach war der Hund Troll an der Reihe. Auch die Taube Turtel gab ihr Votum ab. Genauso wie das Eichhörnchen Zapf und seine Familie.

Als alle ihre Forderungen nach einer angemessenen Strafe kundgetan hatten, fällte das Gericht das Urteil. Schweigend vernahmen die Kläger den Richterspruch und verließen das verwilderte Grundstück, nicht ohne einen letzten Blick auf das Haus des Beschuldigten Engelbert vom Eck zu werfen.

***

Als er die bekannten Schritte auf der Treppe vernahm, wurde Engelbert unvermutet aus seinen Erinnerungen gerissen. Schon stand Mechthild in der Tür, gewohnt resolut, gewohnt unwirsch: „Wieso kommst du nicht herauf und versteckst dich hier? Hast du wieder heimlich an irgend so eine Schlampe Liebesbriefe geschrieben?" „Nein, natürlich nicht. Ich musste noch einige Unterlagen einordnen, die neu in meine Sammlung gekommen sind", entgegnete Engelbert, bemüht, die aufziehende Auseinandersetzung abzubiegen. Doch diesmal blieb Mechthild in ihrem Ärger unnachgiebig.

„Lange werde ich mich nicht mehr in deinem sogenannten Büro umschauen“, erklärte Mechthild nach einer kurzen Inspektion des Arbeitsplatzes. „Ich sag dir klipp und klar – sobald du gestorben bist, werde ich den ganzen Kram in den Container schmeißen. Denn dort gehört er hin!“

Engelbert erstarrte. Diese Ankündigung war ernst gemeint – sein geliebtes Filmarchiv drohte unwiederbringlich zerstört zu werden und auf dem Müll zu landen. Das konnte nicht sein, das durfte nicht sein. Mühsam schluckte er: „Darüber reden wir noch.“ „Reden kannst du, so viel du willst. Mein Entschluss steht fest. Der ganze Plunder fliegt hier raus. Und zwar achtkantig“, erwiderte Mechthild bestimmt und würdigte Engelbert keines Blickes mehr. Die Sache war beschlossen, das Schicksal von Engelberts wertvoller Film-Chronik besiegelt.

Wie in Trance beendete Engelbert das noch laufende Computerprogramm, das er für die Beschriftung seiner Sammlerstücke brauchte, schaltete wie üblich alle Geräte aus und bewegte sich wie aufgezogen nach nebenan in den Abstellraum, wo sein Fahrrad stand. „Ich fahre noch mal eine Runde“, rief er hinauf ins obere Stockwerk, hoffend, dass Mechthild seine Nachricht mitbekam. Aber eigentlich war es ihm in diesem Moment egal, ob Mechthild etwas hörte oder nicht.

Mechanisch öffnete er die Tür zur Straße, schob sein Gefährt hinaus und radelte los, aus alter Gewohnheit seine Lieblingsstrecke einschlagend. Er musste den Kopf frei bekommen, musste sich etwas ausdenken, um das drohende Unheil abzuwenden, musste ein Lösung finden, um seine über Jahrzehnte gesammelten Kostbarkeiten aus der internationalen Filmwelt in Sicherheit zu bringen. Ohne einen geeigneten Einfall würde er nicht nach Hause kommen. Engelbert stieg in die Pedale, die Augen auf den Lenker gerichtet, ohne einen Blick für die Landschaft zu haben, die er doch so sehr mochte, immer dem Weg folgend. Kilometer um Kilometer.

Am frühen Abend desselben Tages wurde Engelbert in einem Waldstück nahe der Trasse tot aufgefunden. Das Fahrrad lehnte unbeschädigt unweit an einem Baum. Der Körper befand sich dagegen in einem schrecklichen Zustand. Die Kehle blutig aufgerissen, die Augen aus den Höhlen gehackt, Gesicht und Hände von tiefen Kratzern und Bisswunden übersät. Vom mutmaßlichen Täter fehlte jegliche Spur.

So war einigen Personen, die zufällig am Ort des Geschehens vorbeigekommen waren, nichts Besonderes aufgefallen. Ein Zeuge berichtete von einem großen hinkenden Hund, der die Straße entlang humpelte. Andere gaben an, in der Nähe ein Miauen gehört zu haben. Auch wurden in einem Gebüsch einige Eichhörnchen gesichtet. Und eine Frau konnte sich an einen Vogel erinnern, der beim Davonfliegen fast ihren Kopf gestreift hätte.

Selbstverständlich führten diese Beobachtungen die Ermittler bei der Frage nach der Person des Täters und dessen Motivation nicht weiter. Ein Rätsel, das auch nach Monaten aufwendiger Spurensuche nicht gelöst werden konnte. Schließlich wurden die polizeilichen Untersuchungen eingestellt und der Fall kam zu den Akten.

Engelbert war noch nicht unter der Erde, da hatte Mechthild schon ihre Ankündigung wahr gemacht und einen Container bestellt. Während sich im Keller-Büro Schränke und Regale leerten, wuchs der Berg aus Filmrollen, Prospekten, Plakaten und anderen Unterlagen im Abfallbehälter auf der Straße stetig an. Ein Nachmittag genügte, und nichts war mehr da, was an das Film-Archiv hätte erinnern können.

Zu dem Begräbnis in einem Friedwald, in dem Engelbert anonym unter einer Kiefer seine letzte Ruhestätte fand, hatten sich noch zahlreiche Besucher eingefunden. Aber recht bald verblasste das Gedenken. Die Angehörigen, Freunde und Bekannten nahmen ihr gewohntes Leben auf, in dem Engelbert nun keinen Platz mehr hatte.

Im Friedwald war es wieder still geworden. Totenstill. So konnte die lilafarbene Malve auf Engelberts Grab ungestört Wurzeln schlagen, wachsen und gedeihen. Woher kam sie und wer hatte sie gepflanzt? Engelbert würde die Antwort wissen. Doch Tote reden nicht.

Affenschande

Samstag. Die Stadt war voll. In den Einkaufsstraßen tummelten sich die Leute. Er aber wusste nichts über Wochen, Monate und Jahre. Schon lange hatte er aufgehört, die Zeit zu zählen. Sein Leben brauchte kein Kalendarium, während es im Wechsel zwischen hell und dunkel verrann. Er liebte die Nacht mit der friedlichen Ruhe, in der seine Gedanken ungestört fließen konnten. Zurück in die behütete Kindheit, die er gemeinsam mit der Familie verbringen durfte. Zurück nach Haus in den großen Wald, wo die Bäume hoch in den Himmel wuchsen und das dichte Blätterdach vor dem Regen schützte. Zurück zur wohligen Geborgenheit in den Armen der Mutter, deren Wärme und Zuneigung er bis heute manches Mal noch zu spüren meinte.

Wenn der Morgen die Helligkeit brachte, flohen die Erinnerungen in die Dunkelheit, versteckt vor der Neugier der Menschen, die sich draußen vor dem Fenster drängten. Denn nun begann das Schauspiel aufs Neue, das er so fürchtete, das ihn so wütend machte und seinen Hass ins Unermessliche steigerte. Bald hielt er es nicht mehr aus, ohnmächtig zur Schau gestellt zu werden, und trommelte mit ganzer Kraft gegen die Scheibe. Aber hundert Kilo geballte Verzweiflung waren nicht genug, um der Pein ein Ende zu machen. Denn das Glas, das ihn wehrlos den Blicken des johlenden Publikums preisgab, zerbrach nicht. Wie immer hielt es stand und verlängerte die Qual des unwürdigen Theaters auf den nächsten Tag, dem viele weitere folgen würden. Und aus Tagen würden Jahre werden. Zehn, zwanzig, dreißig - Hanuman befand sich in einer Endlos-Schleife, aus der es kein Entkommen gab.

***

Vor fünfzehn Jahren kam Hanuman auf einer weit entfernten Insel namens Borneo zur Welt. Als jüngster Spross der Familie wurde er von den weiblichen Mitgliedern der Sippe umhegt und verwöhnt. So vergingen die ersten Lebensmonate unbeschwert mit Spielen, Liebgehabtwerden und Streichen, zu denen ein quirliger Baby-Pongo jederzeit aufgelegt ist. Hanuman war ein ausgesprochen hübsches Kerlchen mit karottenfarbenem Zottelfell, schwarzen Glanzaugen und Fingerchen, die trotz des geringen Alters schon ganz fest zupacken konnten. Und auch mussten. Denn wenn er - auf den Rücken oder an die Brust von Mama geklammert - in die schwindelnden Höhen der Affenwege von Wipfel zu Wipfel mitgenommen wurde, durfte er keinesfalls hinunterstürzen. Deshalb war Festhalten etwas, was kleine Pongos mit als erstes lernen. Erst mit ungefähr zwei bis fünf Jahren unternimmt solch ein Orang Utan, wie der sanfte *Waldmensch* in seiner Heimat genannt wird, die ersten Kletterversuche im Alleingang. Wenig später beginnt die Abnabelung von der Mutter. Der Orang sucht verstärkt die Gesellschaft von Gleichartigen, ohne jedoch den Kontakt zur Mama zu verlieren.

Was Klein-Hanuman nicht ahnen konnte: Orang Utans – oder Pongos, so der korrekte wissenschaftliche Begriff - gehören zu den stark bedrohten Menschenaffen auf der Welt. Zum einen wird ihr Lebensraum durch eine zunehmende Rodung des Regenwaldes in erschreckendem Ausmaß dezimiert. Zum anderen sind die Affen eine begehrte Ware auf den Märkten des Landes. Die friedfertigen Tiere werden auf vielerlei Weise missbraucht und ausgebeutet. Als Kindersatz, als Zirkusattraktion oder als Kuscheltier. Es gibt sogar spezielle Orang Utan-Bordelle, in denen die Affen perversen Menschen als Sex-Sklaven dienen. Leider machen es die Pongos den Jägern ziemlich leicht. Eher gemächlich unterwegs und stattliche 1,50 Meter groß, lassen sie sich ohne viel Aufwand aufspüren und verfolgen. Experten schätzen, dass die etwa 14000 noch frei lebenden *Waldmenschen* auf Borneo und Sumatra in wenigen Jahren ausgerottet sein werden.

***

Am Tag, als die Männer kamen, schlummerten die Langschläfer noch entspannt in ihren Baumnestern. Der Überfall erfolgte so überraschend, dass sich die Affen kaum wehren konnten. Blitzschnell ergriffen die Jäger die Jungtiere, auf die sie es abgesehen hatten. Die Mütter versuchten vergebens, ihre Kinder zu retten – einige der Tiere wurden sofort erschossen. Hanumans Mama fiel den Knüppeln zum Opfer, mit denen immer wieder auf ihren Kopf eingeschlagen wurde. Das Letzte, was sie mit brechenden Augen erblickte, war ihr Baby, das die Männer zusammen mit den übrigen kleinen Orangs aus dem Familienverbund brutal in eine Kiste steckten. Lachend und zufrieden mit der Beute rissen die Wilderer ihre Witze, ohne sich weiter um die toten Affen zu kümmern. Die Raubtiere würden nicht viel von den zerschmetterten Körpern übrig lassen. Der traurige Rest blieb für die gefräßigen Ameisen, die stets hungrig waren und Aas sehr mochten.

Die nächsten Stunden vergingen für Hanuman wie in einem bösen Traum. Wimmernd presste er sich an seine Gefährten, die genau so verzweifelt waren wie er. Als die Transportbox geöffnet wurde und er von einer Frau herausgehoben wurde, legte er instinktiv die dünnen Ärmchen um deren Hals in der Hoffnung, hier Schutz zu finden. Ziemlich unsanft löste die Frau die Umarmung, steckte das Affenkind in eine Tasche und hievte das Gepäck auf den Rücksitz ihres Wagens. Damit begann für Hanuman ein Jahre dauerndes Martyrium mit dem Versuch, einen *Waldmenschen* in einen Jungen zu verwandeln, der so menschenähnlich wie möglich sein sollte. Im Haus der Frau angekommen, wurde dem Orang zunächst einmal ein Strampler angezogen, Windel inbegriffen. Hanuman gefiel das gar nicht. Er riss und zerrte an der ungewohnten Bekleidung – jedoch vergeblich. Hanuman musste lernen, hübsche Kleidchen, putzige Mützen und Schleifen im Haar zu tragen. Alles, was sich Menschen unter einem süßen Kleinkind vorstellen, sollte der Orang Utan verkörpern.

Diese Zumutung forderte bei dem Kleinen anfangs deutliche Proteste heraus. Hanuman rebellierte, versuchte, sich von den beengenden Textilien zu befreien. Doch immer, wenn er dies probierte, erhielt er einen Stoß mit einem Stock, den die Frau ab sofort zur Züchtigung einsetzte. Hanuman musste gehorchen. Und mit seiner Intelligenz, die einem vierjährigen Menschenkind gleichkam, begriff er bald, was er tun durfte und was nicht.

Ungewohnte Ernährung, dazu eine Haltung, die in keiner Weise artgerecht war, und fortwährende Bestrafungen, von seiner selbsternannten Pflegemutter als Erziehungsmaßnahmen bezeichnet, machten aus dem zutraulichen Affen rasch ein Wesen ohne Fröhlichkeit. Von den ständigen Süßigkeiten wurde Hanuman dick und träge, seine Depression ließ ihn resignieren, so dass er sich ohne aufzumucken in sein Schicksal ergab. Er war zu einem willenlosen Plüschtier degradiert, das alles und jedes mit sich machen ließ.

Aber auch das niedlichste Äffchen wächst irgendwann aus dem Baby-Fell heraus. Als Hanuman ins Flegelalter kam, entwickelte sich Mamas Liebling rasch zu einem Rabauken, der sich seiner Kräfte bewusst wurde und seine Grenzen austestete. Da konnte es passieren, dass der junge Orang aus Übermut hin und wieder die Vorhänge herunterriss oder in einem Wutanfall Tisch und Stühle zerlegte. Angesichts dieser unschönen Verhaltensänderung traf die Ziehmutter einen harten, folgenschweren Entschluss: Hanuman musste sein Heim verlassen. Von der Spielstunde im Kinderzimmer zur Einzelhaft hinter Gitterstäben. Wie ein überflüssiges Möbelstück wurde Hanuman ausrangiert, in einer dunklen Ecke abgestellt und aus dem Kreis der Menschenfamilie ausgeschlossen.

Auf der Rückseite des Gebäudes war zu diesem Zweck ein Käfig errichtet worden, der ab sofort das neue Zuhause sein sollte. In der Hinterhof-Verbannung allein gelassen, vereinsamte Hanuman sehr schnell. Denn der Kontakt zu den Menschen brach fast völlig ab. Einmal am Tag brachte ein Bediensteter die Futterschüssel vorbei; die Pflegemama ließ sich nur noch selten blicken. In der Tat war sie bereits auf der Suche nach einem Ersatz. Mini-Pongos gab es schließlich auf dem Schwarzmarkt für zahlende Kunden in ausreichender Anzahl. Aus diesem Grund stand Hanuman als unnützes Mängelexemplar zum Verkauf. Es musste sich nur noch ein Käufer finden.

***

Hanuman verstand nicht, was da mit ihm geschah. Trübsinnig hockte er am Boden und verbrachte den Tag mit Warten auf einen Menschen, der ihn aus diesem elenden Gefängnis herausholte. Doch dieser Mensch kam nicht. Schließlich verweigert Hanuman das Essen, magerte ab und war drauf und dran, sich aufzugeben. Sollte etwa so sein Leben enden? Nein. Das Schicksal hatte mit Hanuman noch einiges vor.

Denn der Besitzer eines Privatzoos in Deutschland hatte von Hanuman gehört und war nach Borneo gereist, um den Deal abzuwickeln. Danach ging alles seinen Lauf. Per Luftfracht gelangte der Orang Utan in seine neue Heimat, die bereits auf den ersten Blick wesentlich angenehmer aussah als die bisherige. Als Hanuman sein Quartier auf dem weitläufigen Zoogelände inspizierte, schöpfte er vorsichtig Hoffnung. In dem geräumigen Gehege unter dem Glasdach standen Bäume und Sträucher;

darüber hinaus gab es zusätzliche Klettermöglichkeiten und viel Platz zum Toben. Natürlich war das Domizil nicht mit den Gegebenheiten im Regenwald zu vergleichen. Aber immerhin hatten sich die Leute vom Zoo angestrengt, eine affengenehme Anlage zu errichten. Das Beste aber war: Hanuman bekam Gesellschaft. Zwei junge Pongo-Damen warteten bereits auf den Teenager, um mit ihm zu spielen, zu schmusen und in der Affensprache zu kommunizieren. Endlich! Nicht mehr allein, sondern unter Gefährten, die ihn verstehen würden. Hanuman war glücklich.

Eigentlich könnte die Geschichte hier zu Ende sein. Leider war sie das nicht. Die Fortsetzung wurde bereits geschrieben.

Die Zeit verging und Hanuman hatte sich zu einem stattlichen jungen Affenmann entwickelt. Den Tag verbrachte er mit Spielen, Toben, Dösen und Fressen, wobei er seine Vorliebe für Rosinen und Weintrauben in den vorwiegend gemüselastigen Mahlzeiten mit vollem Körpereinsatz durchzusetzen verstand. Schließlich war er der Herr im Affenhaus und besaß somit das Vorrecht auf den ersten Zugriff. Also genug zu tun für Hanuman. Aber zu wenig für die Betreiber des Tierparks, die darauf warteten, dass die Investition in den *Waldmenschen* aus Borneo langsam den erwünschten Profit brachte. Denn Hanuman war keineswegs lediglich zur Unterhaltung der Besucher angeschafft worden, sondern wegen einer konkreten Aufgabe: Der Orang sollte für Nachwuchs sorgen. Und das so bald wie möglich. Allerdings schien Hanuman, was seine Libido betraf, entweder ein Spätzünder oder sogar eine komplette Niete zu sein.

An den beiden Affenmädchen lag es gewiss nicht. Im Gegenteil. Die zwei Hübschen interessierten sich sehr wohl für den feschen Jüngling, machten ihm Avancen und zeigten deutlich, dass sie einer intimen Beziehung nicht abgeneigt waren. Doch Hanuman ignorierte die Annäherungsversuche. Er verhielt sich abweisend und knurrte warnend, wenn ihm eine der Damen zu dicht auf den Pelz rückte. Vielleicht wollte er oder konnte nicht. Vielleicht fehlte ihm einfach die Lust auf Sex. Möglicherweise hoffte Hanuman aber auch auf die große Liebe und verzichtete deshalb auf das Naheliegende. Wer vermag schon zu sagen, was in Kopf und Seele eines empfindsamen Menschenaffen vorgeht.

Vier Jahre nach seiner Ankunft hatte sich an seinem Verhalten immer noch nichts geändert. Für die Zoo-Leute war der keusche Hanuman ein Versager, der sämtliche Erwartungen enttäuschte. Nicht nur, weil der erwünschte Baby-Boom ausblieb. Auch finanziell erwies sich der Erwerb des Affens als Fehlschlag. Das Tier kostete Tag für Tag viel Geld, brachte aber keine Rendite. Kein Wunder, dass bei den Verantwortlichen der Geduldsfaden riss. Die Aktie Hanuman sank in freiem Fall Richtung Ramsch-Wert. Höchste Zeit, sie abzustoßen. Für den Orang bedeutet dies, erneut Abschied nehmen und in eine ungewisse Zukunft aufzubrechen.

***

So kam es, wie es kommen musste. Als der Truck vor dem Gehege anhielt und Hanuman die Transportkiste erblickte, die er aus der Vergangenheit noch in schlechter Erinnerung hatte, brach Panik aus. Der Orang begann zu toben, zerrte Bäume aus der Verwurzelung, zerstörte das Inventar und ließ sich nicht mehr bändigen. Erst ein herbeigerufener Tierarzt setzte den randalierenden Affen mit einem Schuss aus dem Betäubungsgewehr außer Gefecht. Als Hanuman aus der Narkose erwachte, hatte er zum zweiten Mal das Paradies verloren. Vergebens suchte der Affe das Grün von Bäumen und Sträuchern, vermisste den vertrauten Geruch seiner Gefährtinnen und sehnte sich nach dem Gefühl von Wind und Sonne, die sein Fell mit Wärme streichelten. Stattdessen fand er sich auf dem kalten Betonboden des Schauraumes wieder, der ab sofort sein Zuhause sein sollte.

Die Einrichtung war äußerst spartanisch gehalten. Ein Baumstamm ohne Äste und Rinde, ein gespanntes Seil an der Decke, eine Bank im hinteren, vergitterten Teil der Zelle zum Ausruhen und Schlafen. Die Vorderfront der Behausung nahm eine große Scheibe ein, durch die Passanten jederzeit den Affen beobachten konnten. Bereits beim Ausladen des Orangs bildete sich eine Menschenansammlung vor dem Fenster, um nichts von dem außergewöhnlichen Affentheater zu verpassen. Hanuman, der unvermutet und rabiat aus der Gesellschaft seiner Artgenossinnen im Zoo herausgerissen worden war, empfand die Schaulust der Menschen als Bedrohung, die ihn ängstigte. Eine Angst, die sich von nun an täglich erneuerte.

Vom Besitzer des Zoohandels kam nicht viel Zuspruch. Es gab zwar genügend Futter, der Raum wurde auch regelmäßig gesäubert, doch darüber hinaus geschah nichts, um dem Orang Utan etwas Abwechslung in der Tristesse des Alltags zu bieten. Der Ladenbesitzer erhoffte sich von Hanuman als Publikumsmagneten, mehr Kunden ins Geschäft zu holen, was auch gelang. Selbstverständlich konnte das Tier auch erworben werden, falls sich ein Interessent meldete. Da die Chancen für einen Verkauf eher schlecht standen, schien es wahrscheinlich zu sein, dass Hanuman zum Ladenhüter auf Dauer werden würde. Doch zum wiederholten Male drehte sich das Schicksalsrad.

***

Der Tag startete wie jeder andere. Eigentlich deutete nichts darauf hin, dass etwas Besonderes passieren würde. Hanuman hatte sich in den hintersten Winkel seiner Unterkunft verzogen, um der Neugier der Zuschauer möglichst zu entgehen. Trübsinnig kauerte er auf der Bank und ließ die Erinnerung wandern, zurück in ein Leben voller Zufriedenheit.

So bemerkte er auch nicht, dass ein Mann in weißem Kittel den Laden betreten hatte, ein Gewehr unter dem Arm. Nach einem kurzen Gespräch mit dem Geschäftsinhaber näherte sich der Besucher dem Affenkäfig, zielte mit der Waffe und traf Hanuman mit dem Betäubungspfeil exakt in die Hüfte. Einige Minuten später schlief der Orang tief und fest. Mehr Männer kamen hinzu und packten den Affen in die mitgebrachte Holzbox. Mit Hauruck und vereinter Muskelkraft landete die Fracht in einem Transporter, der vor dem Laden parkte. Kurz darauf war Hanuman wieder unterwegs zu einer neuen Station in seinem Leben.

Am späten Nachmittag hielt der Wagen vor einem langgestreckten Gebäude in ländlicher Umgebung. Drinnen ging es vorbei an zahlreichen geschlossenen Türen über einen weitläufigen Gang, der mit seiner sterilen Optik an den Flur einer Klinik erinnerte. Eine Tür stand offen. Die Träger stellten die Kiste mit Hanuman ab, der immer noch betäubt in seiner Box lag. Wäre er bereits munter und aufnahmefähig gewesen, hätte der Orang seine neue Unterkunft begutachten können. Er hätte den Vorraum mit den zahlreichen wissenschaftlichen Geräten gesehen, in dem ein Schreibtisch, Schränke und Regale mit einigen Büchern standen. Weiter wäre ihm dahinter der große, verglaste Käfig aufgefallen, der in der Mitte durch ein stabiles Rollgitter geteilt wurde und über eine Tür aus Metallstäben mit dem Vorraum verbunden war.

Alles deutete darauf hin, dass er hier einziehen sollte. Denn die linke Sektion hatte man mit einem verzweigten Kletterbaum, etlichen Seilkonstruktionen und diversen merkwürdigen Gegenständen, die er später unbedingt näher untersuchen musste, einigermaßen affengerecht eingerichtet. Das rechte Abteil des Käfigs schien als Schlafraum vorgesehen zu sein. Eine Menge Kuscheldecken, verteilt auf unterschiedlich hohen Podesten, eigneten sich hervorragend zum Nestbau. Wer auch immer für die Ausstattung verantwortlich zeichnete, musste sich mit den Gewohnheiten von Orang Utans auskennen und wissen, dass sie sich zum Schlafen gern mit Tüchern zudecken – es eben gemütlich mögen. An der Rückwand war zudem eine Schiebetür angebracht, die nach draußen in ein Freigehege führte. Auch das würde Hanuman bald kennenlernen.

***

Es dämmerte bereits, als die Wirkung der Betäubungsspritze nachzulassen begann und Hanuman die Augen öffnete. Noch etwas torkelnd versuchte er auf die Beine zu kommen. Misstrauisch und vorsichtig beäugte er die fremde Umgebung, jederzeit bereit, sich einer Gefahr zu stellen. Plötzlich ließ ihn eine Stimme zusammenzucken. „Hallo, mein Hübscher. Schön, dass du aufgewacht bist. Keine Angst. Alles ist gut. Möchtest du vielleicht etwas trinken? Dann komm zu mir. Ich habe hier was Feines für dich.“ Hanuman hörte ein leises Gluckern, worauf er merkte, dass er tatsächlich durstig war. Nun musste er sich entscheiden: Mutig vorangehen oder lieber abwarten. Da die Stimme recht freundlich klang und offenbar keine Bedrohung darstellte, entschloss sich der Orang, langsam näher zu kommen. An der Gitter-Tür stand eine Frau in weißem Kittel, die eine durchsichtige Flasche schwenkte. „Prima, mein Hübscher. Hier ist leckerer Apfelsaft für dich. Das wirst du mögen. Probier mal.“ Hanuman fasste sich ein Herz und griff zu. Der Saft schmeckte wirklich gut, so dass die Flasche ruckzuck leer wurde. „Das hast du gut gemacht, mein Hübscher. Jetzt lasse ich dich noch ein bisschen schlafen. Morgen bin ich wieder bei dir und dann werden wir beide sehen, wie es mit uns weitergeht. Gute Nacht und angenehme Träume."

Das Licht im Vorraum erlosch, Hanuman blieb im Finstern allein. Wie von Geisterhand war das Rollgitter zurückgefahren, so dass er in seine Schlafkammer gelangen konnte. Der Affe rollte sich auf einer der Bänke zusammen, wickelte zwei der ausgelegten Decken um seinen Körper und fiel in einen tiefen, erschöpften Schlaf.

Nicola Assmann, die Frau im weißen Kittel, Doktor der Biologie und Verhaltensforscherin auf dem Spezialgebiet Primaten, saß derweil in einem Gespräch mit Kollegen zusammen, um über die erste Begegnung mit dem Neuankömmling zu berichten. Die Voraussetzungen für die Pläne, die man mit Hanuman hatte, schienen perfekt zu sein. Er verfügte nach der ersten Einschätzung über die nötige körperliche Fitness, um als Objekt für gentechnische Versuche zu dienen. Die Wissenschaftler in dem Labor hatten bereits mit Menschenaffen positive Ergebnisse auf dem Weg erzielt, durch die Zugabe artfremder DNS pharmazeutische Fortschritte zu erreichen. Auch mit Hanuman hatte man Großes vor. Die Forscher wollten an dem Orang testen, wie und ob Insekten-Gene die Zellen des Affen so verändern würden, dass durch diese Mutationen ein Heilmittel gegen bestimmte Human-Erkrankungen gewonnen werden könnte.

Glücklicherweise ahnte Hanuman nichts davon. Der Morgen nach seiner Ankunft verlief sogar unerwartet harmonisch. Als er sich noch ein wenig schlaftrunken aus seinen Decken schälte, meldete sich die freundliche Stimme vom Vorabend zurück: „Guten Morgen, mein Hübscher. Gut geschlafen? Dann will ich mal für dein Frühstück sorgen. Schau mal, mein Orang: Müsli wirst du bestimmt mögen."

Zaghaft, was so gar nicht zu diesem starken Affen-Mann passte, tappte Hanuman aus seiner Schlafkabine heraus und bewegte sich vorsichtig in Richtung Gittertür. Im selben Moment war auch die Frau zurück, eine gut gefüllte Schale in den Händen, die sie durch die Absperrung schob und auf den Boden setzte.. „Pünktlich auf die Sekunde, mein Hübscher. Jetzt iss erst mal in aller Ruhe und dann werden wir versuchen, uns ein wenig miteinander anzufreunden", ließ sich die nette Stimme vernehmen. „Schau, ich setze mich so lange hier an den Schreibtisch und warte, bis du fertig bist. Ich kann meinen neuen Freund an seinem ersten Tag doch nicht allein lassen!“ Hanuman verspürte tatsächlich nach all der Aufregung der vergangenen Stunden einen mächtigen Appetit und langte tüchtig zu, so dass sich der Napf rasch leerte. Die Ärztin blickte auf, als sie das Scheppern des Blechs auf den Fliesen hörte: „Fein, alles aufgegessen. Dann wollen wir uns einmal bekannt machen. Ich bin Nicola und werde in Zukunft deine Gefährtin, deine Lehrerin und deine gute Freundin sein. Nun brauchst du aber auch einen Namen. Wie wär's, wenn ich dich Nico nennen würde? Das passt doch prima zu Nicola. Nico und Nicola – ein Super-Team. Wollen wir es damit versuchen?“

Die vielen Worte perlten an Hunaman ab, ohne dass er sie hätte verstehen können. In seiner Vergangenheit hatten die Menschen meist nur im Befehlston mit ihm gesprochen, oft ergänzt mit Strafmaßnahmen, wenn er nicht schnell genug gehorchte. Hanuman war es nicht gewöhnt, dass man sich mit ihm unterhielt. Und vor allem nicht so lange und so freundlich.

***

Doch Hanuman sollte lernen. Denn Nicola war eine geduldige und erfahrene Lehrmeisterin, die ihn forderte, aber nie überforderte. Hanuman lernte, Geschicklichkeitsaufgaben zu lösen. Lernte, sich Werkzeuge zu basteln und zu gebrauchen. Lernte, einfache Sätze zu verstehen, seine Kräfte zu zügeln und mit neu entdeckter Empathie zu versuchen, vorab zu fühlen, was Nicola als Nächstes von ihm wollte. Vor allem aber lernte Hanuman, Vertrauen aufzubauen. Instinktiv spürte er, dass von Nicola keine Gefahr drohte. Dass sie ihn beschützte und für ihn da war, um ihm beizustehen und ihn zu trösten, wenn er Kummer hatte. So verwunderte es nicht, dass Hanuman beeindruckende Lernfortschritte vorweisen konnte. Sehr zum Stolz seiner Lehrerin und der gesamten Crew im Forschungslabor.

Eine Hürde allerdings bestand nach wie vor. Hanunam fürchtete sich ungemein vor der Spritze, mit der eines Tages ein anderer Arzt zum Käfig kam. Vertrauensvoll streckte der Orang seiner Freundin den Arm entgegen und wurde überrumpelt. Der Arzt verabreichte ihm eine Injektion, die Hanuman in Angst und Schrecken versetzte. Weniger durch den sicher nicht sonderlich schmerzhaften Piks, sondern durch den Überraschungsmoment, der mit einem heftigen Vertrauensverlust einherging.

Hanunam flüchtete in seinen Schlafraum, kroch unter die Decken und ließ sich den ganzen Tag über nicht mehr blicken. Nicola mochte noch so sehr bitten und flehen und mit den feinsten Leckerbissen locken – Hanuman blieb unsichtbar. Es dauerte über eine Woche, bis er Nicola überhaupt eines Blickes würdigte. Doch ganz langsam kehrte sein Zutrauen zurück. Denn ohne seine Freundin war er so unglücklich, dass er seine Angst überwand und beschloss, künftig mutig zu sein.

In der Folgezeit übte Nicola mit dem Orang das Setzen der Spritze, um ihm die Furcht zu nehmen. „Ich bin bei dir und passe auf, dass dir nichts passiert!", lautete die Botschaft, die Hanuman dank intensiven Trainings auch verinnerlichte. Zwar waren ihm die Injektionen und Blutabnahmen, die er ab und zu über sich ergehen lassen musste, immer noch unangenehm – aber so weit erträglich, dass er still hielt und die Prozedur mit der ganzen Verachtung, zu der ein Orang fähig war, tapfer erduldete. Jedoch nur, wenn Doktor Nicola bei ihm war, seine Hand drückte und tröstend das Fell streichelte.

Die Wissenschaftler waren mit den Ergebnissen ihrer Arbeit hochzufrieden. Der Affe erwies sich als ausgezeichneter Proband, bei dem die gentechnischen Experimente vielversprechend ausfielen. So war es im Labor bereits gelungen, mit dem Einbringen von Insekten-Erbgut einen Wirkstoff herzustellen, der eine außerordentliche Immunstärke gegen bestimmte Erreger bildete. Nun hielten die Forscher den Zeitpunkt für geeignet, einen gewaltigen Schritt nach vorn zu wagen.

Die Kombination aus Genmaterial von Primaten und Menschen – so die These – würde bislang ungeahnte Möglichkeiten in der humanen Heilkunde eröffnen. Mehr noch: Sollte das Experiment zu dem erhofften Resultat führen, wäre der Weg frei zu dem profitablen Zukunftsmarkt der Xeno-Transplantation. Mit Hilfe der kommerziellen Produktion von derartigen Hybrid-Wesen stünde ein lebendes Reservelager für genetisch veränderte Organe zur Verfügung, aus dem sich die weltweit steigende Nachfrage nach Herzen, Nieren und anderen Innereien auf lukrative Weise bedienen ließe. Unterstützt durch eine ausgefeilte Klon-Technologie, die den Nachschub zusätzlich ankurbeln könnte. Ein

Riesengeschäft mit Aussicht auf Millionengewinne. Und das auf Dauer. Um dieses ehrgeizige Vorhaben zu realisieren, musste allerdings schleunigst ein Prototyp erzeugt werden, der als Vorlage für die Optimierung der organischen Genveränderung diente. Eine bedeutende Etappe in Richtung einer neuen, sicheren Transplantationsmethode wäre damit geschafft. Allerdings gab es bei der Umsetzung ein Problem. Und dieses Problem hieß Hanuman.

***

Hanunam zeigte nach wie vor kein Anzeichen sexueller Ambitionen. Unbeeindruckt betrachtete er Videos von kopulierenden Artgenossen und verführerischen Affenmädchen, ohne irgendeine Reaktion zu zeigen. Eines wurde somit im Laufe der Zeit überdeutlich: Als Samenspender erwies sich Hanuman alias Nico als Totalausfall. Das Einzige, wofür sich der Orang interessierte, war Doktor Nicola. Er rief nach ihr, wenn sie nicht da war, rüttelte an den Gitterstäben und verweigerte sogar das Fressen. Sobald seine Freundin zurückkehrte, beruhigte sich Hanuman wieder. So was nennt man wahre Affenliebe, pflegten Nicolas Kollegen zu scherzen. Ein dummer Spruch, fürwahr. Aber trotzdem der Auslöser eines Plans, der durchaus als grenzwertig bezeichnet werden konnte.

Zunächst galt es, Nicola von der Notwendigkeit der Umsetzung zu überzeugen. Schwierig und langwierig, doch letztendlich in der Sache erfolgreich angesichts der Anerkennung und Auszeichnungen, auf die das Forscher-Team nach dem hoffentlich positiv verlaufenden, sensationellen Experiment hoffen konnte. Kurz: Im Hinblick auf all diese Erwartungen konnte sich Nicola nicht verweigern. Zumal im Augenblick keine weiteren geeigneten Menschenaffen für die beabsichtigen Versuche zur Verfügung standen. Etwa eine Äffin, der man menschliches Sperma zusetzen konnte, um auf diese Weise ein Mischgeschöpf für die Bereitstellung gentechnisch modifizierter Organe zu erzeugen.

***

Langsam, Schritt für Schritt, fing die Biologin an, das Verhältnis zu dem Orang auf eine neue Basis zu stellen. Hanuman machte es ihr leicht, da er sich nichts sehnlicher wünschte, als mit der freundlichen Frau Doktor zusammen zu sein. Schon längst konnte Nicola gefahrlos sein Gehege betreten, um dort im direkten Kontakt die Lern- und Denkaufgaben fortzuführen. Oder um ihm draußen im Freigehege Gesellschaft zu leisten und beim Spielen zuzuschauen. Darüber hinaus wurde es zur Gewohnheit, zusammen die Mahlzeiten einzunehmen. Während Hanuman genüsslich Frühstück, Mittagessen und Abendbrot futterte, packte Nicola ihr mitgebrachtes Lunchpaket aus. Und ließ den Orang, wenn er wollte, sogar ab und zu von ihrem Essen probieren.

Als Hanuman eines Tages vorsichtig den Arm um seine Freundin legte, kuschelte sich Nicola vertrauensvoll an seine breite Brust. Sie wusste: Der Orang würde ihr nichts tun. So entwickelte sich aus der Mensch-Tier-Beziehung eine innige Zweisamkeit, wobei Nicola nie das eigentliche Ziel ihrer vertrauensbildenden Maßnahmen aus dem Blick verlor. Aus dem wilden Pongo, der aus dem Dschungel kam, wurde so im Laufe der Monate ein angepasster Laboraffe, der gutwillig alles unternahm, um seiner Bezugsperson zu gefallen. Mehr als einmal schlug Nicola sogar ihr Lager im Affengehege auf, wenn es wieder spät geworden war. Und mit der Zeit begann Hanuman seine Freundin mit anderen Augen zu sehen. Der Affenmann war endlich erwachsen geworden.

Etliche Monate später veränderte sich plötzlich das gewohnte Zusammensein. Doktor Nicola versäumte das gemeinsame Frühstück, ließ sich auch zum Mittagessen nicht blicken und war am Abend immer noch nicht erschienen. Drei Tage behielt Hanuman die Ruhe. Dann brach die Wildheit wieder hervor und mit ihr die blinde Zerstörungswut. Er zerriss seine Decken, machte aus der Einrichtung Kleinholz und hätte wohl auch die Stäbe des Käfigs demoliert, wären sie nicht aus hochstabilem Stahl gefertigt gewesen. Nichts und niemand konnte den Orang besänftigen. Hanuman war außer sich. So sehr, dass die Ärzte ernsthaft um seine Gesundheit fürchteten.

Eine Woche lang herrschte der Ausnahmezustand an. Dann war alles wieder gut, denn seine Frau Doktor kam zurück. Hanuman stürmte los, schloss Nicola in die Arme und wirbelte sie durch die Luft. Einmal, zweimal, rund herum. „Nicht so ungestüm, Nico“, lachte die Wissenschaftlerin. „Lass mich herunter. Schau, ich habe dir jemanden mitgebracht. Niklas heißt der Winzling, den du bitte ganz lieb begrüßen solltest."

Sichtlich ungern setzte der Orang seine geliebte, lang vermisste Freundin ab, die ein kleines Bündel in seine ausgestreckten Hände legte, das sie bisher gut geschützt am Körper getragen hatte. Hanuman blickte nieder und sah in ein zerknittertes Menschengesichtchen unter einem karottenfarbenen Haarbüschel. Spürte das pulsierende Blutsband, das ihn mit diesem Geschöpf verband. Erkannte, dass hier Widernatürliches geschehen war, an dem er schuldhaften Anteil hatte. Blickte in eine Zukunft voller Trauer und Verzweiflung, der dieses Kind nicht ausweichen konnte. Wusste, dass dieses Wesen von seinem Fleisch und Blut nicht leben durfte. Fühlte, wie sein Herz schon jetzt zerriss und nicht mehr heilen würde. Denn er beschloss, zu töten und zu sterben.

Mit einem letzten Blick in das winzige Gesicht seines Sohnes, in dem schon jetzt das ganze Wissen um seine elende Herkunft zu lesen war, schleuderte Hanuman das Bündel mit voller Kraft gegen das Eisengitter seines Käfigs. Reste von Blut, Fleisch und Knochen blieben an den Stäben haften. Der Säugling hatte keine Chance zu überleben.

Nicola schrie auf, vor Entsetzen gelähmt und nicht in der Lage, Hanuman in den Arm zu fallen. Ohnmächtig musste sie mit ansehen, wie das gemeinsame Kind sein Leben ließ. Ebenso konnte sie nicht verhindern, dass der Affe mit seinem Schädel selbstmörderisch gegen die Absperrung donnerte. Immer wieder, doch vergebens. Der Kopf war zu hart, um an dem Metall zu zerbrechen. Doch das Drama ging weiter. Der Orang griff nach Nicola, legte die Hände um ihren Hals und begann, sie zu würgen. Wie zur Bestrafung für das, was sie sich gemeinsam in voller Absicht angetan hatten.

Hanuman erlebte nicht mehr, wie sich die Wissenschaftlerin aus seinem Würgegriff befreien konnte. Ihre Kollegen hatten kurzen Prozess gemacht und den Orang Utan erschossen. Eine radikale Lösung, für die es aus ihrer Sicht keine Alternative gab. Die Leiter der Forschungseinrichtung stimmten nach kurzer Beratung überein, den Vorfall als interne Angelegenheit zu behandeln und darüber striktes Stillschweigen zu bewahren. Das Gehege würde unverzüglich wieder in

Stand gesetzt werden, so dass nichts mehr an das tragische Ereignis erinnerte.

Im Übrigen sahen sich die Wissenschaftler auf einem guten Weg. Trotz des abrupten Endes hatte das Orang-Experiment zu wertvollen Erkenntnissen geführt und würde deshalb in einem modifizierten Modus fortgesetzt werden. Erste Analysen von Blutproben, die sie dem Säugling nach seiner Geburt entnommen hatten, bestärkten die Experten in ihrem Vorhaben.

Als man den Affen am späten Nachmittag in eine primitive Holzkiste legte, um ihn auf dem Tierfriedhof im hinteren Gelände des Labors zu bestatten, schien der Orang zu lächeln. So, als habe er seinen Frieden gefunden. Weit weg von der kalten Menschenwelt, in der er so viel Unmenschliches hatte ertragen müssen. Nach einer langen, beschwerlichen Reise war Hanuman zu Hause angekommen. Zurück im vertrauten Regenwald, in dem irgendwo unter dem dichten Blätterdach seine Mutter auf ihn warten würde.

Hahnenkampf

Der Zwilling, der nicht geboren wurde, schmatzte gefräßig. Fest mit dem Steißbein des Bruders verwachsen, nährte sich der Parasit von dessen Fleisch und Blut. Unersättlich saugend und nagend, zapfte er vom anderen die Kraft, die er für das eigene Überleben brauchte.

„Eigentlich sollte mein Sohn ein Pony werden. Einen winzigen Pferdeschwanz hat er ja schon“, pflegte die Mutter manchmal zu scherzen, wenn sie die Geschwulst mit dem blonden Haarbüschel am verlängerten Rücken des Kindes betrachtet. „Aber in letzter Minute disponierte der liebe Gott um und hat uns doch noch einen richtigen Jungen geschenkt.“ Mitte der dreißiger Jahre, als der kleine Simon zur Welt kam, fand solch eine unbedeutende, körperliche Anomalie wenig Beachtung. Eine Laune der Natur. Kurios, aber kein Aufhebens wert.

Der Frieden sollte nicht lange andauern. Begleitet von Kanonendonner und Bombenregen hatte das angeblich Tausendjährige Reich seinen Anfang genommen. Als sich das Kriegsgeschehen immer stärker auf die Heimat verlagerte, fasste der Vater den Entschluss, Frau und Kind zu sich in die Provinz zu holen. Der Unteroffizier arbeitete als Kartograph in einer militärischen Spezialabteilung, die auf einem Stützpunkt im Westen des Landes stationiert war.

Etwas abgelegen von diesem Standort, einer beschaulichen Kleinstadt mit Fachwerk und Kopfsteinpflaster, brachte er die Familie auf einem Bauernhof unter, der von einer alten Frau bewirtschaftet wurde. In diesem friedlichen Umfeld verbrachte der Knabe mit seiner Mutter eine schöne Zeit. Abseits von der Zerstörung, die in den Großstädten wütete, inmitten von Tieren, mit denen er schnell Freund wurde. Mit allen verstand er sich gut. Mit den beiden Kutschpferden, mit den Kühen im Stall, sogar den Hofhund an der Kette traute sich Simon zu streicheln.

Seine ganze Liebe aber galt dem Federvieh. Täglich lief er in den Hühnerhof, um seine gackernden und krähenden Lieblinge zu füttern. Die Bäuerin, die den Kleinen in ihr Herz geschlossen hatte, wollte ihm eine Freude machen und schenkte dem Jungen zu seinem zehnten

Geburtstag ein flauschiges, gelbes Küken mit der Vorgabe, für es zu sorgen und es aufziehen.

Ab sofort wurde Simon zum besten Küken-Vater im Umkreis. Aus einer abgelegten Wollmütze und Stoffresten baute er direkt neben seinem Bett ein kuscheliges Nest für das Mini-Huhn, damit er das Wohlergehen seines Pflegekinds stets vor Augen hatte. Dank dieser hervorragenden Betreuung wuchs das Hühnchen schnell heran und verwandelte sich in einen weißen Hahn mit rotem Kamm und Ohrläppchen. Nach langem Überlegen fand Simon auch einen passenden Namen für den grazilen, eher etwas klein geratenen Kerl: Hahnibal sollte er heißen. Sicherlich eine kreative Wortwahl. Auch als das Tier in den Hühnerhof zu den anderen umziehen musste, kümmerte sich Simon weiterhin gut für seinen Schützling, der das Umsorgen mit außerordentlicher Anhänglichkeit belohnte. Wo Simon ging und stand, war Hahnibal bestimmt nicht weit. Die beiden gehörten zusammen, wie beste Freunde es eben tun.

***

Von seinem unheimlichen Zwilling spürte Simon damals noch nicht viel. An das permanente Ziehen, das von dem behaarten Pilzgeschwür in seinem Rücken ausging, hatte er sich gewöhnt. Nur ab und zu juckte und nässte die Stelle auf unangenehme Weise. Doch Simon wusste aus Erfahrung: Nicht kratzen! Denn wenn er das tat, hatte er das Empfinden, dass etwas an dieser Stelle nach seinen Fingern schnappte und ihm weh tun wollte. Also hielt er das Jucken aus und wartet, dass es bald vorbeiging.

Dabei war der Zweikampf zwischen den ungleichen Brüdern schon längst im Gange. Bereits viele Wochen vor der Niederkunft hatte die Fehde auf Leben und Tod begonnen. Im Mutterleib als eineiige Zwillinge mit der Plazenta verbunden, stand den Föten nur eine gemeinsame Nahrungsquelle zur Verfügung. Doch während der Simon-Embryo wuchs und gedieh, schwächelte der andere Fötus und lag in der Entwicklung weit hinten. Mit sichtbaren barbarischen Folgen. Um nicht noch mehr Kraft zu verlieren, stellte der mickrige Körper nach und nach das Wachstum der Gliedmaßen ein. Beine und Arme verkümmerten, der Kopf verschwand, innere Organe funktionierten nicht mehr. Man hätte erwarten können, dass der benachteiligte Zwilling nun sterben würde. Aber stattdessen begannen die noch verbleibenden Zellen sich zu vermehren und ein Gewebe zu bilden, das sich am Körper des überlebenden Kindes ansiedelte. So war schließlich Simons brüderlicher Parasit entstanden. Ein intelligenter missgebildeter Zellhaufen, der einen bequemen Platz zum Einnisten gesucht und gefunden hatte. Mit dem festen Willen, hier weiter zu leben. Auch wenn er seinem Zwilling zu diesem Zweck Gewalt antun musste.

Dabei wusste dieses Monster genau, wo es ansetzen musste. Denn bereits in diesem frühen Stadium war es in der Lage, die Empfindungen des anderen zu deuten und für die eigenen Zwecke zu nutzen. Was dem Simon-Embryo zur weiteren Entwicklung gut tat, tat auch ihm gut. Fressen, ohne selbst gefressen zu werden. Noch merkte der Zwilling nichts von dem Parasiten, der ihn seit etlichen Monaten bereits im Körper der Mutter befallen hatte. Doch das sollte sich ändern. Aber noch hatte der Zombie viel, viel Zeit, um unauffällig sein gefräßiges Unwesen zu treiben.

Unbemerkt konnte er sich bis zur Geburt im Bauch der Mutter mästen. Je besser sich sein Zwilling entwickelte, desto mehr profitierte auch er. Nahrung im Überfluss. Mit allen Stoffen und Essenzen, die ein Fötus braucht. Der Zellhaufen im Rücken des Kindes hatte den Weg zum Dasein gefunden. Unablässig ging das Schmatzen und Saugen weiter. Hätte die Mutter damals genau in sich hinein gehorcht, wäre ihr aufgefallen, dass in ihrem Leib etwas Ungewöhnliches vor sich ging. Aber die junge Frau hatte keine Erfahrung, empfand keine Schmerzen und kam daher gut durch die Schwangerschaft. Robust gebaut, mit einem gebärfreudigen Becken ausgestattet, verlief die Hausgeburt für sie ohne Komplikationen. So kam an einem sonnigen Tag im Mai der kleine Simon zur Welt, gesund und munter bis auf die kleine Besonderheit, die bei der herbeigeholten Hebamme für einen kurzen Moment kopfschüttelndes Erstaunen hervorrief, aber dann doch nicht weiter beachtet wurde.

***

Simon war ein stilles Kind. Nun manchmal weinte es scheinbar ohne Grund leise vor sich hin, so dass Mutter Anna nicht wusste, wie sie ihr

Baby beruhigen sollte. Abgesehen davon entwickelte sich der Säugling prächtig, hatte erstaunlich viel Appetit und musste sogar per Flasche zusätzlich gefüttert werden.

Also verliefen die ersten Jahre des kleinen Simon unspektakulär. Doch schon damals zeigte sich, dass er im Laufe seiner Kindheit wohl nicht viel Zuwendung erfahren würde. Seine Mutter kümmerte sich zwar in angemessener Weise um das Kind, war aber nicht in der Lage, eine tiefere Beziehung zu ihrem Jungen aufzubauen. Dieser Mangel an zärtlicher Mutterliebe äußerte sich in einem zunehmend groben Umgang. Statt behutsam auf den Arm genommen zu werden, musste der kleine Simon so manchen Knuff und Schubser ertragen, wenn es beispielsweise mit dem Anziehen nicht schnell genug ging oder wenn er beim Laufenlernen wiederholt über die eigenen Beinchen stolperte und hinfiel.

Auch vom Vater war, was Zuneigung betraf, nicht viel zu erwarten. Gefühlsarm und wortkarg, fehlte es dem Mann an Wärme und Herzensgüte. Kam er vom Militärdienst nach Hause, musste die Familie ohne Widerworte gehorchen. Keine Spiele mit dem Sohn, kein liebevoller Umgang mit der Frau, sondern Schweigen und ängstliches Warten auf einen der nicht seltenen Wutausbrüche.

So vergingen die Jahre bis zur Einschulung für den Jungen nicht gerade freudevoll. Voll Erwartung fieberte er dem ersten Schultag entgegen – doch in der Klasse mit der lauten, rohen Dorfjugend fühlte sich Simon von Anfang an als Außenseiter. Gehänselt, lächerlich gemacht, geknufft und getreten verbrachte er seine Tage, ohne Hilfe von den Großen zu bekommen. Seine Lehrer wollten oder konnten nicht sehen, was dem Knaben da im täglichen Unterricht und auf dem Schulhof widerfuhr. Zuhause erzählte Simon nichts von seinen Peinigungen. Aus Stolz und aus Furcht vor der Reaktion des strengen Erzeugers.

Simon lernte daher früh, sich allein zu beschäftigen. Auf dem Bauernhof fand er Abwechslung genug. Er liebte es, sich im Stall aufzuhalten, Kühe und Pferde zu streicheln, und sich dort die Wärme zu holen, die er im Eelternhaus so sehr vermisste. Und natürlich verdrängte Hahnibal mit seiner Zuneigung für kostbare Augenblicke jeden Kummer und alle Sorgen.

Eines Tages, als Simon im Stroh saß und seiner Lieblingskuh beim Wiederkäuen zusah, meldete sich eine unbekannte Stimme in seinem Kopf. Fast so, als ob jemand dicht an seinem Ohr flüstern würde. „Hey, Simon. Was willst du von den langweiligen Kühen? Nimm doch mal die Mistgabel, die da steht, und versetze den Viechern einen ordentlichen Piks. Das gibt Spaß." Erschrocken drehte sich der Junge um. Niemand zu sehen. „Wer bist du? Und wo bist du?", fragte er ängstlich.

„Ich bin Samson, dein Zwillingsbruder. Du kennst mich noch nicht, aber ich war immer schon da bei dir. Unten an deinem Rücken, der Knubbel, der dir oft so weh tut, das bin ich. Jetzt wird es Zeit, dass wir zwei mal miteinander reden. Denn du kannst eine Menge für mich tun. Und wehe, du machst nicht, was ich dir befehle. Dann geht es dir aber schlecht."

„Wieso bist du mein Zwilling? Warum bist du nicht ein richtiger Junge wie ich?" „Jetzt quatsch nicht so dumm rum. Ich habe keine Lust für lange Erklärungen. Tu einfach, was ich dir sage. Und wir beide werden prima miteinander auskommen. Jetzt hol die verdammte Mistgabel und sorge dafür, dass die blöden Kühe ein bisschen munter werden." „Nein, das mache ich nicht. Ich quäle kein Tier." „Du willst nicht? Das werden wir doch mal sehen." Plötzlich durchfuhr Simon ein derart brennender Schmerz, dass er nicht mehr stillsitzen konnte. Er sprang auf, die Tränen liefen ihm über die Wangen. „Hör auf, du tust mir weh." „Nimm die Mistgabel und stich zu. Dann werde ich mir überlegen, ob ich wieder freundlich zu dir bin." Wieder dieser schreckliche Schmerz. Simon griff zur Forke und stupste sanft eine der Kühe in die Flanke. „Das nennst du piksen? Du spinnst doch. Entweder du stichst richtig zu oder …." Das Brennen in Simons Rücken verstärkte sich, wurde schier unerträglich.

Verzweifelt fasste Simon die Forke fester und versetzte der am nächsten stehenden Kuh einen kräftigen Stoß. Das Tier brüllte auf, denn die Verletzung durch den Zinken ging tief unter die Haut und blutete stark. „Gut so. Ich liebe Blut und möchte es trinken, trinken, trinken", kam es von Samson. „Weißt du was, Simon? Saug doch ein bisschen für mich auf, damit ich meinen Durst stillen kann." „Das mache ich nicht". Während Simon diese Worte herauspresste, fühlte er seine Hose feucht werden. „Ich blute." „Und das ist noch nicht das Ende. Verschaff mir das Blut von der Kuh oder ich besorge mir dein Blut. Du hast die Wahl". Simon tat, wie ihm geheißen. Er legte den Mund an die offene Wunde der Kuh und begann zu saugen. „Gut“, flüsterte die kindlich-grausige Stimme in seinem Ohr. „Gut. Und nun schluck es herunter, damit ich davon trinken kann“. Simon schluckte und spürte etwas wie Wohlbehagen, das sich in seinem Körper ausbreitete. „Sieht du, Simon. Wir werden bestens miteinander auskommen. Du bist doch mein Bruder und willst sicher, dass es mir gut geht.“ Ein letztes, hämisches Lachen und die Stimme verstummte.

Verstört schlich sich der Junge aus dem Stall, an der Küche vorbei, in der die Mutter das Abendessen zubereitete und hinauf in sein Zimmer. Dort warf er sich auf das Bett. Was sollte er tun?

Den Eltern konnte er nichts von den erschreckenden Vorgängen berichten. Sie hätten ihm nicht nur nicht geglaubt, sondern ihn wegen seines vermeintlichen Lügenmärchens sogar bestraft. Die alte Bäuerin, bei der die Familie zur Miete wohnte, war zwar lieb und nett. Aber auch sie würde er nicht von seiner Geschichte überzeugen können.

Simon fühlte sich plötzlich unsagbar allein. Und als die Verlassensangst schier übermächtig zu werden drohte, presste der kleine Junge verzweifelt das Gesicht ins Kissen und weinte bitterlich. “He, du Memme. Du flennst ja wie ein Baby. Nutzt dir gar nichts. Aber keine Bange. Verlass dich einfach auf mich. Und alles wird gut“, drängte sich die gefürchtete Stimme in Simons Tränenstrom. „Also Schluss jetzt mit dem Gewimmer. Wir haben noch viel vor, da kann ich keinen Jammerlappen gebrauchen. Los, auf mit dir. Wasch dir das Gesicht. Muss doch nicht jeder gleich sehen, was für eine Heulsuse du bist. Beeil dich gefälligst und mach dich auf die Socken zum Abendbrot. Du musst schließlich bei Kräften bleiben, damit es mir richtig gut geht.“

Gehorsam wischte sich Simon die Tränen aus dem Gesicht, ging zum Waschbecken, um unter dem fließenden Wasser die Spuren seines Weinens zu tilgen und schlich dann mit gesenktem Kopf die Treppe hinunter. Als er sich an den runden Esstisch mit der blaukarierten Decke setzte, an dem die Eltern bereits Platz genommen hatten, meldete sich erneut das widerwärtige Wispern in seinem Kopf. „Denk daran, Simon, immer schön brav sein und tun, was ich dir befehle. Anderenfalls …..“ Voller Qual krümmte sich der Junge unter dem stechenden Schmerz in seinem Rücken, der jedoch ebenso rasch endete wie er begonnen hatte. „Also, geliebter Bruder. Du weiß, was geschieht, wenn du nicht spurst."

Es war der Mutter nicht verborgen geblieben, dass mit ihrem Sohn etwas nicht stimmte. „Tut dir etwas weh?", erkundigte sie sich besorgt. „Du bist ein bisschen blass um die Nase herum. Hast du vielleicht wieder mal unreifes Obst gefuttert, das dir auf den Magen geschlagen ist?" „Nein, nein. Alles in Ordnung. Ich bin nur ein wenig müde, weil ich in der Nacht so schlecht geschlafen habe", beeilte sich Simon zu antworten. „Na gut. Dann gehst du heute mal früh ins Bett. Vorher wird aber noch tüchtig gegessen", erklärte Simons Mutter und belegte ein weiteres Brot mit Wurst und Käse.

„Du verwöhnst den Jungen zu sehr. Kein Wunder, dass er sich so anstellt", ließ sich in diesem Moment der Vater vernehmen. „Wenn er dir fleißig bei der Hausarbeit zur Hand gehen würde statt stundenlang im Stall herumzutrödeln und sich mit diesem blöden Hahn zu beschäftigen, würde er nachts besser schlafen." „Deshalb wirst du deiner Mutter künftig nach der Schule bei der Arbeit helfen", wandte sich der Vater direkt an den Jungen. „Hast mich verstanden?" Simon nickte. „Dann erwarte ich von dir, dass du deine Pflichten ernst nimmst und mir keine Klagen kommen. Sobald du aufgegessen hast, ab mit dir ins Bett."

Eilig stopfte sich Simon das belegte Brot in den Mund. Nur weg von hier. Weg von den bohrenden Fragen und forschenden Blicken der Eltern. Er musste allein sein, um sich in Ruhe zu überlegen, was jetzt zu tun sei. Es wurde Zeit, einen Plan zu schmieden, wie er mit dem bösartigen Samson umgehen sollte. Das Wichtigste aber war: Wie ließ sich verhindern, dass ihm dieses Etwas an seinem Rücken jederzeit so unerträgliche Schmerzen zufügen würde?

Simon zerbrach sich den Kopf, ohne eine Lösung zu finden. Spät in der Nacht, als er sich schlaflos in seinem Bett herumwälzte, hörte er ein leises Kichern. „Na, Brüderchen, immer noch ratlos, was du mit mir anfangen sollst? Ich werde es dir verraten. Lass mich machen. Folge einfach meinen Anweisungen und ich verspreche dir: Wir beide werden uns bestens verstehen."

Wieder kullerten Tränen über Simons Wangen. Es blieb ihm nichts übrig, als diesem Monster zu gehorchen. Sonst würden die Schmerzen nicht auszuhalten sein. Darüber war sich der Junge in seinem Innern sehr, sehr klar. Also sollte es so sein. Und Simon fiel endlich in einen unruhigen Schlaf.

***

Der nächste Morgen. Vorsichtig öffnete Simon die Augen. War dieser Samson schon wach? Und wenn, was würde nun geschehen? Doch alles blieb still. Erleichtert begann der Junge mit dem gewohnten Tagesablauf. Frühstücken, der Mutter beim Abwasch helfen, das Geschirr in den Schrank einräumen, den Tornister packen und kurz bei Hahnibal vorbeischauen, bevor er sich auf den Schulweg machte.

Als er mittags nach Hause kam, duftete es in der Küche nach Erbsensuppe mit Speck. Simons Magen knurrte. Deshalb beeilte er sich, wechselte flugs die Schulkleidung und wusch sich schnell die Hände. Wenig später saß er sauber am Esstisch, den vollen Teller mit der dampfenden Suppe vor sich. Wie meistens, verlief das Essen ohne viel Gespräche. Ein kurzes „Wie war's in der Schule?", darauf ein ebenso kurzes „Gut" – mehr war nicht zu sagen.

Nachdem Simon den Tisch abgeräumt hatte, sah er auf dem Buffet die Geldbörse seiner Mutter liegen. „Mach schon, greif zu und schnapp dir ein paar Scheine!" Das Flüstern in seinem Kopf war eindringlich und unüberhörbar. „Ich werde meine Mutter nicht beklauen. Das kannst du nicht von mir verlangen!", protestierte Simon in Gedanken. „Quatsch nicht blöd und tu endlich, was ich dir sage. Mit den paar Kröten können wir uns was Feines kaufen." Doch Simon zögerte, sich aus dem Portemonnaie der Mutter zu bedienen. Aber nicht lange, denn nun kam der Schmerz zurück, der ihn in die Knie zwang. „Hör auf, mir weh zu tun. Ich mache ja schon, was du verlangst", brachte Simon hervor, öffnete die Börse und nahm einen Geldschein heraus. „Nicht so sparsam. Nimm noch einen", lautete die Aufforderung. Und Simon griff zu.

Es war herrlich zu erleben, wie der böse Schmerz nachließ. Aber da war noch mehr im Gange. Auf einmal fühlte sich Simon auf merkwürdige

Weise erregt, so wie zu Weihnachten, wenn er seine Geschenke auspacken durfte. Ein tolles Gefühl, von dem er sich wünschte, dass es nicht vorbeigehen würde. Von dem er sich wünschte, es wieder zu erleben. „Na, geht es dir gut?“, meldete sich in diesem Moment sein Zwilling zurück. „Das kannst du so oft haben, wie du möchtest. Denn du wirst bald merken, wie schön Ungehorsam und Böses-Tun sein können. Viel besser, als den Großen zu gehorchen. Spaß statt Langeweile. Du wirst das neue Leben mögen! Doch nun lass uns ins Dorf gehen und was Feines kaufen. Ich weiß auch schon, was. Im Schaufenster von Heinrich Krümpel habe ich ein Klasse-Fahrtenmesser gesehen, das wir unbedingt haben müssen. Übrigens: Warum sollten wir dafür Geld ausgeben, wenn Klauen doch viel billiger ist. Mal gucken, ob du Talent zum Langfinger hast.“

„Aber ich kann jetzt nicht fort. Ich muss Schularbeiten machen und danach draußen das Kaminholz aufschichten“, wandte Simon kläglich ein. „Muss ich dich erst wieder stechen, damit du in die Puschen kommst?“, fragte die Stimme in gereiztem Ton. „Nein, bitte nicht. Ich werde sehen, ob ich mich davon stehlen kann.“ „Das brauchst du nicht zu sehen, das wirst du machen. Und zwar hoppla.“

Als Simon Krümpels Geschmischtwarenladen erreichte, war der Inhaber gerade mit Kunden beschäftigt und blickte nur flüchtig auf, um zu sehen, wer den Laden betreten hatte. Und da waren sie in aller Pracht. Messer in unterschiedlichen Formen und Größen, zum Greifen nah aufgereiht auf einem Ständer nahe der Eingangstür. „Jetzt oder nie“, zischte Samson. „Schnapp dir das Fahrtenmesser und nix wie weg.“ Wie betäubt langte Simon in die Auslage, bekam das Messer zu greifen und verließ das Geschäft, ohne dass sein Diebstahl aufgefallen war. „Siehst du, so einfach ist das. Eine gute Übung fürs nächste Mal“, äußerte sich sein Zwilling zufrieden.

***

So schwankten Simons Tage zwischen Hoffen und Bangen. Hoffen, dass Samson Milde walten ließ und Bangen, dass genau das Gegenteil passierte. An einem Freitag im Sommer wurde Simon auf dem Nachhauseweg von der Schule von einem älteren Jungen angehalten. „Hast du schon gehört, dass nächsten Samstag ein großer Hahnenkampf stattfinden wird? Der dicke Bert vom Müller-Hof lässt seinen *Imperator* gegen jeden Herausforderer aus dem Umkreis antreten. Denn er glaubt, dass sein Hahn unschlagbar ist. Darauf kannst du sogar wetten. Also – wie ist es? Kommst du, um das Schauspiel zu sehen und vielleicht sogar ein paar Mark zu gewinnen?“ „Nett, dass du mir das sagst. Aber ich denke nicht, dass ich dabei sein kann. Nächsten Samstag gibt es bei uns zu Hause viel zu tun. Waschtag. Da muss ich meiner Mutter helfen.“ „Pech für dich. Dann mach’s mal gut. Ich kann dir ja berichten, wie der Hahnenkampf ausgegangen ist“, erklärte der Junge und nickte Simon kurz zum Abschied zu.

Simon hatte gerade einmal ein paar Schritte getan, als sich Samson meldete. „Was soll das bedeuten, dass du nicht zum Hahnenkampf gehen willst? Spinnst du jetzt total? Klar wie Kloßbrühe, dass du dahin gehst. Und nicht allein. Du nimmst deinen bescheuerten Hahnibal mit und meldest ihn zum Kampf an. Es wird endlich Zeit, dass er mal zeigt, was in ihm steckt. Schließlich kann es nicht sein, dass du ihn immer nur verwöhnst und nichts dafür bekommst. Wenn er schon nicht im Kochtopf landen kann, dann soll er wenigstens kämpfen.“ „Auf keinen Fall!“, protestierte Simon energisch. „Hahnibal ist viel kleiner und schwächer als der *Imperator*. In einem Kampf hätte er überhaupt keine Chance, auch wenn er noch so tapfer ist.“ „Und wenn schon. So ein Kampf ist jedenfalls ein Riesenspaß. Ist doch egal, wenn dein Hahn dabei draufgeht. Dann schenkt dir die Bäuerin eben einen neuen. Gibt doch genug Küken auf dem Hof“, entgegnete der Zwilling erbarmungslos. „Nein, Samson. Schlag dir das aus dem Kopf. Hahnibal ist mein allerbester Freund, den ich niemals sterben lassen würde.“ „Du willst nicht? Dann muss ich wohl mal wieder nach härteren Mitteln greifen“, sagte Samson erbost und schickte einen heftigen Schmerz durch Simons Köper. Dieser biss die Zähne zusammen. Nur nichts anmerken lassen, ging ihm durch den Sinn. Vielleicht stellte Samson dann die Quälerei ein. Aber davon konnte keine Rede sein. Immer wieder stach der Schmerz zu, bis Simon es nicht mehr aushalten konnte. „In Ordnung. Du hast gewonnen. Ich werde Hahnibal zum Kampf mitnehmen“, murmelte Simon und hob die Hand zum Zeichen seiner Kapitulation. „Geht doch, warum nicht gleich“, kommentierte sein Zwilling, der nun besänftigt für eine Weile Ruhe gab.

Nach dem Mittagessen lief Simon schnurstracks in den Hühnerhof, um nach Hahnibal zu schauen. Der kleine Hahn pickte unbekümmert die Körner aus Simons Hand und flatterte nach der leckeren Mahlzeit auf seinen Schoß, um ein Schläfchen zu halten. Der Junge drängte die Tränen zurück, während er das Gefieder seines Kameraden streichelte. Und langsam nahm ein Gedanke in seinem Kopf Form an, der Mut machte, aber zugleich auch ängstlich stimmte. Aus Erfahrung schlau geworden, versuchte Simon, diesen Gedanken so gut wie möglich vor Samson zu verbergen, was offenbar auch gelang. Zumindest war von dem Monster nichts zu hören.

„Keine Angst, Hahnibal. Ich werde dich beschützen und nicht zulassen, dass dir etwas Böses widerfährt", flüsterte Simon seinem Freund zu, drückte ihn noch einmal fest an die Brust und setzte ihn behutsam auf den Boden, wo der Hahn sofort eifrig zu scharren begann. Simon kehrte ins Haus zurück. Die Schularbeiten für den kommenden Tag warteten auf ihn. Mechanisch holte er Hefte und Bücher aus dem Ranzen und fing mit den Aufgaben an. Kaum war er fertig, trug sein Vater ihm auf, das Fahrrad zu putzen und danach der Bäuerin beim Stall-Ausmisten zu helfen. Ohne aufzumucken erledigte Simon auch dieses.

***

Endlich allein, ging der Junge langsam auf sein Zimmer. Seine Eltern hatten sich entschlossen, einen Spaziergang zu einem See in der Nähe zu unternehmen, so dass kein Risiko bestand, bei seinem Vorhaben gestört zu werden. Simon zog Hemd und Hose aus, nahm das Fahrtenmesser aus der Kiste unter dem Bett, in der er seine Schätze versteckte, und kniete nieder. Das Messer fest umklammert, setzte er den ersten vorsichtigen Schnitt an. Genau dort, wo sich das Haarbüschel am Steißbein befand. „He, was soll das werden?! Hör sofort mit der Schnibbelei auf. Du willst mir doch nicht etwa wehtun?", empörte sich sichtlich irritiert der Zwilling. Simon antwortete nicht, sondern schnitt beharrlich weiter.

Selbstverständlich setzte sich Samson mit Gewalt zur Wehr, sendete eine Schmerzwelle nach der anderen aus, eine heftiger als die vorhergehende. Tränenüberströmt kämpfte Simon verbissen gegen die schier unerträglichen Qualen, die ihm der Peiniger antat. Ohne abzubrechen drang das Messer tiefer und tiefer rund um die Geschwulst namens Samson, säbelte das haarige Fell auf Stoppelhöhe ab und setzte schließlich wie ein scharfes Skalpell zum letzten entscheidenden Schnitt an, der Simon von dem Schmarotzer befreien sollte.

Das Kreischen des Parasiten steigerte sich zu einem infernalischen Crescendo, als dieser erkannte, dass er gegen die unbarmherzig vordringende Klinge nichts ausrichten konnte. Mit unumstößlicher Gewissheit wurde Samson klar, dass er sterben musste. Denn die Trennung von dem Körper, der ihn viele Jahre ernährt und am Leben gehalten hatte, bedeutete unweigerlich das Aus.

In einem letzten Kraftakt riss Simon den noch fest sitzenden Rest der Missgeburt aus der Verankerung in seinem Rücken. Zurück blieb eine heftig blutende Wunde, die nicht zu stillen war. Den herausgerissenen Zellhaufen in der Faust, schleppte sich Simon stöhnend zum Bett und verkroch sich in den Laken, die in kurzer Zeit vom Blut getränkt waren. Erschöpft von der Anstrengung und den Schmerzen verlor Simon wenig später das Bewusstsein. So fanden ihn seine Eltern bei ihrer Rückkehr vor. Nachdem alle Versuche scheiterten, das Kind wieder auf die Beine zu bringen, schwang sich Simons Vater aufs Rad, um in der nahgelegenen Kaserne ein Auto zu organisieren, mit dem der Junge ins Krankenhaus gebracht werden konnte. Dort angekommen, wurde das Kind sofort auf die Intensivstation verlegt, da sich sein Zustand sichtbar verschlechterte.

Der Heilungsprozess erwies sich als langwierig, denn das Loch in Simons Rücken wollte sich nicht schließen. Zudem sahen sich die Ärzte mit einem Phänomen konfrontiert, das ihnen bislang noch nicht begegnet war. Zunächst hielten sie den Auswuchs, den Simon immer noch in der Hand gehalten hatte, für eine seltene, aber durchaus vorkommende Anomalie. Nach weiteren Untersuchungen, unterstützt von Befragungen der Eltern, wurde festgestellt, um was es sich tatsächlich handelte: Einen missgebildeten Embryo, der sich als parasitärer Zwilling in den Köper seines Bruders eingenistet hatte. Damit stand ihnen ein spektakuläres Forschungsobjekt zur Verfügung, das noch für viel Diskussionsstoff sorgen würde.

***

Langsam besserte sich der Gesundheitszustand des Jungen. Es sah so aus, als ob er bald aus dem Spital entlassen werden könnte. Als Simon an dem Morgen erwachte, an dem es nach Hause gehen sollte, spürte er, dass irgendetwas nicht stimmte. Was es war, konnte er nicht ausmachen.

Plötzlich hörte er eine Stimme, die aus seinem Kopf zu kommen schien. „Hallo, Simon. Ich bin Simone, die Dritte in unserem Bunde. Gut, dass du den Rüpel Samson um die Ecke gebracht hast. Kompliment für deine Tapferkeit. Hätte ich dir gar nicht zugetraut." „Ich verstehe nicht", stotterte Simon. „Natürlich verstehst du. Wir waren drei Geschwister. Ich habe mich nur bisher nicht bei dir gemeldet. Doch das habe ich jetzt nachgeholt." „Aber wo steckst du denn?" „Im Gegensatz zu dem primitiven Samson habe ich mir einen wesentlich besseren Platz in deinem Körper ausgesucht. Nämlich unmittelbar hinter deinem rechten Auge. Da sitze ich für dein Messer unerreichbar hoch und sicher. Außerdem bekomme ich auf diese Weise alles mit, was um dich herum geschieht. Und weiß selbstverständlich auch, was dir so durch den Kopf geht. An der Quelle sitzt das Mädchen. Also versuch erst gar nicht, mich auszutricksen. Das wird garantiert nicht funktionieren." Simon konnte das alles nicht fassen. Das konnte nicht sein, das durfte nicht sein. Simone kicherte selbstzufrieden. „Doch, Simon. Genau das ist jetzt so. Und ab sofort wirst du mir aufs Wort gehorchen und alles tun, was ich von dir verlange. Glaub mir, wir werden viel Spaß miteinander haben."

Als Simons Eltern ins Krankenzimmer kamen, um ihren Sohn abzuholen, stand der Junge schreiend am Fenster. Gutes Zureden brachte ihn nicht zum Schweigen. Das Schreien ging unvermindert weiter. Die herbeigerufenen Ärzte standen vor einem Rätsel. Simon antwortete auf keine Frage, sprach nicht und zeigte keine Reaktion auf die Bemühungen. Erst eine hochdosierte Beruhigungsspritze sorgte eine Zeit lang für Ruhe, so dass die Mediziner über geeignete Maßnahmen beraten und entscheiden konnten. Simons Einlieferung in die Psychiatrie wurde daraufhin umgehend veranlasst.

Über das Schicksal des weißen Hahns ist im Übrigen nichts weiter bekannt.

Pferdestärken

Mit ganzer Wucht hatte die Lanze das ungeborene Fohlen im Mutterleib durchbohrt. Der Stute fehlte die Kraft, sich gegen das Unvermeidliche aufzubäumen. Sie verendete in einer Lache gemeinsamen Blutes, das unvermindert aus den klaffenden Wunden strömte und die Erde tränkte. Ängstlich aneinander gedrängt hatten die anderen das Geschehen beobachtet. Nun kamen sie mit hängenden Köpfen heran, um von der toten Gefährtin Abschied zu nehmen. Der Ripper hatte für die Nacht seine Lust befriedigt. Doch bald würde er wieder aufbrechen und ein weiteres Opfer für seine Begierde suchen.

Bei den Pferdehaltern im Umkreis wuchs die Besorgnis, je mehr bedrohliche Vorfälle in der Öffentlichkeit bekannt wurden. Immer neue Schreckensnachrichten machten die Runde. Verstörende Nachrichten, die bei den Betroffenen Verzweiflung, Wut, aber auch Ratlosigkeit auslösten. Was war das für ein Mensch, der Vergnügen daran fand, friedlich grasende Tiere zu massakrieren? Verglich man die Meldungen, so wurde klar, dass es dem Ripper vor allem darum ging, weibliche Tiere zu quälen. Bis jetzt waren lediglich Stuten vorgefunden worden. Schwer misshandelt und so stark verwundet, dass die Mehrzahl an Ort und Stelle verstarb oder aber vom herbeigerufenen Tierarzt eingeschläfert werden musste. Nur eine Eselin hatte bisher trotz ihrer grausamen Verstümmelung überlebt. So die traurige Bilanz.

Alle attackierten Pferde wiesen Verletzungen ähnlicher Art auf. Den Stuten war eine scharfkantig geschliffene Lanze aus Metall in die Scheide gerammt und dort mit solcher Brachialgewalt gedreht und gewendet worden, bis das empfindliche Fleisch anfing, stark zu bluten. Einige Tiere erlitten zusätzlich Verwundungen an den Zitzen und am Hals. Das Merkwürdige an den Vorkommnissen war allerdings nicht so sehr, dass es keine Zeugen gab. Zu nachtschlafender Zeit trieb sich normalerweise keine Person auf den Koppeln herum. Aber die Pferde hätten eigentlich Lärm machen müssen, aufgeschreckt von dem nächtlichen Besucher. Wiehern, Hufgetrappel oder das Geräusch von niedergetretenen Zäunen – all dies war nicht zu vernehmen gewesen.

***

Die Pferdebesitzer, Züchter und Landwirte aus den umliegenden Höfen trafen sich recht bald zur Krisensitzung, um zu beratschlagen, wie man dieses Monster in Menschengestalt zu fassen bekäme. Schließlich ging es nicht allein um das Wohl der Tiere, sondern auch um wertvolles Kapital, das man nicht verlieren wollte. Beispielsweise war die Ausgleichsforderung ziemlich ins Geld gegangen, als eine tragende Vollblutstute, die ein zahlender Kunde für die Zeit ihrer Niederkunft in die Obhut eines Profistalls gegeben hatte, durch den Ripper zu Schaden kam. Es musste also im allgemeinen und besonderen Interesse dringend eine Lösung gefunden werden.

Die Runde überlegte hin und her, kam aber auch auf keine Idee, wer der Täter sein könnte. Nach intensiven Überlegungen kristallisierte sich ein Gedanke heraus: Es musste jemand sein, den die Pferde kannten. Anders war ihr zutrauliches Verhalten nicht zu erklären. Doch auch diese Erkenntnis brachte nicht weiter. Niemand fiel den Anwesenden zu diesem Profil ein. Daher verwarf man die Annahme wieder und kam zu dem Schluss, dass es sich wohl um einen Pferdeflüsterer handeln musste. Also um einen Menschen, der sich auf Pferde verstand und gut mit ihnen umgehen konnte.

Auch über wirkungsvolle Schutzmaßnahmen wurde gesprochen. Leider stellten sich die Vorschläge als nicht sonderlich sinnvoll heraus. Unter anderem kam der Einfall, die Voltzahl des Elektrozauns signifikant zu erhöhen, nicht zur Ausführung. Zu groß wurde die Gefahr für die Tiere eingeschätzt, sich durch einen zu heftigen Stromstoß zu verletzen oder zumindest so zu erschrecken, dass die Herde in Panik geriet und auf der Flucht womöglich erheblichen Schaden anrichtete. Aus dem gleichen Grund wurde auch die Idee verworfen, die bestehenden Gatter an den verschiedenen Koppeln mit messerscharfem Nato-Stacheldraht zu verstärken. Keiner der Anwesenden wollte das Risiko eingehen, eines der wertvollen Rösser zu verwunden. Daher beschränkte man sich darauf, verstärkt die Augen offen zu halten in der Hoffnung, den Pferdestecher auf frischer Tat zu ertappen – besser noch, das Vorhaben des Rippers zu vereiteln.

Man kam ferner überein, in einem festzulegenden Turnus abwechselnd an den Weiden in der Nacht Streife zu fahren, die geladene Schrotflinte griffbereit auf dem Beifahrersitz. Zusätzlich zu dieser Patrouille erklärten sich einige Bauern bereit, Position in Sichtweite der Koppeln zu beziehen und sich dort auf die Lauer zu legen. Wenigstens für ein paar Stunden zwischen Mitternacht und Morgenstunde. Dieser Wachplan sollte zunächst auf drei Wochen begrenzt sein. Danach würde man sich wieder treffen, die Erfahrungen austauschen und - falls erforderlich – erneut beraten.

***

Der Ripper Gabriel saß in seinem Lesesessel am Fenster und hörte Johann Sebastian. Die Klarheit der Bach'schen Fugen war Labsal für seine kranke Seele. Rein und ohne Schnörkel fügte die Musik Ton an Ton, Akkord an Akkord zu einem makellosen Ganzen, das wie eine Kathedrale der Gotik nur einem Zweck diente: Dem Schöpfer zum Wohlgefallen zu sein. Eine Aufgabe, die sich auch der Ripper für sein Leben auferlegt hatte. Seine Mission war es, die Welt wenigstens in seinem persönlichen Umkreis nach Möglichkeit von der fleischlichen Sünde zu befreien. Den Teufel im Weib niederzustrecken und alle Verderbnis des Weiblichen für immer auszumerzen.

Aufgewachsen im Haus seiner gottesfürchtigen Großmutter, lernte er früh zwischen Wohlverhalten und Sünde zu unterscheiden. Demnach war alles Körperliche von Übel. Die Hände hatten auf der Bettdecke zu bleiben, statt unanständige Handlungen am eigenen Leib vorzunehmen. Verzichten musste der Kleine ebenfalls auf Zuwendung und Zärtlichkeit. Die Oma führte ein strenges Regiment, geleitet von Geboten und Verboten. Solange der Knabe parierte, war alles in Ordnung. Falls nicht, drohten Essensentzug, Stubenarrest oder im schlimmsten Falle Schläge mit dem Gürtel. Und was das andere Geschlecht anging, gehörte auch dieses Thema zu den Tabus, die seine Großmutter aufgestellt hatte.

Bereits als Schüler hatte er das Schlechte erkannt und versucht, standhaft zu widerstehen, wenn sich die jungen Mädchen aus seiner Klasse in engen Jeans und bauchfreien Tops aufreizend vor ihm, dem dicklichen Knaben mit hässlicher Hasenscharte, präsentierten. Dieser nackte Streifen Haut brachte ihn fast um den Verstand. Er malte sich aus, wie seine Hände eine der schmalen Taillen umspannten und so lange zudrückten, bis das verdorbene Wesen vor Schmerzen aufschrie. Er würde schon dafür sorgen, dass in der Schule wieder Zucht und Anstand herrschten. Bei dem Gedanken daran stieg es heiß in ihm auf. Auch wenn er mit aller Kraft dagegen kämpfte, kam er gegen die Reaktion seines Körpers nicht an. Voll Scham tilgte er dann die Spuren seiner Schwäche, wobei die Wut auf diese verruchten Mädchen noch ein Stück weiter stieg.

Trotz aller Vorsicht war der pubertierende Teenager nicht gegen jede Versuchung gefeit. Denn eines Tages trat Marietta in sein Leben. Ein Mädchen wie ein Engel. Mit sanftem Wesen und einer Scheu, die der Junge bislang bei seinen Mitschülerinnen so sehr vermisste. Marietta kleidete sich sittsam in bunt geblümte, locker sitzende Kleider, trug Blusen und Schottenrock im braven College-Stil oder lange Hosen, unter denen sich nichts abzeichnete. Statt bauchfrei hoch geschlossen – dem künftigen Ripper gefiel, was er sah und er war bereit, seine guten Vorsätze über Bord zu werfen und eine Bekanntschaft mit Marietta zu wagen.

Und – oh Wunder – die schüchterne Marietta schien ebenfalls Gefallen an dem 18-Jährigen zu finden und seine Handicaps wie Hasenscharte und Übergewicht großzügig zu übersehen. Überwältigt vom Glück, bei seiner holden Angebeteten Beachtung zu finden, fing Gabriel an, Pläne für die Zukunft zu schmieden. Wenn die beiden im Wald spazieren gingen und sich ihre Hände wie zufällig berührten, wenn er die schwere Schultasche des Mädchens auf dem Nachhause-Weg trug oder sich traute, ihr zum Abschied einen keuschen Kuss auf die Wange zu drücken, fühlte sich der Junge im siebten Himmel. Er hatte seinen Engel gefunden, den er nie mehr fortfliegen lassen würde. Ganz gleich, ob die Klassenkameraden sich wegen des ungleichen Paares den Mund zerrissen. Die Freundschaft zu Marietta hatte ihn immun gegen Spott gemacht und ihm neues Selbstbewusstsein geschenkt. Dazu gehörte auch, sich einen kleinen Bart wachsen zu lassen, um die Fehlstelle an der Oberlippe zu kaschieren. Schließlich war es nur legitim und keineswegs ein Zeichen von verwerflicher Eitelkeit, seiner künftigen Frau nach Möglichkeit zu gefallen.

Natürlich war der gemeinsame Weg nach Beendigung der Schule schon vorgezeichnet. Marietta und er würden gemeinsam Theologie studieren, heiraten und ein Sprengel übernehmen. Während er auf der Kanzel seinen Schäfchen Gottes Wort und Wunsch näher brachte, würde sich seine liebe Gattin um die Gemeindearbeit kümmern. Und selbstverständlich wohlgeratene, gottgefällige Kinder bekommen. Mindestens drei sollten es schon sein. Bevor es an die Universität ging, wollte er allerdings mit Marietta eine Tour nach Italien und Frankreich unternehmen, um dort die zahlreichen berühmten Kirchenbauten zu besichtigen. Für das geeignete Vehikel hatte er schon gesorgt. Mit Nachhilfestunden, Nachbarschaftshilfe, Zeitungen-Austragen und Blutspenden sowie finanzieller Unterstützung aus Großmutters Schatulle war genügend Geld für die Anschaffung eines gebrauchten VW-Busses zusammengekommen, mit dem er und Marietta gleich nach dem Abitur auf Fahrt gehen würden. Marietta wusste zwar noch nichts davon, doch nach der Abschlussfeier würde er sie mit seinen Reiseplänen überraschen.

So vergingen die letzten Wochen bis zur Prüfung. Damit rückte auch der Abiturball näher. Eine Herausforderung für Gabriel, der aufgrund seines Aussehens auf den Besuch einer Tanzschule verzichtet hatte. Nun übte er täglich verbissen vor dem Spiegel die gängigsten Schritte, um auf dem Ball eine gute Figur zu machen. Denn selbstverständlich würde er mit Marietta den Abend zwischen Walzertakt und Slow-Fox verbringen. Das stand nun mal fest.

Alles lief am Abend des Balls nach Wunsch. Tanzen, flirten, die Zeit vergessen. In einem dieser unvergesslichen Momente, in denen der Jüngling seine Marietta in den Armen hielt, spürte er, wie sein Körper auf eindeutige Weise reagierte. Verschreckt wollte er sich von dem Mädchen lösen, doch seine Tanzpartnerin schmiegte sich nur noch enger an ihn und zeigte keine Neigung, auf Abstand zu gehen. „Ich möchte mir dir schlafen!“, hörte sich der Junge schließlich sagen. Unmögliche Worte, die ihm da wie von selbst über die Lippen kamen. Worte, die ihm sein Engel niemals verzeihen würde. Doch was er kaum zu hoffen gewagt hatte, geschah. „Dann lass uns gehen, damit wir es uns im Auto gemütlich machen können“, flüsterte Marietta. Es fiel offenbar keinem der Mitschüler auf, dass sich die beiden davonschlichen.

Im Bully angekommen, gab es kein Halten mehr. Mit zitternden Händen streifte Gabriel die Träger von Mariettas Abendkleid und wagte es, zum ersten Mal ihren Busen zu streicheln. „Komm, ich kann nicht mehr warten“, drängte das Mädchen. Erstaunlich routiniert fingerte sie am

Reißverschluss seiner Hose. Befreit vom Stoff, hielt es Gabriel nicht mehr aus. Er war bereit für das größte, aufregendste Glück seines jungen Lebens.

In diesem Moment wurde die Wagentür aufgerissen. Draußen stand ein Pulk grölender Jugendlicher, die voll Häme auf den fassungslosen jungen Mann mit heruntergelassenen Hosen zeigten und lautstark skandierten: *Warte, warte, Hasenscharte – steck den Pimmel nicht hinein. Dafür ist er viel zu klein.* Das Schlimmste aber war: Auch Marietta schüttete sich aus vor Lachen. „Na, Leute, was habe ich euch versprochen? Ein bisschen Busen genügt, um diesen Blödmann zum Abspritzen zu bringen“, prustete sie heraus, während sie ihre Kleidung ordnete. „Jetzt lasst uns gehen. Ich habe genug davon, mich von diesem hässlichen Fettsack begrabschen zu lassen.“

Blind vor Scham zog der Ripper in spe die Hosen hoch und stolperte aus dem Wagen. Nur weg von dieser gnadenlosen Meute. Nur weg von diesem falschen Engel, der ihn derart hintergegangen hatte. Irgendwann und irgendwo stoppte seine Flucht. Verzweifelt legte er sich ins Gras und weinte, weinte, weinte sich leer. Aber die Leere wurde aufgefüllt. Denn auf die Tränen folgte der Hass. Hass, der alles überflutete und nur einem Gedanken Raum ließ: Vergeltung zu nehmen.

Stunden später kehrte Gabriel zum Auto zurück, um nach Hause zu fahren, wo er eine Reisetasche mit einigen Siebensachen packte, die Geldkassette seiner schlafenden Großmutter räubert, wieder in den Bus stieg und auf Nimmerwiedersehen verschwand. Und über Jahre verschwunden blieb, so dass daheim weder Familienangehörige noch Bekannte wussten, wo sich Gabriel die ganze Zeit über befand.

***

Nach etlichen Umzügen quer durchs Land hatte Gabriel sich weit weg von seiner Heimat endlich eine neue Existenz geschaffen. Er lebte in geordneten Verhältnissen und ging einer geregelten Beschäftigung nach, die ihn neben einem ausreichenden Fixum zusätzlich am Umsatz beteiligte und so ein gutes Einkommen sicherte. Hätte man seine Nachbarn gefragt, so wäre er als unauffälliger, ruhiger Mensch beschrieben worden. In der Tat legte er großen Wert darauf, zurückgezogen und unbehelligt seine Tage zu verbringen.

Sein Beruf brachte es allerdings mit sich, dass er oftmals in der Region unterwegs war und dort ansässige Bauernhöfe besuchte. Bei dieser Gelegenheit gewann Gabriel deutliche Einblicke in das Geschehen in Ställen und auf Weiden. Er bekam mit, wie die weiblichen Tiere besprungen wurden, wie sich das Verhalten der Hengste und Bullen auf erschreckende Weise veränderte, wenn empfängnisbereite Stuten und Kühe lockten. Genau wie bei uns Menschen, befand der Ripper. Jedes männliche Wesen wird Opfer der Weiblichkeit, ist nicht mehr es selbst, verliert seine Persönlichkeit und alle gottgefälligen Eigenschaften.

In seinen Phantasien malte sich der Ripper die passende Bestrafung aus. Es musste eine Züchtigung sein, die Schrecken verbreitete und bleibende Schäden hinterließ. Ein für alle Mal wollte er der fleischlichen Wollust in seinem Umfeld ein Ende bereiten. Doch wie? Sich an Frauen zu vergreifen, traute sich der Ripper – noch – nicht. Die Gefahr aufzufallen, schien ihm zu groß zu sein, auch wenn der Drang zu extremer Gewalt immer stärker wurde. Also blieben die Tiere. Und so reifte der Plan mit der Lanze. Bei einem Altwarenhändler besorgte er sich solch eine Waffe, die er mit erheblichem Aufwand zusätzlich bearbeitete, damit sie die nötige Schärfe bekam.

Die erste Attacke verlief unerwartet problemlos. Gabriel kannte die trächtige Stute gut, die er sich als Opfer ausgesucht hatte, so dass das Tier bei seinem Näherkommen ruhig blieb. Der eigentliche Akt des Angriffs dauerte nicht lang. Aber immerhin lang genug, um dem Ripper ein wohliges Gefühl der Befriedigung zu verschaffen. Bereits beim ersten Zustechen schwoll sein Penis bis zum Zerplatzen an. Als dann das Blut aus der Pferdescheide rann, folgte eine Explosion nie gekannten Ausmaßes, die ihm die ersehnte Erlösung verschaffte. Ein Gefühl, das er unbedingt wieder erleben musste, wollte und auch konnte.

Mit der Zeit verfeinerte der Ripper die Methoden des Gemetzels. Er vervollständigte seine Ausrüstung, um gegen eventuelle Gegenwehr des betreffenden Tieres gewappnet zu sein. Gleichzeitig bereitete er seine Touren mit noch mehr Umsicht vor, immer darauf bedacht, unbemerkt zu bleiben. Dabei war es für ihn von Vorteil, lediglich in größeren

Zeitabständen in derselben Gegend zu tun zu haben. Dies verringerte das Risiko, unter Verdacht bei den Landwirten zu geraten. Alles lief nach Wunsch. Beste Voraussetzungen, seine Strafaktionen unvermindert fortzusetzen.

Der Ripper erhob sich, ging zum Schreibtisch und schlug den Terminkalender auf. In zwei Tagen würde er wieder über Land fahren und einige Gehöfte besuchen. Eine ideale Gelegenheit, nach einem neuen geeigneten Objekt Ausschau zu halten.

***

Drei Tage später machte Hobby-Pferdezüchter Wilhelm Martens bei seinem allmorgendlichen Rundgang über das Gelände eine grauenvolle Entdeckung. Meggies Körper lag blutverschmiert am Rande der Weide, daneben der abgetrennte Kopf des schwarzen Shetland-Ponys. Vom Täter fehlte wie immer jegliche Spur.

Damit hatte die Spirale des Grauens eine weitere Wendung zu noch mehr Gewalt genommen – über den Schmerz hinaus zum elenden Tod. Der Ripper konnte mit sich zufrieden sein. Denn er hatte ganze Arbeit geleistet, um die höchste Befriedigung seiner Gelüste zu bekommen. Aber sein schreckliches Tun war nicht unbeobachtet geblieben. Mehr noch: Man hatte ihn erkannt.

Aufgeregt wieherte Little Joe die Gefährten zusammen. Nicht nur die Shetlands kamen angetrabt, auch die Großen von der Nachbarkoppel hatten den alarmierenden Ruf vernommen und wollten hören, was da passiert war. Der Senior aus der Pony-Herde stellte sich in Positur und verkündete noch ein wenig atemlos: „Ich weiß, wer der böse Mann ist!“ Ungläubig schauten die übrigen auf das betagte Pferdchen, bis der Boss der Hannoveraner-Gruppe von nebenan ihn herablassend aufforderte: „Dann erzähl mal.“ Und Little Joe berichtete, was er in der vergangenen Nacht im Licht des Vollmondes beobachtet hatte.

Die Reaktion der Pferde fiel eindeutig aus. „Du hast dich geirrt. Dieser Mann kann nicht der Mörder sein. Wir alle kennen und schätzen ihn. Schließlich bringt er für jeden von uns stets etwas Feines zum Futtern mit, wenn er unsere Höfe besucht“, erklärte Teja, der die benachbarte

Herde anführte. „Aber da du nicht mehr gut sehen und hören kannst, sei dir dieser Irrtum verziehen. Wir wollen nicht mehr davon sprechen und keinen Unschuldigen verdächtigen.“ „Aber ich habe mich nicht geirrt“, verteidigte sich Little Joe. „Ich wollte ja zuerst auch nicht glauben, was ich da gesehen habe. Ich kenne den Mann ebenso gut wie ihr. Mehr als einmal hat er mir aus seiner Tasche eine Möhre, einen Apfel oder ein paar Zuckerstücke spendiert. Doch das alles muss nichts heißen. Vielleicht wollte er uns bloß täuschen und in Sicherheit wiegen.“ „Schluss jetzt mit dem Blödsinn“, wies ihn der braune Wallach zurecht. „Troll dich und wälze dich meinetwegen im Klee. Da kannst du wenigstens keinen Schaden anrichten.“

Nach diesen Worten zerstreute sich die Ansammlung und wandte sich zum Gehen, wobei einige der Pferde insgeheim lächelten. Der gute, alte Little Joe. Es ist schon ein Kreuz, so alt zu werden. Da sah man anscheinend manchmal Gespenster und war auch sonst geistig nicht mehr auf der Höhe. Manchmal verlor der arme Little Joe sogar die Orientierung und suchte den Wassertank an einer falschen Stelle auf der Weide oder jagte aus unerfindlichen Gründen einem Schmetterling hinterher, was einem vernunftbegabten Ross normalerweise nicht in den Sinn kommt. Am besten wäre es, nachsichtig mit dem Oldie zu sein und nicht alles für bare Münze zu nehmen, wenn er wie heute wieder einmal viel Lärm um nichts veranstaltete. „Wir müssen uns doch wehren!“, rief das Pony seinen großen Artgenossen hinterher. „Wir können uns doch nicht so einfach abschlachten lassen.“

Teja, der stolze Braune aus renommierter Hannoveraner-Zucht, machte auf der Hinterhand kehrt und kam zurück. „Mutig gesprochen, Little Joe. Aber so leicht, wie du dir das vorstellst, geht es nicht. Wir alle stammen aus edlem Geblüt und haben das Kämpfen schon lange verlernt. Schließlich sind wir Pferde mit guten Manieren und Disziplin und keine ungehobelten Ackergäule, die ihre Raufereien in der Öffentlichkeit austragen. Wir werden gezüchtet, um hervorragende sportliche Leistungen im Galopp, im Traben, Springen und in der Dressur zu bringen. Deshalb müssen wir auf uns Acht geben und keine Verletzungen riskieren. Allenfalls bockt der eine oder andere manchmal, wenn der Reiter falsche Kommandos gibt oder sein Pferd nicht so gut behandelt. Das reicht aber auch, um den Unwillen anzuzeigen. Außerdem: Selbst wenn wir uns gegen die Attacken dieses Menschen wehren wollten, so würden wir keine Chance haben. Er besitzt Geräte, die uns enorme Schmerzen zufügen können. Eines hast du eben selbst beschrieben und die schreckliche Wirkung miterlebt. Sogar ich mit meinem Gardemaß kann dagegen nichts ausrichten. Ich könnte keinen Huf rühren, denn dieses merkwürdige Blitzgerät macht auch das größte Pferd bewegungsunfähig, wie du weißt. Du wirst jetzt hoffentlich einsehen, dass Widerstand zwecklos ist."

„Aber wir könnten doch das Kämpfen wieder lernen", beharrte Little Joe. „Erinnern wir uns an unsere wilden Vorfahren, von denen noch vieles in uns steckt. Lass es uns bitte versuchen." Teja schüttelte den Kopf. „Nein, Little Joe. Wertvolle Pferde wie wir haben andere Aufgaben und dürfen unsere Besitzer nicht enttäuschen." „Sollen wir denn gar nichts unternehmen?", fragte Little Joe bekümmert. „Wir werden aufpassen, immer dicht zusammen bleiben und bei Gefahr versuchen zu entkommen. Mehr können wir im Moment nicht tun. Darüber hinaus bin ich sicher, dass uns unsere Menschen so gut wie möglich schützen werden", antwortete Teja, bevor er sich beeilte, seine Herde einzuholen. „Das hat Meggie bestimmt auch gedacht", rief Little Joe ihm hinterher, bevor er allein am Zaun zurückblieb, die Augen blind vor Tränen der Enttäuschung.

***

So entging ihm, dass ein dumpfer, schwerer Hufschlag näher kam. „Ich hätte nie gedacht, dass in einem Zwerg wie dir so viel Mumm steckt", brummte eine tiefe Stimme. „Also, mein Kerlchen, dann schieß mal los und berichte uns noch einmal genau, was du auf dem Herzen hast." Little Joe blickte auf. Auf der anderen Seite des Gatters standen zwei mächtige Pferde, grobschlächtig in der Statur, die Hufe mit dichten Fellbüscheln überzogen. Kein Vergleich zu den hochgezüchteten Rassepferden von vorhin, die durch Eleganz und perfekte Proportionen im Körperbau beeindruckten. Doch im Gegensatz zu diesen strahlten die beiden Ankömmlinge ein hohes Maß an Gelassenheit, Kraft und Entschlossenheit aus. Eigenschaften, die Vertrauen weckten.

Das Pony verbeugte sich leicht und sagte: „Ich heiße Little Joe und gehöre zu den Shetlands vom Martens-Hof. Und wer seid ihr?" „Ich bin Max und das ist mein kleiner Bruder Moritz, ein echtes Leichtgewicht mit seinen mickrigen 900 Kilo. Nun ja, vielleicht wächst er ja noch ein bisschen", erwiderte der zwei Meter große, schwarzbraune Riese. „Wir sind Mitglieder der ungehobelten Ackergäule, die zu Raufereien neigen und keine Manieren haben." Das Shetland blickte beschämt zu Boden: „Oh, Verzeihung. Teja wollte euch sicher nicht beleidigen. Bitte nicht böse sein." „Das mit der Beleidigung lassen wir mal dahingestellt. Aber dir sind wir nicht böse. Denn du bist ein mutiger Zwerg, der unsere Achtung verdient", bemerkte Moritz, das Leichtgewicht mit der weißen Blesse auf der Stirn. „Nun aber genug mit den Höflichkeiten. Erzähl uns jetzt bitte genau, was bei euch Noblen so vorgeht."

Little Joe nickte und begann zu erzählen, wie er in der vergangenen Nacht von einem Motorengeräusch aufgewacht war, während die anderen Ponys weiterschliefen. Wie ein Auto vor der Koppel hielt, was an und für sich in warmen Nächten öfter vorkam. Offenbar suchten junge Paare ein verschwiegenes Plätzchen im Dunkeln, um ungestört zu sein. Wie dann doch alles ganz anders kam als erwartet. Wie ein Mann aus dem Wagen stieg, aus dem Kofferraum eine Metallstange und einen weiteren Gegenstand hervorholte, den Little Joe noch nie gesehen hatte, über das Gatter kletterte und sich umschaute. Wie die neugierige Meggie, die mittlerweile auch wach geworden war, auf den Mann zulief und wohl auf einen nächtlichen Imbiss spekulierte. Wie der Mann dieses Ding, das plötzlich anfing zu knistern und zu blitzen, auf Meggie richtete. Wie die zutrauliche Stute niederfiel und sich nicht mehr bewegte. Wie der Mann mit der Metallstange zustieß, bis das Blut strömte. Dann wieder über den Zaun kletterte, zum Auto ging und mit einer Axt zurückkehrte. „Und dann hat er Meggie den Kopf abgeschlagen", endete Little Joe seinen erschütternden Bericht und musste für einen Moment innehalten.

„Meine Gefährten waren natürlich auch aufgewacht. Statt Meggie beizustehen, haben sie sich in die äußerste Ecke der Weide zurückgezogen. Ich allein konnte doch nichts ausrichten, um der hübschen, liebenswerten Stute zu helfen. Dabei habe ich so laut um Hilfe gewiehert. Doch vergebens, niemand hat sich um die Kleine gekümmert. Alle waren nur bedacht, sich selbst nicht in Gefahr zu bringen." Little Joe schluckte. „Was hätte ich denn tun sollen?"

„Nichts weiter. Als Einzelkämpfer hättest du gegen diesen gewalttätigen Typen nicht gewinnen können. Aber sag, weißt du ohne Zweifel, wer dieser Mann ist?", fragte Max eindringlich. „Ja, ich bin mir ganz sicher. Zudem habe ich sein Auto erkannt, dass es sicher nicht noch einmal gibt." „Autos gibt es wie Gras auf der Wiese", kommentierte Moritz trocken. „Richtig. Aber so eins nicht", verteidigte sich Little Joe. Max ließ nicht locker: „Und wie kommst du darauf? Schließlich war es mitten in der Nacht, so dass du noch nicht einmal die Farbe des Fahrzeugs genau bestimmen konntest." „Die Farbe ist auch nicht ausschlaggebend. Denn dieser Wagen hat auf den beiden vorderen Türen ein Zeichen, das ihn einmalig macht", spielte das Pony seinen Beweis aus. „Was soll das für ein Zeichen sein?" „Zwei Hörner, zwischen denen etwas geschrieben steht", erklärte Little Joe. Max und Moritz tauschten einen Blick, bevor das schwarzbraune Kaltblut feststellte: „Das Zeichen ist uns bekannt und wir wissen, wer diesen Wagen fährt. Auch auf unserem Hof kommt der Mann manchmal vorbei, um dem Bauern seine Waren anzubieten. Stets hat er das Auto voller Schachteln und Kartons, von denen unser Bauer ab und zu mal einige kauft. Wozu, wissen wir jedoch nicht." „Genau so läuft das auch bei uns ab", stimmte das Pony zu. „Zwei- oder dreimal im Jahr trifft sich der Mann mit unserem Bauern. Es sieht aus, als ob er bei dem Mann Vorräte besorgen würde. Voll genug ist das Auto ja."

„In Ordnung. Wir stimmen also überein, dass wir den Schlächter unzweifelhaft identifiziert haben. Jetzt müssen wir überlegen, wie wir weiter vorgehen sollen", erklärte Max. „Habe ich das richtig verstanden? Ihr wollt tatsächlich helfen?" Little Joe japste vor Aufregung. „Was denkst denn du, kleiner Zwerg? Meinst du, wir lassen dich im Stich? Sicherlich nicht. Auch wenn wir ansonsten keine Manieren besitzen, so sind wir doch hilfsbereit", betonte würdevoll der Größere von den beiden Giganten. „Darüber hinaus lassen wir uns als erwiesene Rabauken doch keinen Kampf entgehen", grinste Moritz. „Deshalb Kopf hoch, Kleiner. Lass uns mal machen. Trotzdem spielst du eine entscheidende Rolle für unseren gemeinsamen Erfolg. Deshalb brauchen wir dich. Du musst uns unbedingt ganz, ganz schnell benachrichtigen, sollte das Auto wieder auftauchen. Am besten, du wieherst dreimal kurz hintereinander. Das ist für uns das Signal, um einzugreifen." Little Joe versprach, auf der Hut zu sein und sofort Laut zu geben, wenn der böse Mann sich blicken lassen sollte.

***

Nachdem die tote Stute abtransportiert worden war, kehrte allmählich wieder Ruhe ein in den Beritt. In der Normalität des Alltags verblasste die Erinnerung an das furchtbare Ereignis, obwohl die Pferdehalter nach wie vor in unregelmäßigen Abständen entlang der Koppeln patrouillierten. Fast hätte man meinen können, all das Gemetzel und Morden sei nur ein grausiger Spuk gewesen und gar nicht wirklich geschehen. Doch dies wäre ein fataler Trugschluss, wie sich erweisen sollte.

Der Frühling verging. Mensch und Tier genossen das Draußensein, wenn die Sommerhitze des Tages der angenehmen Kühle des Abends wich. Aber auch in den kurzen Nächten kam der Schlaf, der alle Geschöpfe übermannte. Tief und traumlos. So tief, dass wieder kein Pferd erwachte, als der Wagen auf das Weidegelände fuhr. Kein Pferd – bis auf eines. Müde hatte Little Joe auch in dieser Nacht aufmerksam Wache gehalten. Selbst dann noch, als ihm die Augen zuzufallen drohten. Die Ohren aufgestellt, horchte er angespannt in die Dunkelheit und vernahm bereits von Weitem das leise Surren des Motors, der sich über den Feldweg näherte. Little Joe verlor keine Zeit mit Abwarten, sondern gab das verabredete Zeichen in der Hoffnung, dass Max und Moritz ihn hören würden.

Als die beiden Kaltblüter einige Meter entfernt das dreimalige Wiehern vernahmen, setzten sie sich ohne Umschweife in Bewegung. Derweil war der Wagen an der Weide, auf der die Hannoveraner standen, angekommen. Die Fahrertür mit dem Hörner-Emblem öffnete sich, ein Mann stieg aus und ging zum Kofferraum, um verschiedene Gerätschaften zu holen. Zum Zaun waren es nur wenige Schritte, doch für den Mann zu weit, um sie zu gehen. Von einem plötzlichen Stoß in den Rücken aus dem Gleichgewicht gebracht, stürzte der Mann zu Boden. Das Letzte, was er in vollem Bewusstsein wahrnahm, war ein gewaltiger Pferdekopf, der sich über ihn neigte. Als der Huf sein Gesicht und den Schädel zermalmte, erlosch das Augenlicht für immer. Der Ripper hatte aufgehört zu existieren.

***

Am nächsten Morgen herrschte auf der Pferdekoppel ziemlicher Betrieb. Offensichtlich hatte sich die Meldung von dem schrecklichen Vorfall wie ein Lauffeuer verbreitet. Zahlreiche Anwohner aus der Umgebung waren gekommen, Presseleute stritten sich um die besten Plätze, um ein Interview zu machen oder um ein Foto vom Tatort aufnehmen zu können. Selbst der lokale Fernsehsender hatte ein Aufnahmeteam geschickt. Doch die Polizei blockte ab. Rot-weiße Absperrbänder sicherten den Ort des nächtlichen Geschehens weiträumig ab, so dass den wissbegierigen Reportern kein Zutritt gelang. Die übel zugerichtete Leiche hatte man mit einer Decke verhüllt, die Lanze und der Elektro-Schocker waren dem Toten aus der Hand gefallen und lagen wenige Zentimeter entfernt im Gras.

Bei der eindeutigen Indizienlage gab es keinen Zweifel, dass es sich bei dem Toten um den berüchtigten Pferde-Ripper handelte. Der abgestellte blaue Kombi mit dem markanten Schriftzug *BonaPharm* - werbewirksam zwischen zwei Hörnern platziert - lieferte einen weiteren Hinweis auf die Identität, die mit einem Anruf bei dem betreffenden Unternehmen eindeutig geklärt werden konnte. Der Personal-Chef der Firma bestätigte, dass der Wagen dem Pharma-Vertreter Gabriel Behrens zur Verfügung stand, der ihn als Dienstfahrzeug für seine Touren zu den landwirtschaftlichen Betrieben und Viehzüchtern in der Region nutzte. Gleichzeitig äußerte der Manager sein Entsetzen über die begangenen Taten, die er und niemand in der Firma diesem als zuverlässig und kompetent geltenden Mitarbeiter zugetraut hätten. Er sagte zu, künftig bei der Auswahl der Angestellten noch sorgfältiger zu prüfen, um solche Vorfälle mit Bestimmtheit auszuschließen.

Die Ursache, die den Ripper das Leben gekostet hatte, stand nach der Leichenschau des hinzugezogenen Arztes unzweifelhaft fest. Ein einziger heftiger Tritt mit einem Pferdehuf ins Gesicht hatte den Mann getötet, wobei durch die Wucht der Verletzung Knochensplitter ins Gehirn gedrungen waren und dort lebenswichtige Strukturen zerstört hatten. Erstaunlich war lediglich die Größe und Schwere der Verwundung, die nur ein Huf von außerordentlichem Ausmaß zustande bringen konnte. Weder die Shetland-Ponys noch die Hannoveraner auf den nebeneinander liegenden Koppeln, die der Ripper für seinen Angriff im Visier gehabt hatte, besaßen solch überdimensionale Hufe. So wurde noch lange gerätselt, wem dieser Riesenhuf zuzurechnen sei, ohne eine abschließende Antwort zu finden. An die beiden Ackergäule dachte niemand.

***

Eine Woche lang beherrschten der Ripper und sein spektakuläres Ende die Schlagzeilen der Gazetten. Dann gab es neue Nachrichten, die den Platz auf den Titelseiten beanspruchten.

Dadurch entging der Journaille eine interessante Begebenheit, die in Pferdekreisen jedoch noch etliche Zeit für Gesprächsstoff sorgte. Am späten Nachmittag des zweiten Tages nach dem Ripper-Tod erhielten Max und Moritz hohen Besuch. Teja, mit Little Joe im Schlepp, kam angetrabt, um den beiden Helden des Beritts seine Reverenz zu erweisen. „Ich wollte euch danken für die mutige Tat, mit der ihr wertvolles Leben gerettet habt. Ohne euch wäre eine meiner Stuten sicherlich geschändet oder sogar ermordet worden. Also seid bedankt. Wir werden euch stets in guter Erinnerung behalten“, erklärte würdevoll der edle Braune. „Zunächst solltest du Little Joe danke sagen. Denn er hat mit seiner Wachsamkeit dafür gesorgt, dass wir rechtzeitig eingreifen konnten“, entgegnete Moritz. „Im Übrigen haben wir nur das getan, was jedes anständige Pferd in dieser Situation getan hätte. Nämlich ohne langes Hin und Her tatkräftig Hilfe leisten.“ „Aber offenbar versteht ein kostbares Ross von aristokratischer Abstammung etwas anderes als wir unter Anstand. Während wir Bastarde einem Pferd in Not mit allen Mitteln beistehen, zieht sich so einer wie du in Gefahr vornehm zurück, um die eigene Haut zu retten. Nein, Teja. Wir wollen deinen Dank nicht und sind auch nicht auf dein fadenscheiniges Lob angewiesen. Geh deiner Wege. Und zwar schnell. Die Gesellschaft von uns zwei kaltblütigen Rüpeln könnte deinem untadeligen Ruf womöglich schaden“, setzte Max hinzu. „Dies gilt natürlich nicht für dich, Little Joe. Du bist uns jederzeit herzlich willkommen.“

Während sich der Hannoveraner beleidigt zurückzog, sprang Little Joe mit einem Anlauf über das Gatter und gesellte sich zu den beiden Riesen, die ihn erfreut begrüßten. Und so begann eine wundervolle Freundschaft zwischen dem ungleichen Trio, geprägt von gegenseitigem Respekt, Vertrauen und sehr viel Sympathie.

Drohnenflug

Die Königin lag im Sterben. Ergeben senkte sie für einen Moment den Kopf. Doch dann straffte sie die müden Flügel. Noch war der Tag nicht gekommen. Es blieb genügend Zeit für eine Reise. In die ferne kleine Welt, in der sie so glücklich gewesen war. Und die Biene machte sich bereit, ein letztes Mal ihr Glück zu finden.

„Guten Morgen, kleine Freundin. Da bist du ja wieder. Ich habe dich schon ein wenig vermisst", sagte Pauline, als sie die Biene am geöffneten Fenster entdeckte. Behutsam streckte sie ihre Hand aus, um dem Tier einen Landeplatz anzubieten.

Erschöpft vom langen Flug ließ sich die Biene auf der ausgestreckten Hand nieder. Zu Hause angekommen. Alles war so, wie es die Königin vor etlicher Zeit verlassen hatte. Das große weiße Tor, das dringend einen frischen Anstrich benötigt hätte. Die von Geißblatt überwucherte Mauer, voll Unkraut der Weg, der zu dem Haus führte, an dessen weiß verputzter Wand sich wie eh und je eine blaue Klematis in die Höhe rankte. Der Walnussbaum hinten in der Ecke des Bauerngartens, in dem jetzt im Sommer die Gladiolen, Hortensien und Stockrosen um die Wette blühten. Und natürlich die Kornblumen, deren leuchtendes Blau die Bienenkönigin so mochte. Ihre kleine Welt, wo im Schatten einer Linde der Bienenstock summte und brummte. Einst voller Geschäftigkeit, heute leer und verwaist.

Hier an diesem idyllischen Plätzchen war sie mit den Drohnen aus ihrer Population in einem riesigen Schwarm erstmals zum Hochzeitstanz aufgestiegen. Hatte mit einem gewissen Bedauern nach der Begattung die wenigen Männer sterben sehen, denen sie erlaubt hatte, ihren Samen an sie zu spenden. Traurig, doch nicht zu ändern. Die Natur wollte es so, dass auf diese Weise ein neues Volk geboren wurde. Damit hatte sich der einzige Lebenszweck der sonst nutzlosen Esser erfüllt, die nichts leisteten und den fleißigen Arbeiterinnen nur im Wege waren. Verständlich, dass die tüchtigen Dienerinnen der Königin im Juli mit der Drohnenschlacht das große Aufräumen begannen und den übrigen männlichen Bienen den Zugang zum Stock verweigerten. Isoliert und ohne Nahrung verendeten die Drohnen unweigerlich. Die alte Biene spürte, wie ein Gefühl der Verachtung in ihr aufstieg. Denn die Drohnen sind nicht einmal in der Lage, ihrer Königin für einen längeren Augenblick Lust zu schenken. Nach dem kurzen Liebesakt im Flug verliert der Drohn seinen Penis. Und geht ohne sein Paarungsorgan zu Boden, wo er liegen bleibt und stirbt.

Manchmal jedoch, in seltenen Fällen, gelingt es einem Drohn, dem sicheren Tod zu entgehen, sich im Stock zu verstecken und zu überwintern. Auch im Leben der Königin gab es diesen EINEN Drohn. Diesen EINEN Drohn, der sich im hintersten Winkel des Bienenhauses während der kalten Monate verborgen hielt. Diesen EINEN Drohn, der am Winterlager der Königin um Fürsorge und Schutz flehte. Diesen EINEN Drohn, dem sie diese Gnade gewährte. Diesen EINEN Drohn, den die Königin wider alle Natur liebte. So sehr liebte.

Während das Volk in der warmen Wintertraube dicht aneinander gedrängt die kalte Jahreszeit verbrachte, waren sich die Königin und ihre Drohne näher gekommen. Hatten versteckt vor neugieren Blicken Gedanken ausgetauscht und eine innige Zuneigung entwickelt. Ein Gefühl, so fremd und doch so vertraut.

Als der Frühling kam und das große Schwärmen begann, geschah das Unglück. Der Staat schickte sich an, ein anderes Domizil mit neuen Nahrungsquellen zu suchen. Die frische Drohnengeneration rüstete sich für den Hochzeitsflug. In all diesem Trubel hatte die Königin ihre Drohne aus den Augen verloren. Sie begab sich auf die Suche. Erst im gerade bezogenen Stock, dann draußen in der näheren und weiteren Umgebung. Ohne Erfolg. Die geliebte Drohne blieb verschwunden.

Teilnahmslos beobachtete die Königin bei ihrer Rückkehr das Treiben im Staat. Sie fühlte, sie würde nicht mehr die Kraft für einen erneuten Drohnentanz aufbringen. Sie wusste, dass ihr kein weiterer Sommer vergönnt sein würde. Also beschloss sie, sich einen Platz zum Abschied-Nehmen zu suchen. Mit einem kurzen Blick zurück verließ die Königin den heimatlichen Stock und machte sich auf in eine ungewisse ferne Zukunft. Allein, ohne Gefährten, nur auf sich gestellt. Das Schlimmste aber war das Wissen um den Verlust ihrer Liebe. Einer einzigartigen, unverhofften Liebe, die sie niemals mehr erleben würde. Aber dennoch am alten Platz suchte.

Plötzlich wurde die Königin aus ihren Erinnerungen herausgerissen. Fühlte, wie die Frau zusammenzuckte. „Schnell, kleine Freundin. Flieg in die Sonne. Dein Garten wartet schon." Sanft ließ sie die Biene auf den Sims gleiten und schloss das Fenster. Da war er. Jenseits von Freude und Frieden. Schwammig das Zimmer füllend. Das Dunkel, das die Kälte brachte und dem Licht die Wärme nahm. Doch der Vielfraß war alt geworden. Zwar immer noch böse lauernd wie eine Spinne im Netz, doch unbeholfen und schwerfällig in der Bewegung.

Für die schlurfenden Füße entwickelten sich die regelmäßigen Ausflüge zum Kühlschrank zu einem Marathon; das kurze Stück, das allabendlich vom Tisch zum Fernseher zurückzulegen war, glich einer Marterstecke.

Pauline hatte die Veränderungen bei ihrem Ehemann wohl wahrgenommen. Aber in den vielen Jahren der Lieblosigkeit war ihr die Eigenschaft des Mitfühlens abhanden gekommen. Sie tat, was man ihr auftrug. Schweigsam, mit ihren Gedanken und Wünschen allein. Wenn sie denn überhaupt etwas wünschte. Sie wusste, jeder Tag würde wie der andere vorüber gehen. Keine gute Voraussetzung für Wünsche, Sehnsüchte und Verlangen. Keine gute Zeit zum Aufbegehren.

„Was treibst du da?", drang die vertraut harsche Stimme an ihr Ohr. „Ich habe die Sonne ins Zimmer gelassen. Es ist so schön warm draußen, und hier drin so kühl." „Kümmer dich lieber um etwas Sinnvolles und räum die Küche auf. Da sieht es aus wie Sau, alte Schlampe!"

Pauline seufzte. Also musste ihr Kämmerlein unterm Dach mit den vielen Büchern und dem heißgeliebten Computer, der sie übers Internet in die große weite Welt brachte, weiter warten. Nun also Küchendienst. Die Frau tat, was ihr gesagt wurde. Spülte ab, putzte sauber, rieb blank, räumte auf, schaffte Ordnung. Erleichtert legte Pauline endlich den Lappen beiseite. Jetzt, in der Mitte der Woche, brauchte sie nicht zu kochen. Erst am Freitag stand wieder das große Abfüttern auf dem Plan. Bis dahin musste der Vielfraß sich selbst versorgen. Im Hause war genug dafür da. Brot, Wurst, Käse, fertige Salate, Dosensuppen, tiefgekühlte Pizza …

Pauline hatte vor einigen Jahren das Wochenend-Kochen eingeführt in der Hoffnung, dem Vielfraß einige Pfunde abzuringen. Ein vergebliches Unterfangen, wie sie bald erkannte. Doch es war bei dem Ritual geblieben. Nun würde sie Zeit finden für ihr Kämmerlein unterm Dach, wo sie ein kleines Büro eingerichtet hatte, in dem sie wissenschaftliche Arbeiten für Studenten und Dozenten aus der Universität in der Nachbarstadt abtippte oder auch – zur ihrer großen Freude – Übersetzungen von Kinderbüchern aus dem Englischen anfertigte, wenn denn ab und zu von einem Verlag ein Manuskript ins Haus flatterte.

Pauline war ins Bad gegangen und hatte dort den schmutzigen Overall ausgezogen, in dem sie am Vormittag im Garten gearbeitet hatte. Ungeschönt gab der Spiegel ihr Bild zurück. Blaue Murmeln in tiefen Augenhöhlen, verschattet durch Fransen in aschigem Blond. Ein breites Gesicht, nicht jung, nicht alt, durchzogen mit Linien, die das Leben im Laufe der Zeit gezeichnet hatte. Blasse Haut auf mageren Schultern. Die nutzlos gewordene Brust, die nie ein Kind gesäugt hatte, die nie mehr ein Mann zärtlich streicheln würde.

Der Griff zum Bademantel kam zu spät. „Keine Sorge, ich schau dir nichts weg. Du weißt doch, ich würde dich noch nicht einmal mit der Kneifzange anfassen“, höhnte der massige Mensch, den Pauline insgeheim den Vielfraß nannte. Abgewandt blieb sie stehen und wartete, bis die tappenden Schritte sich entfernt hatten.

Achselzuckend warf Pauline den Bademantel über. Ich will doch noch mal schauen, was die Biene macht, dachte sie und füllte ein Schüsselchen mit etwas Honig, um es ihrer Freundin nach draußen zu bringen. Doch sie hielt vergebens Ausschau. Nicht bei den Kornblumen. Nicht bei den Rosen. Und auch nicht bei den Löwenmäulchen, die Farbe an den morschen Holzzaun brachten. Sicher ruht sie sich irgendwo aus. Schließlich hat sie einen weiten Flug hinter sich gebracht, um hierher zu kommen, versuchte sich Pauline zu beruhigen. Sie wird bestimmt noch kommen. Spätestens morgen wird das Bienchen da sein. Mit diesem hoffnungsvollen Gedanken kehrte Pauline zurück ins Haus, um sich in ihrem Stübchen unterm Dach eine Auszeit zu nehmen. Und Kraft für den Abend und die lange einsame Nacht zu tanken.

***

Am nächsten Morgen war Pauline schon früh auf den Beinen. Leise machte sie sich fertig, zog die Kleider an, die sie abends schon vorsorglich bereit gelegt hatte. Nur nicht den schnarchenden Mann auf der anderen Seite des Bettes wecken. Fast hatte sie es geschafft, doch dann – „Wo gehst du hin? Willst du deinen Lover treffen oder was treibt dich sonst zu dieser nachtschlafenden Zeit hinaus?“, meldete sich die raue, gefürchtete Stimme in ihrem Rücken. „Ich will zur Mühle, Brot kaufen. Jetzt kommt es noch ganz warm aus der Backstube und schmeckt so am besten.“ „Und ist viel zu weich, um Butter darauf zu schmieren. Aber wenn du schon gehst, dann bring mir ein Stück Apfelkuchen mit. Und ja, sei verdammt noch mal nicht so laut, wenn du heimkommst. Ich möchte noch ein Stündchen schlafen“, brummte der Vielfraß und wälzte sich wieder auf die Seite.

Es war ein schöner Sommermorgen. Pauline fühlte sich frei und froh, als sie durch die Wiesen zur alten Windmühle wanderte. Bei einer Kornblume am Wegesrand blieb sie stehen. So ein herrliches Blau. Das würde meiner Biene gefallen, ging es ihr durch den Kopf. Sobald ich zurück bin, muss ich unbedingt nach ihr sehen.

Als sie Schritte hörte, drehte sie sich nach der Person um, die neben ihr stehen geblieben war. Eine große Frau mit dunklen Locken, die das schmale Gesicht umrahmten. Mit Basecap und einem schwarzen Rucksack auf dem Rücken. „Nett“, entschied Pauline für sich und verzog den Mund zu einem schmalen Lächeln. „Da haben Sie sich aber eine wunderschöne Kornblume ausgesucht“, sagte die Fremde. „Zum Pflücken viel zu schade. Meinen Sie nicht auch?“ Pauline nickte zustimmend. „Viel zu schade.“ „Ach, übrigens, gut, dass ich Sie hier treffe. Können Sie mir sagen, wie ich zur alten Mühle komme?“, erkundigte sich der dunkle Lockenkopf. „Klar. Ich bin gerade auf dem Weg dorthin. Wenn Sie wollen, können Sie mich gern begleiten.“ „Perfekt! Da komme ich doch sofort mit. Ich heiße übrigens Coba Conradis und bin erst gestern in das Haus mit der blau gestrichenen Tür hinterm Deich als Mieterin eingezogen. Ich kenne mich daher noch nicht so gut aus in der Gegend, die hoffentlich bald meine neue Heimat werden wird.“ „Sie werden sich bestimmt rasch eingelebt haben“, versicherte Pauline. „Die Leute hier sind sehr freundlich und werden

Ihnen bestimmt weiterhelfen, wenn Sie Fragen haben oder etwas brauchen sollten."

„Und wie heißen Sie?" frage die dunkelhaarige Frau. „Ich muss doch wissen, bei wem ich mich für die nette Begleitung zu bedanken habe." „Pauline Damm. Ich wohne in dem Häuschen am Ende der Dorfstraße. Das kleine Haus mit dem weißen Tor und dem verwilderten Bauerngarten." Pauline warf noch einen Blick auf die schöne Blaue und fiel wie von selbst in den Gleichschritt mit ihrer Begleiterin, als sie sich aufmachten zur Mühle ein paar hundert Meter weiter. „Was hat Sie in unser Dörfchen verschlagen?", erkundigte sich Pauline.

„Ich bin hierher gezogen, weil mir in der großen Stadt so viel gefehlt hat. Das klare Licht, die Weite, das Wasser, das fruchtbare Land mit dem ungehinderten Blick über den Horizont hinaus. Dies alles bekomme ich in Zukunft sozusagen vor der eigenen Haustür." „Warum ist das so wichtig für Sie?" „Weil ich nun alles habe, was ich für meine Bilder brauche." Pauline verlangsamte ihren Schritt und legte spontan die Hand auf Cobas Arm. „Sind Sie Malerin?", fragte sie neugierig.. „Ja, und nicht einmal eine schlechte", bemerkte Coba mit einem spitzbübischen Lächeln. „Malen Sie realistisch oder abstrakt?" „Meine Motive schenkt mir die Natur. Das kann ein Stein sein, ein Stück Holz, eine Blüte, ein Blatt. Doch es reicht mir nicht, die Vorlage abzumalen. Ich will mehr."

„Und was möchten Sie mit Ihrer Malerei erreichen?", wollte Pauline wissen. Coba legte die Stirn in Falten, während sie über die Antwort nachdachte. „Ich will erfahren, was die Dinge tatsächlich sind. Will in sie hineinschauen. Ihre Oberflächen erfühlen. Ihre Strukturen erkennen. Ihre Moleküle analysieren und bildhaft machen." „Wie machen Sie das?" „Nun, ich lasse die Steine zu mir sprechen, damit sie mir ihre Seele öffnen. Ich nehme das Stück Holz in die Hand, um die Art seiner Oberflächen zu ertasten. Ich umarme sogar Bäume, wenn keiner zuguckt, um die Beschaffenheit der Rinde zu erkunden", erläuterte die Künstlerin leicht verlegen. „Das möchte ich auch können", murmelte Pauline. „Dann kommen Sie doch einfach mal in meinem Atelier vorbei. Dann kann ich Ihnen zeigen, wie ich male. Sie sind jederzeit herzlich willkommen." „Vielleicht. Bei Gelegenheit", wich Pauline aus. „Später irgendwann." „Tut mir leid, jetzt habe ich Sie mit meinem vielen Gerede bestimmt gelangweilt. Ich kenne leider kein Maß, wenn es um Kunst und

Kreativität geht", entschuldigte sich Coba und blickte Pauline fragend an. „Nein. Nein. Ich fand es sehr interessant, was Sie mir erzählt haben. Ich bewundere Menschen, die künstlerisch veranlagt sind und ihre Kunst leben. Nun sollten wir aber weitergehen, sonst ist der Mühlenladen überfüllt und wir müssen lange warten."

Nachdem Pauline ihre Einkäufe getätigt hatte und gerade gehen wollte, spürte sie eine Berührung auf ihrer Schulter. „So kommen Sie mir aber nicht davon", sagte Coba. „Ich muss mich bei meiner Begleiterin doch noch fürs Mitnehmen bedanken. Darf ich Sie zu einer Tasse Kaffee einladen? Hier sieht es doch ganz gemütlich aus", meinte sie mit einem Blick in das rustikal eingerichtete Cafè, das an den Mühlenladen angrenzte. „Oh, das ist sehr liebenswürdig von Ihnen. Aber ich bin wirklich in Eile", wehrte Pauline ab. „Dann bringe ich Sie aber wenigstens nach Hause", beharrte die Malerin. „Das geht nicht. Ich muss – ich habe gleich einen Termin beim Zahnarzt", log Pauline und wandte sich zum Gehen. „Aber wir werden uns doch bald wiedersehen, nicht wahr?", fragte Coba. „Wir laufen uns sicher irgendwann einmal über den Weg. Das Dorf ist ja klein", antwortete Pauline und eilte aus der Bäckerei nach draußen.

.Als sie daheim angekommen war, das weiße Tor aufschloss und den mit Unkraut überwucherten Weg zum Haus hinunterging, hatte sie die Begegnung mit der dunkelhaarigen Fremden fast schon vergessen.

„Du kommst spät", murrte der Vielfraß, als seine Frau kurz darauf den Frühstückstisch deckte. „War was unterwegs?" „Nein, es waren nur schon so viele Leute im Laden. Da musste ich lange warten. Aber ich habe dir ein Stück Apfelkuchen mitgebracht. Und die Zeitung liegt neben deinem Sessel", beschwichtigte Pauline. „Na gut. Du könntest mir nach dem Frühstück die Haare waschen. Wird mal wieder Zeit", erklärte der dicke Mann versöhnt. „Mach ich." Pauline schauderte bei der Vorstellung, den Mann berühren zu müssen. Etwas, das sie tunlichst zu vermeiden trachtete. Bei den seltenen Gelegenheiten, bei denen der Mann sie an sich zog, versteifte sich ihr Körper vor Abwehr. Losreißen, weglaufen, hinaus in die Freiheit. Nur fort von diesem Stück Fleisch, das sie so verabscheute. Gott sei Dank muss ich nicht mit ihm schlafen, dachte sie. Das wäre unerträglich für mich. Doch sie war sich gleichzeitig bewusst, dass sie auch diese Unerträglichkeit würde ertragen müssen. Wenn sie denn von ihr gefordert werden würde.

Den Magen vollgeschlagen mit Eiern, Toast und Speck, Käsebrot, Orangensaft und Tee, trollte sich der Vielfraß ins Bad. Die Frau nutzte die Gelegenheit, um die Post aus dem Briefkasten draußen am Tor zu holen. Werbung, Mahnungen, Spendenbitten, wieder kein Auftrag, um ihre bescheidenen Einkünfte ein wenig aufzustocken – da fiel ihr ein einzelnes Blatt in die Hand. Die Zeichnung einer Kornblume, mit schnellem Strich aufs Papier hingeworfen. Flüchtig, aber ausdrucksstark. Auf der Rückseite hatte Coba notiert: Bis bald in meinem Atelier. Sorgsam legte Pauline die Skizze zurück in den Kasten. Sie würde das Blatt später holen, in ihr Zimmer bringen und es dort in einem Buch in der hinteren Reihe aufheben. So, dass es niemand finden würde.

„Wo bleibt du denn so lange?“, schallte ihr die grantige Stimme entgegen, als sie ins Haus zurückkehrte. „Ich komme schon. Habe nur schnell die Post geholt. Ist aber nichts Wichtiges dabei“, entgegnete Pauline und betrat eilig das Bad. Peinlich vermied sie es, den fetten Körper in der Wanne anzusehen. Den behaarten Rücken, das braune, verschrumpelte Geschlecht, das unter dem unförmigen Bauch wie ein Wurm im Wasser hing. Pauline griff zur Brause, seifte den Kopf des Mannes ein und beeilte sich, fertig zu werden.

„Ich komme nicht allein hoch. Hilf mir gefälligst!“, befahl der Mann, der sich vergeblich bemühte, am glatten Wannenrand Halt für das Aufstehen zu finden. Widerwillig beugte sich Pauline hinunter, packte unter die dick gepolsterten Schultern und versuchte, den schweren Mann hochzuziehen. Vergebens, vergebens, vergebens. Endlich, mit einem fast schon verzweifelten, harten, resoluten Griff gelang ihr das scheinbar Unmögliche. Ächzend stieg der Vielfraß aus der Wanne und griff nach einem Handtuch. „Dann kommst du wohl alleine klar“, sagte Pauline, schon halb aus der Tür.

***

Ohne zu überlegen ging sie in den Garten, geradewegs zum verwaisten Bienenstock in der Hoffnung, dort ihre kleine Freundin zu treffen. Die

Königin saß am Schälchen, in dem noch ein Rest Honig vorhanden war. Aber nicht allein. Neben ihr tat sich eine andere Biene an der süßen Leckerei gütlich. Eine große Biene, die sich anschickte fortzufliegen, als die Frau näher kam. *Bleib hier. Keine Gefahr: Die Frau tut dir nichts: Sie ist eine Freundin.* Das Signal der Königin beruhigt die andere Biene. Sie senkte die gespannten Flügel, blieb aber auf der Hut und wartete ab.

„Hast du einen Gefährten gefunden? Das freut mich für dich", lächelte Pauline. „Da muss ich für euch beide gleich ein wenig Honignachschub holen. Das Bisschen wird nicht reichen für zwei."

Wieder allein, verschränkten die beiden Bienen ihre Fühler in einer erlösenden Umarmung. Vorbei die Zeit des Verlorenseins, des Suchens und Wartens, der Verzweiflung über das scheinbar Unabänderliche. Zwei Bienen im Glück. Konnte das sein? Durfte das sein? Es war so.

„Da bin ich wieder und habe ich euch was Leckeres mitgebracht." Die Menschenfreundin der Bienenkönigin war mit einer Schale frischen Honigs zurückgekommen. „Macht euch eine schöne Zeit, ihr beiden, und genießt den Sommer!" Nachdem sich Pauline zurück auf den Weg zum Haus begeben hatte, begann zwischen der Königin und der Drohne der Gedankenstrom wieder zu fließen.

*Warum hast du mich verlassen, mein Geliebter? * Ich habe dich nicht verlassen, meine Königin. Nur verloren. * Warum habe ich dich nicht gefunden? * Auch ich habe dich vergeblich gesucht * Wieso treffen wir uns hier wieder? * Wir hatten den gleichen Gedanken und sind an den Ort zurückgekehrt, an dem wir so glücklich waren.* Dann lass uns diesen Sommer nutzen, um unsere Liebe neu zu leben. * Nichts wünsche ich mir sehnlicher als das, meine Königin. * Dann soll es so sein.*

Und die beiden Bienen verschränkten erneut ihre Fühler und blieben so lange Zeit in tiefer Zuneigung miteinander verbunden.

***

Pauline hatte das Auto schon von weitem gehört. Deshalb wich sie an den Straßenrand aus und stellte die schweren Tüten ab, die mit den Wochenend-Einkäufen randvoll gefüllt waren. Doch das Fahrzeug fuhr nicht vorbei. Der Wagen hielt neben ihr und schon vernahm sie die

Stimme von Coba, die sie vor einigen Tagen fast an derselben Stelle kennengelernt hatte. „Steigen Sie ein, Pauline. Ich bringe Sie schnell nach Hause. Dann brauchen Sie sich nicht so abzuschleppen."

„Ja, gern", antwortete Pauline erfreut und kletterte in den Jeep. „Danke, dass Sie mich mitnehmen wollen." Coba ließ den Motor an, legte den Gang ein und zögerte. „Wenn Sie ein wenig Zeit hätten, könnte ich Ihnen eigentlich kurz mein Atelier zeigen. Was meinen Sie?"

Worauf sollte sie warten? Auf das, was sie an Alltäglichem zu Hause antreffen würde? Lieber würde sie mit der sympathischen Malerin mitfahren und sich eine Abwechslung gönnen. „Warum nicht. Haben Sie sich denn inzwischen schon ein bisschen eingewöhnt hier in unserem Dorf?", erkundigte sich Pauline. „Oh ja. So langsam wird es. Die Möbel sind mittlerweile gekommen und eingeräumt. Der Kühlschrank ist voll und das Atelier wird ebenfalls so, wie es werden soll." Coba nickte zufrieden. „Ich habe sogar schon ein Bild fertig gemalt. Darf ich es Ihnen gleich mal zeigen? Ich bin gespannt auf Ihr Urteil." „Sicher. Ich bin überzeugt, Ihr Gemälde wird mir gefallen."

Wenig später bog der Wagen in die Auffahrt zu der alten Scheune ein, die Coba zu einer Malerwerkstatt umgebaut hatte. Mit Bodenfenstern, die reichlich Tageslicht in den großen Raum hinein ließen. Das breite Scheunentor stand offen und gab die Sicht frei auf eine Arbeitsstätte, die den Namen verdiente. Ein ausladender Tisch, darauf Farbtuben, Becher mit Pinseln und Spachteln, schmutzige Lappen und andere Utensilien. An die Wände gelehnt zahlreiche Bilder. Vor einem Fenster eine Staffelei, darauf eine auf einem Keilrahmen befestigte Leinwand. In der Nische eine Liege, mit bunten Kissen bestückt. Gegenüber ein abgewetzter Ledersessel mit einem Beistelltisch, auf dem ein Plattenspieler stand. Sowie eine angebrochene Flasche Rotwein nebst einem halb leeren Glas.

„Willkommen bei mir. Schauen Sie sich alles an. Ich hole derweil das Bild. Und ach – darf ich Ihnen etwas zu trinken anbieten?",fragte Coba. „Nein, danke. Machen Sie sich nur keine Umstände", entgegnete Pauline. „Hier ist das Meisterwerk. Was halten Sie davon?" Coba hatte ein kleinformatiges Bild in der Hand, mit einem rötlichen Hintergrund, auf dem sich ein Netzwerk aus verschiedenfarbigen Linien und

Schraffierungen ausbreitete, dessen Ordnung sich Pauline noch nicht erschloss. Dominiert wurde das Motiv von einem breiten Balken in speckig glänzendem Schwarz, das aussah wie ... "Kohle! Das ist Kohle!", rief Pauline aus und deutete auf den dicken Strich, der das Bild auf unverwechselbare Weise markierte. „Sie haben den Querschnitt eines fossilen Steins mit seinen Ablagerungen gemalt."

„Endlich treffe ich den Menschen, der meine Bildsprache versteht. Pauline, danke. Sie machen mich sehr, sehr glücklich", strahlte Coba. „Kommen Sie, Pauline. Ich möchte Ihnen den Stein vorführen, der mich zu diesem Bild inspiriert hat. Ich habe ihn vor einigen Monaten auf einem meiner Streifzüge in einem Steinbruch gefunden."

Wie auf dem Gemälde zu sehen, handelte es sich um einen großen rotgrundigen Stein, durch Erosion weich geformt, durchzogen mit Adern verschiedener Schichten aus uralten Sedimenten. „Als dieser Stein vor über 300 Millionen Jahren auf dem Meeresboden geboren wurde, war er vermutlich noch ein winziger Sandstein. Im Laufe der Zeit kam Schicht um Schicht hinzu, hinterließen Pflanzen, Tiere und Organismen ihre Spuren im und auf dem Stein; war unser Stein ungeheuren Verwerfungen ausgesetzt und musste Millionen Jahre immens starken Druck aushalten. Das alles hat aus diesem Stein mehr gemacht als nur ein hübsch geformtes, hübsch gezeichnetes Mineral: Der Stein wurde zu einem Zeugnis der Erdgeschichte." Coba hatte sich warm geredet, ergriff Paulines Hand und legte sie auf den Stein. „Fühlen Sie, Pauline, wie der Stein lebt? Wie er darauf wartet, uns seine Geschichte zu offenbaren?" „Coba, Ihnen ist es gelungen, mit Ihrer Kunst den Stein zum Sprechen zu bringen. Ihn dazu zu bringen, dass er seine Geheimnisse preisgibt. Dafür bewundere ich Sie zutiefst", erwiderte Pauline. „Ich möchte das Gemälde kaufen. Denn es gefällt mir wirklich sehr, sehr gut. Wenn ich es mir denn leisten kann", scherzte sie.

„Das Bild ist unverkäuflich", entgegnete die Malerin. „Wie schade!" „Sie können das Bild nicht kaufen. Aber ich kann es Ihnen schenken", erklärte Coba. „Bitte, Pauline. Sagen Sie nicht Nein. Machen Sie mir die Freude und nehmen das kleine Bild als Zeichen meiner Dankbarkeit an. Meiner Dankbarkeit für Ihr Verständnis, für Ihr Interesse und Ihre Begeisterung, die Sie meiner Arbeit entgegenbringen." „Ich werde Ihr Bild in Ehren halten", versicherte Pauline und schaute Coba in die

Augen. Lange, länger als die gesellschaftlich akzeptierten drei Sekunden. Viel länger, eine kleine Ewigkeit. Beinah hätte sie die Hand gehoben, um das schmale, sensible Gesicht zu streicheln, widerstand jedoch der Versuchung. „Jetzt muss ich aber wirklich gehen", unterbrach Pauline den magischen Moment. „Es wird Zeit für mich." „Natürlich. Wie unaufmerksam von mir. Ich packe nur schnell das Bild ein, damit es sich besser transportieren lässt."

„Hier ist das Bild. Ich hoffe, das geht so", sagte Coba und reichte Pauline eine Leinentasche. „Und – Pauline …" „Ja?" „Du kommst doch wieder?" „Ich komme wieder." „Bestimmt?" „Bestimmt!" „Versprichst du es mir?" „Ich verspreche es dir." Beide wussten, dass der Pakt halten würde. Wie eine Ankerkette, die einem schwankenden Boot auf unruhiger See festen Halt gibt.

Als Coba sie ein Stück weit entfernt vom weißen Tor abgesetzt hatte, blieb Pauline noch eine Zeitlang stehen, um dem schwarzen Jeep nachzuschauen. Zurück im Haus, brachte sie ihre Einkäufe in die Küche und stieg dann mit dem Bild unter dem Arm hinauf in ihr Dachbüro. Wohin damit? Pauline kletterte auf einen Stuhl und lehnte das kleine Gemälde im obersten Fach des Regals an eine Bücherreihe. Hier stand es hoch und sicher, und immer genau in ihrem Blickfeld. Sie wusste: Etwas Neues war heute in ihr Leben gekommen. Eine Hoffnung, eine Ahnung, ein Versprechen? Das würde sich zeigen. Aber eines war gewiss. Etwas würde sich mit dieser Freundschaft ändern. Zum Guten ändern.

***

„Komm sofort runter!", holte sie in diesem Augenblick die Stimme des Vielfraßes in die Wirklichkeit zurück. „Was ist denn?", rief Pauline oben an der Treppe. „Komm einfach her, ohne blöd zu fragen." „Und, was willst du?", fragte seine Frau, im Erdgeschoss angekommen. „Was ich will? Ich will wissen, was du stundenlang in deinem sogenannten Büro so treibst. Was Vernünftiges wird es wohl nicht sein", mutmaßte der Vielfraß. „Es ist doch kein Geheimnis, was ich mache. Ich gehe meiner Arbeit nach und sehe zu, dass ein bisschen Geld in die Kasse kommt", erwiderte Pauline. „Du bildest dir doch nicht ein, mit deiner angeblichen Arbeit irgendetwas zustande zu bringen". höhnte der Mann mit dem dicken Bauch. „Glaubst du tatsächlich, es wäre etwas Besonderes, wenn du für ein paar verwöhnte Jüngelchen von der Uni in der Stadt die Tippse spielst?“ „Ich bringe ja nicht nur im Auftrag wissenschaftliche Texte zu Papier“, begehrte Pauline auf. „Ich übersetze schließlich auch Bücher.“

„Was für Bücher? Irgendwelchen Kinderkram, den niemand ernst nimmt und haben will. Schade, dass du dich mit deinem Aussehen und deiner Anstellerei nicht zur Nutte eignest. Dann käme endlich wirklich etwas Geld ins Haus.“ „Gut, dass ich mich nicht zur Nutte eigne. Dann brauche ich mich wenigstens nicht mit Typen wie dir abzugeben“, fauchte sie zurück. „Aber hallo, Madame wird mutig. Woher die plötzliche Renitenz?“, ätzte der Vielfraß. „Ich bin nicht renitent“, gab Pauline zurück. „Ich sag nur, wie es ist. Und jetzt habe ich keine Lust mehr, mich mit dir auf diesem unterirdischen Niveau auseinanderzusetzen.“ „Du bleibst gefälligst. Gehen kannst du, wenn ich es dir sage“, erklärte der Mann. „Sag doch, was du willst. Ich gehe. Denn ich habe Besseres zu tun, als wweiterhin unsinnige Gespräche mit dir zu führen.“

Pauline drehte sich auf dem Absatz um, öffnete die Haustür und ging in den Garten hinaus zum Bienenstock, um nach ihrer kleinen Freundin und ihrem Gefährten zu sehen. Unvermutet meldete sich ihr Handy. Ohne auf das aufleuchtende Display zu schauen, wusste sie: Es war Coba, die sie sprechen, die sie hören, die sie sehen wollte. Und mit einem Gefühl der freudigen Erwartung nahm Pauline das Gespräch entgegen.

„Hallo, Coba. Hast du Sehnsucht nach mir?“, traute sie sich, eine verwegene Frage zu stellen. „Ja, Pauline. Ich habe Sehnsucht nach dir. Wann können wir uns sehen?“ „Jederzeit. Sofort, wenn es dir recht ist.“ „Natürlich ist es mir recht. Ich freue mich so auf dich. Komm bitte schnell!“ „Gut, dann schwinge ich mich jetzt ins Auto und komme. Bis gleich“, sagte Pauline und rannte fast in Richtung Garage.

***

„Grüß dich, Coba. Erstaunlich viel Verkehr für einen normalen Dienstag. Aber ich bin ganz gut durchgekommen, so dass du hoffentlich nicht allzu lange warten musstest.“ Man merkte Pauline die Aufregung an. Wie ein Teenager beim ersten Date führte sie sich auf. Ärgerlich, dass sie so wenig Souveränität aufbrachte. „Komm her. Alles ist gut“, beruhigte Coba und nahm sie in den Arm. Ein lang vermisstes, verschollen geglaubtes Gefühl der Geborgenheit erfüllte Pauline. Hier möchte ich bleiben, dachte sie. Wenn ich doch nur die Zeit anhalten könnte. Doch wenig später war der Augenblick der Nähe verschwunden. Pauline hatte sich selbst zur Ordnung gerufen. Welch ein unmögliches Benehmen! Einer wildfremden Frau einfach um den Hals zu fallen, nur weil sie sich von ihr angezogen fühlte. Das konnte nicht sein, das durfte sich nicht wiederholen.

„Coba, sei mir nicht böse. Ich muss gehen. Zu Hause wartet ein Berg Arbeit auf mich. Ruf mich bei Gelegenheit an, wenn du magst. Die Nummer kennst du ja.“ Pauline kramte entschlossen den Autoschlüssel aus ihrer Schultertasche, berührte Cobas Wangen mit einem flüchtigen Kuss und verließ das Atelier.

Ging weiter zum Wagen und fuhr zurück. Zurück zu dem ungeliebten Vielfraß, zurück zu dem Haus mit dem weißen Tor davor, zurück zu ihrem Blumengarten, in dem seit kurzem eine vertraute Biene summte, zurück zu ihren Büchern, zurück in ihre normale Welt.

Tage der Eintönigkeit zogen vorüber. Tage der Beschimpfungen, gegen die sich Pauline anfangs wehrte, die sie später jedoch stumm und unbeteiligt ertrug. Doch in der Ruhe der Nacht, die nur von dem Schnarchen des Vielfraßes gestört wurde, wenn sie schlaflos unter ihrer Decke lag und in das Dunkel starrte, dann stahlen sich Erinnerungen in ihren Kopf. Erinnerungen an den Duft von Farbe und Terpentin, an einen Hauch von süß-holzigem Patchouli, an die Geborgenheit einer Umarmung und vor allem an die Frauenstimme, die ihr in der kurzen Zeit bereits so vertraut geworden war.

Wie mag es ihr gehen? Ob sie an einem neuen Bild arbeitet? Würde Coba überhaupt einen Gedanken an die kleine, kornblumenblaue Episode verschwenden? Fragen, auf die es noch keine Antwort gab.

***

Die Königin fühlte ihre Kräfte schwinden. Nur mit Mühe konnte sie der Drohne auf ihren Ausflügen in den Garten und die umliegenden Wiesen folgen. Immer häufiger musste sie sich niedersetzen, um sich von der Anstrengung des Fliegens auszuruhen. Deshalb war die Biene der Menschenfrau sehr dankbar, dass diese regelmäßig das Honigschälchen auffüllte und so für ausreichend Nahrung sorgte.

Heute würde es regnen, war sich die wetterfühlige Biene sicher. Gute Aussichten. Denn nun konnte sie sich in den Stock zurückziehen und einige Zeit schlafen, um frische Energie zu tanken. Jetzt, da die Biene ihren geliebten Drohn wieder gefunden hatte, stemmte sie sich mit aller Macht gegen das Unvermeidliche. Die Königin liebte. Tief, kompromisslos und ohne Eigennutz. In dieser Liebe war kein Platz zum Sterben. Diese Liebe musste, wollte leben. Noch einen Sommer. Nur noch einen glücklichen Sommer erbat sie von ihrem Schöpfer. Dann würde sie Abschied nehmen. Aber jetzt noch nicht. Sie faltete die Flügel und fiel in einen Stärke bringenden, erholsamen Schlaf.

***

Pauline saß am Schreibtisch, als das Telefon klingelte. Coba. „Guten Morgen, Pauline. Hast du morgen schon was vor? In der Stadt läuft eine Ausstellung, die ich gerne sehen würde. Es wäre schön, wenn du mitkommen könntest.“ „Was für eine Ausstellung ist das?“ „Ein junger Maler stellt in einer neuen Galerie seine Bilder aus zum Thema Metamorphose. Das könnte interessant sein.“ „Finde ich auch. Wann holst du mich ab?“ „Morgen nach Tisch. Gegen 14 Uhr vor dem Tor. Wäre dir das recht?“ „Perfekt. Ich werde da sein“, versicherte Pauline.

Einen Tag später hatte sie sich klammheimlich davongemacht, einen Zettel mit einem kurzen Hinweis „Fahre in die Stadt. Bis später“ auf dem Küchentisch zurückgelassen und stieg nun in den Jeep ein, der bereits vor dem Tor wartete. Eine gute halbe Stunde danach schlenderten sie durch die Räume, in denen der Maler seine Bilder ausgestellt hatte.

„Der Mann soll eine ziemliche spezielle Art des Malens haben“, berichtete Coba. „Er schüttet die verschiedenen Farben aus den Töpfen auf eine Folie, die auf dem Boden liegt, und verstreicht das Ganze mit einem Besen oder trampelt mit den Füßen darüber.“ „Und das nennt sich dann Metamorphose. Nein, Coba. Das ist allenfalls eine kindische

Spielerei mit Farben, ein Zufallsergebnis, aber keinesfalls Kunst. Schon gar nicht eine Kunst, die sich mit deiner Malerei vergleichen kann“, redete sich Pauline in Rage. „Deine Bilder wollen etwas zum Ausdruck bringen, zeigen, was in und hinter den Dingen steckt. Schildern deine Eindrücke und Empfindungen, die du beim Betrachten der Objekte entwickelst. Vermitteln eine Botschaft, wenn auch zumeist verschlüsselt. Aber eine Botschaft, mit der man sich auseinandersetzt.“

„Pauline, du ahnst nicht, wie glücklich du mich mit deinen Worten machst. Jetzt habe ich auch den Mut, dir von meiner neuen Idee zu erzählen. Denn ich weiß, dass du mir zuhörst und dass du mich verstehen wirst.“ „Erzähl!“, forderte Pauline die Malerin auf. „Ich möchte eine Serie malen über das sich wandelnde Sein im Laufe der Zeit“, erklärte Coba. „Also eine Serie über die Vergänglichkeit?“, fragte Pauline zurück. “Ja, auch. Aber mir geht es vor allem darum, am Beispiel unterschiedlicher Objekte den Prozess von der Entstehung bis zum Verfall künstlerisch zu interpretieren und darzustellen.“ Pauline nickte. „Ich verstehe, was du meinst. Jedes Ding hat seine Zeit und jedes Stadium in dieser Zeit hat seine Berechtigung, seine Bedeutung, sogar seine eigene Ästhetik. Aber wie willst Du diesen Prozess umsetzen, in deinen Bildern sichtbar machen?“

„Ich gebe dir ein Beispiel, Pauline. Stell dir einen Rohling vor, ein Stück Eisen oder Stahl. Wenn dieses simple Stück Metall bearbeitet wird, ändert es nicht nur seine Form und seine Funktion, sondern auch das Aussehen der Oberfläche. Je nach dem, verwandelt sie sich in ein glänzendes, ein mattes oder auch in ein bunt lackiertes Finish. Es kann aber auch sein, dass sie mit einem anderen Material veredelt wird und gar nicht als der ursprüngliche Werkstoff zu erkennen ist, der sie mal war. Ist das Teil – sagen wir mal, ein Sägeblatt – fertig, geht es in den Einsatz. Dort verändern sich wiederum Optik und Form. Die Oberfläche etwa verliert an Glanz, die Sägezähne werden stumpf und kürzer.“

„Und am Ende landet die Säge auf dem Schrott, wo sie mit der Zeit Patina ansetzt, korrodiert und wieder eine neue Form annimmt und eine Oberfläche mit veränderter Haptik und anderen Strukturen herausbildet“, setzte Pauline Cobas Ausführungen fort. „Das ist eine großartige Idee. Mach das. Mach das unbedingt und zügig.“ „Wenn du an mich glaubst, Pauline, dann mache ich das. Aber du musst bei mir bleiben. Ich brauche doch deinen kritischen Rat, deine sachkundige Begleitung und deinen lieben Trost, wenn es mal nicht so läuft, wie ich mir das vorstelle. Oder sogar in ein kreatives Loch falle. Dann musst du mir helfen, wieder herauszukommen. Wer denn, wenn nicht du!“, bat Coba mit Inbrunst. „Ich werde da sein, wenn du mich brauchst“, versprach Pauline aus tiefstem Herzen. Mit der Aussicht auf neue Perspektiven kehrte Pauline aus der Stadt zurück in ihr heimisches Refugium, voll Enthusiasmus, gemeinsam mit Coba in eine vielversprechende Zukunft zu starten.

Mitten in ihren Gedanken fiel ihr plötzlich auf, wie still es im Hause war. Unwillig verließ sie ihren Fensterplatz im Dachgeschoß und stieg hinunter, um nach dem Vielfraß zu sehen. Im Keller fand sie ihn. Offensichtlich auf den Steinstufen der Treppe ausgerutscht, lag er wie ein Käfer auf dem Rücken und stöhnte. „Wo bist du gewesen? Ich liege hier schon seit Stunden auf dem Boden und komme nicht hoch. Ich glaube, ich habe mir den Arm gebrochen. So hilf doch endlich und steh nicht so blöd herum!“, tobte der Mann. „Falls du dir den Arm gebrochen hast, kann ich dir nicht helfen. Du würdest die Schmerzen nicht aushalten. Außerdem hätte ich Sorge, dich noch mehr zu verletztën. Ich rufe besser einen Krankenwagen“, entschied Pauline. „Dann beeil dich. Oder willst du mich etwa hier krepieren lassen?“

Wenig später waren die Sanitäter zur Stelle, hievten den schweren Körper auf die Bahre und schafften ihn hinaus zum Krankentransporter, um ihn ins Spital zu bringen. „Wollen Sie mitfahren, Frau Damm?“, erkundigte sich der Notarzt. „Nein, ich folge mit dem eigenen Wagen.“ Bei der Untersuchung in der Klinik wurde festgestellt, dass es sich um einen komplizierten Bruch handelte, der nur stationär behandelt werden konnte. „Na, das kommt dir recht. Der Mann im Krankenhaus und daheim eine sturmfreie Bude. Wer weiß, wen du dir jetzt alles ins Haus holst“, ätzte der Vielfraß, der bereits wohlversorgt in einem Zweibett-Zimmer untergebracht war. „Da erübrigt sich bestimmt die Frage, ob du mich morgen besuchen wirst. Ich lege aber auch keinen Wert auf deinen Besuch. Ist auch mal schön, dein doofes Gesicht nicht andauernd zu sehen.“ „Dann mach es gut. Ich werde mich beim behandelnden Arzt erkundigen, wie es weiter geht. Tschüss bis dahin“, erklärte Pauline und ging.

Bis zum Wochenende würde es dauern, wurde ihr gesagt. Dann könne sie ihren Mann wieder abholen. Pauline bedanke sich, setzte sich ins Auto und führ wie ferngelenkt zu ihrem Haus am Ende der Dorfstraße. Fünf Tage ohne den verhassten Vielfraß. Ein Geschenk des Himmels, das sie zusammen mit Coba genießen würde. Pauline griff zum Telefon, um ihrer Freundin die gute Nachricht mitzuteilen und Pläne zu schmieden.

***

Die Königin war aus einem tiefen Schlaf der Erschöpfung erwacht. Sogleich spürte sie, dass etwas nicht stimmte. Sie war allein, der geliebte Drohn war nicht gekommen. Sie würde ihn suchen. Die Biene konzentrierte all ihre Gedanken auf den Ruf hinaus, der weit tragen musste. *Mein Geliebter, wo bist du? Wo, mein Geliebter?* Kaum vernehmbar kam es zurück. *Hilf mir, meine Königin. Ich bin in Not.* Die Königin breitete die Flügel aus und flog, so rasch sie konnte, in die Richtung, aus der sie der Hilferuf erreicht hatte. An einer Regentonne machte sie Halt. Geschwächt, zu nass, zu schwer und deshalb unfähig, an den rettenden Rand des Fasses zu gelangen, trieb der halbtote Körper des Drohns in einem Ozean aus Milliarden Wassertropfen. Unvorsichtig, leichtsinnig, fahrlässig, dacht die Königin verärgert. Warum musste sich dieser Drohnenmann so unnötig in Gefahr bringen? Doch für Vorhaltungen fehlte die Zeit. *Du wirst nicht sterben. Das verspreche ich dir. Spare deine Kräfte, bis ich zurück bin. Dann wird alles wieder gut*, beruhigte die Königin ihren Geliebten. Sie selbst wurde hingegen von Panik erfasst. Sie wusste: Sie würde den Drohn nicht retten können. Angetrieben vom Wagemut der Verzweiflung, fasste sie einen unmöglichen Plan, der nicht gelingen konnte und doch gelingen musste. Sie beschloss, die Menschenfrau zur Hilfe zu holen.

Die Königin schaute in jedes Fenster des Hauses, doch vergebens. Die Frau war nicht zu sehen. Wenn die Bienenkönigin hätte weinen können, dann wäre sie jetzt in Tränen ausgebrochen. Denn ihr Herz zerbarst vor Trauer und Elend. Sie würde nun zurück zu ihrem Geliebten fliegen, um zusammen mit ihm zu sterben. Mehr blieb ihr nicht zu tun.

Da erblickt sie die Frau, die gerade das Haus verließ. Die Königin änderte die Richtung und stürzte herab, um den Kopf der Frau knapp zu verfehlen. Und immer wieder stieß die Biene herab, berührte mit den Flügeln beinah das Gesicht der Frau, drehte ab und kehrte zurück. „Hallo, kleine Freundin, was machst du da? Geht es dir nicht gut?“, fragte Pauline irritiert. Das Verhalten des Insektes war nicht normal. Fast sah es so aus, als wolle die Biene sie auffordern, ihr zu folgen. „Bienchen, ich habe eigentlich gar keine Zeit. Aber gut. Flieg voraus und zeig mir, was du mir zeigen willst.“

Pauline folgte der Biene, die vor ihr her flog und erreichte nach ein paar Schritten die Regentonne. „Da hat eine kleine Biene aber nicht aufgepasst“, sagte Pauline mit einem Blick auf die Wasseroberfläche, schob die flache Hand unter den dahin treibenden Körper und trug das Tier zum nahe gelegenen Stock, wo sie die Biene behutsam vor dem Einflugloch absetzte. „So, mein Bienchen, hier kannst du dich erst mal ausruhen und von der Sonne trocknen lassen. Ich schaue morgen wieder nach euch beiden. Denn jetzt muss ich nämlich auch wegfliegen. Fort zu meiner geliebten Freundin. Aber ich komme wieder. Ganz bestimmt. Macht es gut, ihr zwei!“, verabschiedete sich Pauline in Eile. Denn sie wollte Coba nicht warten lassen.

***

„Sie können Ihren Mann abholen. Die OP ist gut verlaufen“, lautete die Nachricht des Arztes auf dem Anrufbeantworter. Pauline war sich im Klaren, dass jetzt eine schwierige Zeit kommen würde. Sie musste sich wappnen, Ausflüchte erfinden, intelligent lügen und eine undurchdringliche Mauer um ihr Ego errichten.

Vor dem Krankenhaus wurde sie bereits erwartet. „Was fällt dir ein, mich so lange hier stehen zu lassen! Wo warst du überhaupt? Bestimmt wieder bei deinem Lover“, wütete der Vielfraß, den Arm in Gips, den Kopf hochrot vor Zorn. „Tut mir leid. Ich hatte noch ein Gespräch mit einem Dozenten von der Uni, der zwei Beiträge ins Englische übersetzt haben will. Da musste ich noch einiges klären. Du wirst verstehen, dass so was nicht mal eben hoppla-hopp erledigt werden kann“, erwiderte Pauline kühl. „Aber wenn du es so eilig hast, dann solltest du lieber ins Auto steigen als hier draußen lange Reden zu halten.“

Wenig später schallte schon wieder der Ruf ‚Pauline' durchs Haus. „Setz dich endlich mal in Bewegung. Du musst mir helfen." Der Koloss saß auf dem Bett, nicht in der Lage, seine Socken anzuziehen. Pauline ging in die Hocke, nahm mit spitzen Fingern die Strümpfe in die Hand und probierte, diese über die dicken, aufgedunsenen Füße zu streifen. „Na, du ekelst dich wohl vor mir. Dann will ich dir mal zeigen, wie du dich noch mehr ekeln kannst", höhnte der Mann, griff seiner Frau brutal in den Ausschnitt und presste eine Brust zusammen. „Wie fühlt sich das an? Sicher ist dein Beschäler netter zu dir. Aber so ein Miststück wie du hat es nicht anders verdient." Pauline machte sich frei, stand auf und bemerkte im Fortgehen: „Kann ich noch etwas für dich tun? Sicher schaffst du den Rest auch alleine." „Ja, hau nur ab und verkriech dich in dein Kämmerlein. Aber das wird dir nichts nützen. Denn du wirst mich Zeit deines Lebens nicht mehr los. Du musst mich ertragen, bis du verreckst. Sind das nicht schöne Aussichten, mein Herzblatt?", rief der Vielfraß hinter ihr her.

Ohne sich umzudrehen, schloss Pauline die Schlafzimmertür, stieg geistesabwesend in ihr kleines Reich unter dem Dach, schaltete den PC ein, um die neuesten Nachrichten abzufragen und ging dann ebenso geistesabwesend wieder hinunter und hinaus in den Garten, um nach ihren Bienen zu sehen. Am Stock entdeckte sie die beiden Tiere gemeinsam in der Sonne sitzen. „Alles wieder in Ordnung, Bienchen? Dann bringe ich euch jetzt zur Stärkung noch ein wenig Honig. Bis gleich, ihr zwei." Rasch ging Pauline ins Haus zurück, um die Bienen mit der begehrten Nascherei zu versorgen.

***

Der Gips um den Arm des Vielfraßes gab Pauline Macht, schränkte jedoch zugleich ihre Freiheit ein. Die täglichen Pöbeleien und Schmähungen waren weniger geworden. In seiner Hilflosigkeit hatte der Mann mit dem dicken Bauch erkannt, dass er seine Frau brauchte. Dieses Angewiesensein dämpfte seine Lust zu demütigen und zu verletzen. Pauline hingegen nutzte die neu gewonnene Überlegenheit zur Rache. Wenn sie den Teller für den gefräßigen Bauch mit Essen füllte, vergaß sie fast immer, das Fleisch kleinzuschneiden. Oft verließ sie das Schlafzimmer, ohne beim Anziehen zu helfen und kehrte erst auf sein kläglich-wütendes Bitten zurück. Wollte er sich im Garten sonnen, ließ sie sich viel Zeit, um die Liege aufzubauen. Es waren diese Kleinigkeiten, die Stiche versetzen konnten und für einen Moment Genugtuung verschafften. Aber auch die unterdrückte Wut des Mannes gefährlich steigerten.

Der Gips um den Arm fesselte sie allerdings auch ans Haus. In den Wochen der Rekonvaleszenz bekam sie kaum die Möglichkeit, Coba zu sehen. So fiel es Pauline zunächst nicht auf, dass sich ihre Freundin nur noch selten meldete. Als sie feststellte, dass das Telefon in den letzten Wochen bemerkenswert wenig geklingelt hatte, fand sie ohne langes Überlegen eine logische Erklärung. Sicher war Coba vollauf mit ihrer neuen Bilder-Serie beschäftigt und hatte über der Arbeit einfach vergessen, bei Pauline anzurufen.

Als dann doch einer der raren Anrufe kam, gab es eine Überraschung. „Hallo, Pauline. Geht es dir gut? Ich bin gerade dabei, an neuen Motiven für meine Vernissage zu malen.“ „Welche Vernissage? Du hast mir noch gar nichts von einer Ausstellung erzählt!“ Pauline war wirklich erstaunt. „Muss ich in all der Aufregung wohl verschwitzt haben. Ja, ich werde meine Gemälde in zwei Monaten bei Friederike Meinhardt ausstellen.“ „Wer ist Friederike Meinhardt?“ „Das weißt du doch“, antwortete Coba leicht ungeduldig. „Du hast sie schon kennengelernt, als wir in ihrer Galerie die Ausstellung dieses jungen Malers besucht haben. Erinnerst du dich nicht?“ Natürlich erinnerte sich Pauline an die Galeristin, die so angeregt mit Coba geplaudert hatte, dass sich Pauline daneben reichlich überflüssig fühlte. „Klar, diese Friederike. Sobald du Näheres über deine Ausstellungspläne weißt, sag mir Bescheid.“ „Mach ich. Ich wünsche dir noch einen schönen Tag. Lass es dir gut gehen“. Aufgelegt. Das hat alles nichts zu bedeuten, versuchte Pauline, sich zu beruhigen. Höchstwahrscheinlich steht Coba unter kreativem Stress. Ich muss Geduld mit ihr haben.

***

Pauline fuhr herum. Der Vielfraß war, ohne dass sie es merkte, ins Zimmer gekommen und stellte sich breitbeinig vor sie hin. „Mit wem hast du telefoniert, du elendes Miststück?“ „Das werde ich dir nicht sagen, denn das geht dich nichts an“, entgegnete Pauline mit erzwungener Ruhe, obwohl ihr das Herz bis zum Halse schlug. „Du sagst mir jetzt sofort, wer das am Telefon war. Oder …“ „Oder was?“ „Das!“ Er schlug zu. Mit der flachen Hand ins Gesicht. Und nochmal. Ihre Lippe platzte auf, die Nase begann zu bluten. Der dicke Mann riss die zierliche Frau aus dem Schreibtischsessel hoch und schleuderte sie zu Boden. „Du verdammte Nutte. Dir werde ich es zeigen. Du telefonierst nicht mehr so bald mit anderen Männern.“ Dann trat er zu. Einmal, zweimal, dreimal traf er Pauline mit voller Wucht in den Unterleib. Zusammengekrümmt, blutend und weinend vor Schmerz, bekam sie noch mit, wie er das Handy vom Schreibtisch nahm, nach unten ging und die Haustür verschloss.

Pauline raffte sich auf und kroch über den Teppich, wo sie eine ganze Weile liegen blieb. Alles tat ihr weh, als sie aufstand, um ins Bad zu gehen und das eingetrocknete Blut aus dem Gesicht zu waschen. Im Spiegel sah ihr ein fremdes, zornig weißes Gesicht entgegen. Mit angeschwollenen Augen, aufgerissener Unterlippe, lädierter Nase – aber ungebrochen in unbändiger Wut und entschlossen, den Kampf aufzunehmen. Mit ihren Mitteln.

Sie schwieg, wenn sie das Essen auf den Tisch stellte. Sie schwieg, wenn der Vielfraß eine Frage an sie richtete. Sie schwieg, wenn er sie um Hilfe bat. Und sie fuhr ihn schweigend zum Krankenhaus, als der Arzt sie benachrichtigte, dass der Gips vom gebrochenen Arm nunmehr abgenommen werden könnte. Die Stille hielt an, wenn er sie zum Einkauf begleitete. Wenn sie in der Küche stand, beim Fernsehen, bei der Hausarbeit, bei allem. Der Trappisten-Terror zeigte Wirkung. Zehn Tage nach dem Vorfall steckte der Vielfraß den Schlüssel wieder ins Haustürschloss und knurrte „Ich hoffe, du hast dazu gelernt und wirst solch einen Blödsinn nicht noch einmal machen. Unnötig zu sagen, dass ich dir verbiete, dich jemals wieder mit Mister Unbekannt zu treffen, mit ihm zu reden und überhaupt mit ihm in Kontakt zu treten. Falls doch, weißt du ja, was ich dann mit dir mache. Aber ich will dir meinen guten Willen zeigen und gebe dir die Möglichkeit, in den Garten zu gehen. Und jetzt höre endlich auf, die Stumme zu mimen.“

Schweigend ließ sie den Mann mit dem Bauch stehen, stieg hinauf in ihr Büro und schickte ein E-Mail an Coba ab. „Im Augenblick ist es mir nicht möglich, zu dir kommen. Mein Hausgenosse hat mir mein Handy weggenommen, so dass ich dich telefonisch nicht erreichen kann.

Deshalb eine Bitte: Kannst du mir ein Smartphone besorgen und in den Briefkasten legen? Sobald ich kann, lasse ich dann von mir hören.“

Am nächsten Tag war Pauline wieder im Besitz eines Telefons, das sie sorgfältig in ihrem Büro unter Stapeln von Manuskripten versteckte.

***

Die Königin hatte nach ihrem Drohn gerufen. Und dieser war gekommen. Jetzt genossen die beiden Bienen den Nektar aus den zartvioletten Blüten der Malven, die im Garten der Menschenfrau am Zaum empor wuchsen, und ließen sich die Flügel, die in der Nachtkühle spröde geworden waren, von der Morgensonne glätten. *Du hast mich gerufen, meine Königin?*, fragte der Drohn. Da war er, der gefürchtete Moment der Ehrlichkeit. Lange hatte die Königin Vorwände angeführt, um diesen Augenblick zu umgehen. Hatte alles versucht, um dem Unausweichlichen auszuweichen. Vergebens. Nun gab es keine Ausflüchte mehr. Sie musste die Wahrheit sagen.

*Mein Geliebter, wir müssen Abschied nehmen. Meine Zeit geht nun zu Ende. * Das kann nicht sein, meine Königin. Du bist kraftvoll und stark wie immer. Außerdem werde ich es nicht zulassen, dass du mich verlässt.* Der Drohn berührte in inniger Vertrautheit die Fühler der Königin mit den seinen. *Mein Geliebter, ich habe alles getan, um dich durch den Tag zu begleiten. Doch jetzt schwinden meine Kräfte. Ich danke dir für das Glück und die Liebe, die ich mit dir teilen durfte. Aber nun geh, mein Geliebter, und lass mich in Frieden sterben. * Dann werden wir zusammen gehen. Ich verlasse meine Königin nicht,* erklärte der Drohn und richtete sich zur vollen Größe auf. *Dann soll es so sein. Lass uns gemeinsam nachdenken und wir werden den richtigen Weg für uns beide finden*, beschloss die Königin, breitete noch einmal die Flügel aus, um zusammen mit ihrem Drohn die Blumen im Garten der Menschenfrau zu besuchen.

***

Auch wenn der Vielfraß die Haustür entriegelt hatte, bedeutete dies für Pauline keineswegs die Rückkehr in die Freiheit. Weiter als bis zum Tor kam sie nicht. Denn wo sie ging und stand, lauerte der dicke Mann. Fast schien es so zu sein, als ob dessen ganzer Lebensinhalt sich in Kontrolle, Beobachtung und Misstrauen erschöpfte. Ging sie in den Keller, um einen Ordner aus dem Archiv zu holen, das sie im Untergeschoß eingerichtet hatte, waren kurz darauf seine schlurfenden Schritte auf der

Kellertreppe zu hören. Stand sie in der Küche am Herd, konnte sie sicher sein, dass der Vielfraß bald auftauchen würde. Sogar in ihrem Büro blieb sie nicht lange allein. So wurde es immer schwieriger für sie, mit Coba Kontakt aufzunehmen. Sie tauschten kleine, kurze Nachrichten aus, telefonierten auf die Schnelle und versuchten, sich gegenseitig Trost und Mut zuzusprechen.

Je unerträglicher der Kontrollwahn des dicken Mannes wurde, desto schwieriger wurde es für Pauline, sich einen noch so kleinen Freiraum zu verschaffen. Doch irgendwie gelang es ihr trotzdem von Fall zu Fall, von zu Hause fortzukommen.

„Pauline, komm schnell. Ich habe die ersten Entwürfe für meine Serie fertig. Ich bin ja so gespannt, was du dazu sagen wirst", klang die aufgeregte Stimme Cobas durch das Telefon. „Wirklich? Du bist schon fertig? Das muss ich mir sofort anschauen. Ich beeile mich", antwortete Pauline. Sie schaltete den Computer aus und wollte gerade ihr Büro verlassen, als der Vielfraß ins Zimmer quoll und den Raum mit seiner Leibesfülle verdunkelte.

„Wo willst du hin?", fragte er mit drohendem Unterton. „In die Stadt, schnell Druckerpatronen besorgen. Ich habe keine mehr." „Dann komme ich mit." „Das wird diesmal nicht gehen", entgegnete Pauline beherrscht. „Ehe du mit deiner Behinderung beim Gehen die Haustür erreichst, haben die Geschäfte bereits geschlossen. Also musst du wohl bedauerlicherweise heute darauf verzichten, den Begleitschutz zu geben. Und nun entschuldige. Ich bin in Eile." Unsanft drängte sich Pauline an dem massigen Mann vorbei und lief die Treppe hinunter, griff sich den Schlüssel aus der Glasschale, die auf dem englischen Wandtischchen im Windfang stand, setzte den Wagen aus der Garage, öffnete das Tor, das zur Straße führte, und fuhr mit hohem Tempo die Strecke, die sie inzwischen so gut kannte, ans Ziel.

Schweigend betrachtete sie die Reihe der Skizzen, die Coba an die Wand in ihrem Atelier gehängt hatte. Kleine Formate 15 x 15 cm, aber trotzdem präzise gemalt. *„Verwandlungen in der Zeit des Seins"*. In vier Variationen. Eisen-Grün; Wasser-Blau, Woll-Weiß und Lack-Rot. Pauline nahm das Bild in sich auf, wie hellgrüne Flammen den Fluss des Eisens begleiteten. Wie der Rohling zum schneidigen Werkzeug wurde, mit einer Schärfe, die durch grellgrüne Blitze betont wurde. Wie sich schließlich der Verfall mit fahlgrünen Pocken durch das Metall fraß, den Kern bis zur Oberfläche zerstörte und in neue Strukturen verwandelte.

Pauline sah, wie aus einen klaren Wassertropfen schäumende Kraft entstand, um letztendlich als blaues Rinnsal-Band im Braun der Erde zu verschwinden. Sie entdeckte, wie sich aus einer wolligen Spirale die Formen der Spulen entwickelten, bewegt im weißen Wirbelwind der produktiven Geschwindigkeit. Beobachtete, wie das Gitterwerk des Gewebes Risse und Löcher bekam und erlebte das Ende als schmutzig weißer, zusammengeknäulter Lappen, ausgefasert und seiner festen Stofflichkeit beraubt. Sie verfolgte, wie Farbe zum Signal der Bildsprache wurde. Wie das Pigment ähnlich einer Linie roten Kokains diagonal das Bild zerschnitt, wie sich der abblätternde Lack vom Untergrund löste und wie das kümmerlich verklebte Rest-Rot im Pinselhaar dem Dahingehen ein letztes Mal trotzte und der Vergänglichkeit Farbe gab.

„Was sagst du, Pauline? Gefallen dir die Skizzen – und sind sie etwas wert?" „Phantastisch. Die Entwürfe sind phantastisch. Wie großartig werden erst die Gemälde werden. Ganz dicht am Thema, mit starker Ausdruckskraft und hervorragend komponiert. Ich bin so, so stolz auf dich! Deine Ausstellung wird bestimmt ein grandioser Erfolg." Beide vergaßen, dass die Uhr unerbittlich vorwärts rückte und es eigentlich für Pauline längst schon höchste Zeit gewesen wäre, nach Hause zurück zu kehren.

Es wäre tatsächlich besser gewesen, die Uhrzeit im Auge zu behalten. Denn als Pauline die Haustür daheim aufgeschlossen hatte, wurde sie bereits von dem Vielfraß erwartet. Stumm packte er sie am Arm, zog sie ins Haus und schlug mit der flachen Hand in ihr Gesicht, dass der Kopf zur Seite flog. „Du verdammte Schlampe – Schlag – wirst mich nicht noch einmal belügen – Schlag - nicht mit mir – Schlag - Ich zertrete deine verfluchte Votze zu Brei." Pauline wälzte sich am Boden, während der Mann mit seinen derben Schuhen rücksichtslos auf ihren Unterleib eintrat. Endlich ließ er von ihr ab, drehte sich schnaufend um und ging in sein Zimmer, wo er den Fernsehapparat einschaltete.

***

Stöhnend zog sich Pauline am Treppengeländer hoch, tastete sich an der Wand entlang zur Tür und stolperte hinaus in den Garten. Dort schleppte sie sich weiter bis zum Bienenstock am Zaun. „Hallo, ihr Bienchen, euch geht es gut“, flüsterte sie den beiden Tierchen zu, die eng zusammen am Einflugloch in der Sonne hockten. „Darf ich euch ein bisschen Gesellschaft leisten? Ich störe euch auch bestimmt nicht“, versicherte Pauline, setzte sich ins Gras und schloss die Augen. Wenig später war sie nach hinten gesunken und lag flach atmend auf dem rasigen Boden.

Ist die Menschenfrau krank, meine Königin? fragte der Drohn. *Es sieht so aus, mein Geliebter. Sie hat Schmerzen und ihre Gedanken sind erfüllt mit Traurigkeit*, antwortete die Bienenkönigin. *Dann wird sie sterben? * Nein, das wird sie nicht. Die Menschenfrau ist zwar beschädigt, aber die Sonne wird ihr neue Kraft geben zum Kämpfen, Lieben und Leben.* Und die beiden Bienen kehrten aus der Menschenwelt zurück in ihre eigene Welt mit all den Farben, Gerüchen, Bewegungen und Schwingungen, all dem Licht und der Wärme, all den Dingen, die sie zu ihrem Leben brauchten und die ihnen wichtig waren. Die Menschenfrau würde sich allein zu helfen wissen.

***

Als Pauline am nächsten Vormittag vom Einkaufen zurückkam, rechnete sie wieder mit dem Schlimmsten. Doch es kam anders. Die Haustür stand offen, der Vielfraß kam ihr entgegen gewankt und wollte ihr beim Aussteigen helfen. „Danke, es geht schon.“ „Pauline, ich wollte mich bei dir entschuldigen“, begann der fette Mann kleinlaut. „Mir sind die Nerven durchgegangen. Das hätte niemals passieren dürfen. Kannst du mir noch einmal verzeihen?“ „Wir reden später. Ich muss mich hinlegen und etwas ausruhen.“ „Ich habe auch schon den Frühstückstisch gedeckt. Vielleicht hast du Hunger.“ „Nein, ich will nur ins Bett. Alles andere später“, erwiderte Pauline und schleppte sich erschöpft ins Schlafzimmer. Müde zog sie ihre Sachen aus, warf sich den weißen Frotteebademantel über, den sie so mochte, fuhr die Jalousien hinunter und legte sich aufs Bett. In der Abgeschiedenheit des abgedunkelten Raumes fingen ihre Gedanken an zu kreisen.

Was soll ich tun? Diese Frage stellte sich Pauline an diesem Tag immer wieder. Sie durchspielte mehrere Szenarien, verwarf die eine Lösung zugunsten einer anderen und kam doch nicht zu einem befriedigenden Ergebnis. Was wäre, wenn ich mich scheiden lassen und mit Coba zusammen leben würde? Würde unsere Freundschaft tragen? Alle Hürden und Schwierigkeiten überwinden? Geldsorgen zum Beispiel?

Pauline schüttelte den Kopf. Ihr fehlte der Mut, es darauf ankommen zu lassen. Und so stand ihr Entschluss fest. Fürs erste zumindest. Sie würde den Vielfraß weiter aushalten. Achtsam bleiben, sich mit den Gegebenheiten arrangieren, aber trotzdem für sich eine rote Linie ziehen, die nicht überschritten werden durfte. Sonst gebe ich mich auf, erkannte Pauline. Und das darf nicht sein. Was kommen wird – ich werde es sehen. Sie hob die mageren Schultern unter dem Frotteestoff, schaute auf die Uhr und kleidete sich an, um in die Küche zu gehen. Zeit, den Vielfraß abzufüttern.

So begann in dem Haus hinter dem weißen Tor ein Waffenstillstand. Stillschweigend waren der dicke Mann und seine Frau übereingekommen, zu einem zivilisierten Miteinander zurückzukehren. Er bemühte sich, seinen ausfallenden Ton zu mäßigen. Sie versah ihre Aufgaben korrekt und ohne Einschränkungen. Im Alltag allerdings versuchten beide, sich aus dem Weg zu gehen. Ihre seltenen Gespräche verliefen auf einer ungefährlichen sachlichen Ebene.

Auch wenn oberflächlich Ruhe eingekehrt war, wurde Pauline von einer umtriebigen Unruhe erfasst. Sie fand keine Muße, ein Buch zu lesen. Erledigte ihre Arbeit mehr aus Pflichtgefühl statt mit ehrlichem Engagement. Erschwerend kam hinzu, dass bei Coba Funkstille herrschte. Pauline ertappte sich immer wieder, auf das Telefon zu starren. Immer wieder im elektronischen Postfach nach einer Nachricht zu schauen, wohl wissend, dass nichts im Briefkasten gerappelt hatte. Denn ihre Freundin befand sich in einer kreativen Hochphase. Sie malte, was das Zeug hielt. Führte Gespräche mit der Galeristin, um die Pflöcke für die geplante Ausstellung einzuschlagen. Kurzum: Coba hatte keine Zeit für sie.

***

Natürlich freute sich Pauline für ihre Freudin, gönnte ihr die Anerkennung von Herzen. Doch die erzwungene Einsamkeit machte ihr zu schaffen. Die Sehnsucht nagte an ihr, stimmte sie traurig und machte sie ungerecht.

Nach einem windigen, kühlen Gewitterregen, der den nahen September ankündigte, ging Pauline wieder einmal hinaus in den Garten zum Bienenkorb, um nachzuschauen, ob die beiden Insekten den Schauer unbeschadet überstanden hatten. Dort angekommen, fand sie den Platz vor dem Eingang leer. „Kleine Freundin, wo hast du dich versteckt? Komm her zu mir, Bienchen. Ich habe dir frischen Honig mitgebracht“, lockte Pauline. Wenig später näherte sich in torkelndem Flug die Königin und setzte sich mit bebenden Flügeln auf die ausgestreckte Hand der Menschenfrau. „Kein schönes Wetter für eine Biene“, meinte diese. „Weißt du, mein Bienchen, was ich mir überlegt habe? So allein ohne Volk wirst du die Wintermonate im Stock nicht überstehen. Deshalb werde ich dir ein Insektenhotel basteln. Mit Holzwolle, Heu und Blättern weich gepolstert, mit etlichen Röhrchen, in denen du dich und dein Gefährte verkriechen könnt, wenn es kalt wird. Und dazu ein oder zwei Futterröhrchen, die ich selbstverständlich regelmäßig auffüllen werde. Was hältst du davon?“

Ich werde den Winter nicht mehr erleben, antwortete die Königin in Gedanken. „Sag mal, Bienchen, wo hast du denn deinen Gefährten gelassen? Bist du auch so allein wie ich? Meine Coba hat nämlich so viel zu tun, dass sie sich nicht mehr um mich kümmern kann. Das ist schlimm und macht mich traurig“, vertraute Pauline ihrer kleinen Insektenfreundin an. *Jeder Tag, an dem du nicht bei deiner Gefährtin bist, ist ein verlorener Tag.* Pauline legte die Stirn in Falten. „Manchmal sage ich mir, dass jeder Tag, an dem ich nicht bei ihr bin, ein verlorener Tag ist. Meinst du nicht auch?“ Die Königin lächelte ihr Bienenlächeln. *Deshalb solltest du keine Zeit vertrödeln und sofort zu deiner Freundin gehen. Dann wirst du wissen, ob sie dich genauso vermisst wie du sie.* „Am besten wird sein, ich fahre gleich mal hin zu ihr. Dann werde ich sehen, ob sie mich auch vermisst und Sehnsucht nach mir hat“, beschloss Pauline kurzerhand. “Mach’s gut, mein Bienchen. Ich komme bald wieder.“ *Leb wohl, Menschenfrau. Du warst mir immer eine gute Freundin. Ich wünsche dir viel Glück in deinem weiteren Leben.* Die Königin schloss die Augen und schlief ein. In ihrem Herzen aber blieb sie wach, um das Kommen ihres Geliebten nicht zu versäumen.

***

Minuten später stand Pauline vor dem Badezimmerspiegel, den Kajalstift in der Hand, um sich wie immer vor dem Ausgehen eine schwarze Linie über das untere Augenlid zu ziehen, als sie draußen an der Tür das Murren hörte. „Willst du schon wieder weg?“ „Ja, ich muss zur Uni, meine Arbeit abliefern.“ „Erzähl doch keine Märchen, du Hurenstück. Triffst dich wieder mit deinem Lover. Verlass dich darauf, ich bekomme schon noch raus, wer das ist. Und dann Gnade dir Gott, du miese Schlampe.“ Der dicke Mann hatte die Hand drohend zum Schlag erhoben. Ohne weiter zu überlegen, duckte sich Pauline unter seinem Arm hindurch und lief die Treppe hinunter, um so rasch wie möglich aus dem Haus zu kommen. Da vernahm sie hinter sich das polternde Geräusch des Stürzens, hörte, wie der fette Körper Stufe für Stufe herunter kollerte und schließlich am Fuß der Treppe merkwürdig verrenkt liegenblieb.

Spontan griff Pauline zum Telefon. Hilfe holen. Doch dann senkte sie den Blick in ihr Inneres. Sah, wie sie gemeinsam mit Coba den Weg zum Haus hinter dem weißen Tor hinunterging. Sah in den Morgen, wie Coba am großen Eichentisch in der Küche ihre Entwürfe zur Begutachtung auslegte. Sah, wie das Leben mit Coba sein könnte, sein würde. Wenn sie jetzt richtig reagierte.

Ohne der jammernden Masse Fleisch weiter Beachtung zu schenken, verließ Pauline das Haus, verschloss sorgsam die Eingangstür und setzte sich in den Wagen.

Die erste Fahrt führte sie in die Universität, wo sie das fertig gestellte Manuskript abgab, in der Mensa einige Studenten, die sie von früher kannte, auf einen Kaffee traf und kurz bei dem Professor für Anglistik vorbeischaute, um sich nach einem weiteren Auftrag zu erkundigen. Danach fuhr sie in die Innenstadt, kaufte eine Jeans, nervte die Verkäuferin in einem Schuhgeschäft, weil sie sich nicht zwischen zwei Modellen entscheiden konnte und schließlich dann doch alle beide nahm und verabredete sich mit einer guten Bekannten beim Italiener zum Mittagstisch. Bei *penne all' arrabbiata* und einer halben Flasche *Valpolicella* beschlossen die beiden Frauen, auch den Nachmittag gemeinsam zu verbringen.

Bei einem tränenreichen Abstecher in ein nah gelegenes Programmkino, in dem *Casablanca* lief, stellte man übereinstimmend fest, dass mit Ich-schau-dir-in-die-Augen-Kleines-Humphrey Bogart genau die Spezies von Mann von der Bildfläche verschwunden war, die man heute hätte so gut gebrauchen können. Eigentlich wollte Pauline ihre Bekannte im Anschluss nur schnell nach Hause bringen und allenfalls noch auf einen Tee mit hinein kommen. Doch aus dem Tee wurden zwei und drei, später wurde man sich einig, zusammen zu kochen und einen gemütlichen Abend zu verbringen. Wie gesagt, so getan. Nach etlichen weiteren Gläsern Rotwein nicht mehr in der Lage zu fahren, übernachtete Pauline kurzentschlossen im Gästezimmer ihrer Bekannten und machte sich am nächsten Morgen nach einem ausgedehnten Mädelsfrühstück mit viel Gekichere und Getratsche auf den Heimweg.

Die eigenartig verrenkte Gestalt lag immer noch unverändert am Fuß der Treppe, wie Pauline sie verlassen hatte. Sie griff zum Telefon, rief den Hausarzt an und schilderte emotionslos, was passiert war. „Guten Tag, hier ist Pauline Damm, Heidemarsch 5. Ich komme gerade nach Hause und finde meinen Mann unten an der Treppe liegen. Offensichtlich ist er gestürzt. Da ich gestern den ganzen Tag mit einer Freundin verbracht habe, kann ich zu den Einzelheiten nichts weiter sagen. Aber wie es aussieht, hat mein Mann den Sturz nicht überlebt. Bitte kommen Sie schnell, um die Sache zu klären."

Als der Arzt eintraf, konnte er nur noch den Tod feststellen. Der Totenschein wurde problemlos ausgestellt, da die Todesursache keinen Zweifel aufwarf. Der Bestatter war informiert und holte die Leiche ab. Sein Mitarbeiter blieb, um die weiteren Regularien abzustimmen. Nein, Pauline wollte keine Anzeige in der Zeitung schalten. Nein, sie würde Freunde, Verwandte und Bekannte selbst informieren. Nein, sie wollte keinen Sarg aussuchen, sondern ein Urnenbegräbnis nach der Einäscherung. Nein, sie brauchte keine Feier mit Chorgesang und Trauerrede. Nein, es würde keine kirchliche Bestattung werden. Und ja, bitte alles so schnell wie möglich.

Die Sonne strahlte wie zum Trotz vom stahlblauen Himmel, als die Urne in der anonymen Friedhofserde versank. Schmal im schwarzen Kleid stand Pauline tränenlos an der kleinen Grube. Sobald das Loch mit Erde verfüllt war, würde nichts mehr an den Vielfraß erinnern. Schon merkwürdig, dass so eine Masse Mensch in so eine kleine Urne passt, schoss es Pauline durch den Kopf. Anstandshalber legte sie eine weiße Rose auf das bescheidene Grab und wandte sich zum Gehen. Sie war allein gekommen und ging allein. Coba hatte ihr per Mail mitgeteilt, nicht an der Beisetzung teilzunehmen, weil sie Beerdigungen hasste. Eine Entscheidung, die Pauline akzeptierte.

Sie holte Atem und sog die Luft tief ein. Pauline machte sich klar, dass sie nun frei war, neu zu starten, zu planen und zu leben, wie sie es sich immer gewünscht hatte. Würde Coba diese Freiheit mit ihr teilen wollen? Wir werden sehen, dachte Pauline. Wir müssen uns erst daran gewöhnen, mit der neuen Lage umzugehen.

Pauline hatte das Unkraut auf dem überwucherten Weg gejätet, hatte die Sträucher gestutzt und den Rasen gemäht. Hatte das Haus von oben bis unten geputzt, Staub gesaugt, gewischt und gescheuert. Hatte die Anziehsachen ihres verstorbenen Mannes in die Kleidersammlung gegeben, seine Utensilien aus dem Bad in die Tonne geworfen, seine bevorzugten Lebensmittel aus dem Kühlschrank in den Müll gegeben. Sie hatte einige Möbel umgestellt, die Betten frisch bezogen, in jedes Zimmer Blumen gestellt und für ein großes Dinner eingekauft. Denn sie verfolgte ein ehrgeiziges Ziel: Sie wollte aus dem Haus ein richtiges Heim machen. Ein Zuhause für Coba und sich selbst.

***

Geht es meiner Königin nicht gut?, fragte besorgt der Drohnenmann, als er seine geliebte Biene reglos auf dem Flugbrett vor dem Stock liegen sah. *Doch, doch. Es geht schon wieder. Aber gut, dass du kommst. Ich muss mit dir reden* erwiderte die Biene, dem Tod so nahe. *Mein Geliebter, ich werde das Ende dieses wunderbaren Sommers nicht mehr erleben und kann mich deshalb auch nicht mehr darum kümmern, dass du die kalten Monate ohne dein Volk im Stock, das dir Wärme und Geborgenheit geben würde, gut überstehst. Darum nimm meinen Rat. Flieg ins Haus zur Menschenfrau. Sie hat versprochen, für ein Winterquartier zu sorgen und wird ihr Wort halten. Denn sie ist eine gute Freundin der Bienen, auf die du dich verlassen kannst.* *

Nein, meine Königin. Ich werde dich nicht gehen lassen, protestierte der Drohn. *Wenn du Abschied nehmen musst, dann bleibe ich bei dir. Immer und ewig. Für alle Zeit.* Die Königin lächelte und strich mit ihren Fühlern zart über das erregte Gesicht ihres Geliebten. *Ich weiß deine Liebe so sehr zu schätzen, mein Du. Ich bin glücklich über deine Worte. Abe ich kann dich nicht dorthin mitnehmen, wohin mich mein Schicksal bald führen wird. * Wenn sich der Tod nicht aufhalten lässt, meine Königin, dann werden wir zusammen sterben. * Nein!*" Die Königin zitterte vor Entsetzen. *Nein. Das lasse ich nicht zu. **

*Meine Königin, bevor wir voneinander Abschied nehmen, werden wir gemeinsam unsere Hochzeit feiern. * Geliebter, du weißt, dass du den Drohnenflug nicht überleben wirst,* appellierte die Biene verzweifelt. *Wir beide werden das höchste Glück in unserer Liebe erleben. Dafür lohnt es sich zu sterben,* entgegnete ruhig und gefasst der Drohn.

Und so sollte es geschehen. Die beiden Bienen schraubten sich in ihrem Hochzeitsflug hoch in die Lüfte, um zusammen zu finden und - fest miteinander verbunden - ihre große Sehnsucht zu stillen. Schnell, zu schnell war der Glücksmoment des Drohnenflugs vorbei. Den Stachel ihres Liebsten noch im Körper und erfüllt von ihrer großen Liebe, sah die Königin ihren Geliebten taumelnd zu Boden sinken. Ein letztes Mal strich die Biene mit ihren Fühlern über den Körper des geliebten Drohns, aus dem jetzt jedes Leben gewichen war. *Warte auf mich, mein Geliebter. Ich werde bald bei dir sein. Dann ist es Zeit, gemeinsam in unsere Welt zu gehen, um dort für immer zusammen zu bleiben.* Die Königin hob die müden Flügel und machte sich auf den Weg, um einen geeigneten Platz zum Sterben zu suchen.

***

„Wie traurig. Meine kleine Freundin ist tot", sagte Pauline, als sie das leblose Insekt auf der Fensterbank liegen sah. „Die Biene hat wohl vergeblich den Weg in die Freiheit gesucht, aber durch die geschlossenen Scheiben nicht gefunden. Tut mir so leid." Sie ging in die Küche, um eine leere Streichholzschachtel zu holen. Bei Gelegenheit würde sie den kleinen Sarg im Garten bei den Kornblumen vergraben. Aber nicht jetzt. Später.

Denn es gab Wichtigeres zu tun. Heute war ein bedeutsamer Tag. Heute würde Pauline ihre Freundin abholen, um ihr zum ersten Mal das Haus zu zeigen. Heute würde sich entscheiden, ob Coba bleiben oder lieber wieder zurück in die eigenen vier Wände gehen würde.

Als Pauline am Atelier eintraf, war die Tür verschlossen. An der Klinke hing ein Zettel mit einer Nachricht. *Leb wohl, Pauline – und danke für den schönen Sommer. Alles Gute. Coba* Pauline riss das Papier hinunter und zerknüllte es in der Hand. Fortgeflogen. Die Zeit der Bienen war vorbei.

Doch private Katastrophen zählen nicht. Deshalb ging das Leben im Dorf unbeeindruckt weiter. Nur im Haus am Ende der Straße war die Kälte zurückgekehrt. Und Pauline hatte das Lachen verlernt. Denn ohne Zukunft gibt es keine Freude. Noch nicht einmal Schadenfreude.

Wie das Feuilleton der Lokalpresse einige Tage später berichtete, war es während der gerade angelaufenen Ausstellung von Coba Conradis zu einem Zwischenfall gekommen. Da etliche Gemälde der Künstlerin durch einen zunächst unbemerkten Säure-Anschlag zerstört wurden, musste die Galerie bedauerlicherweise die Präsentation vorzeitig beenden. Wer die Attacke verübte, war bisher nicht bekannt. Ein Bekennerschreiben oder ein anderer Hinweis zur Täterschaft lag der Redaktion beim Erscheinen des Zeitungsartikels nicht vor.

Schafskälte

Das Schaf 13.5 witterte den Tod. Unter dem dichten, weiß gekräuselten Fell zitterte die Haut in Schüben voll Furcht und Panik. Seine beiden erst kürzlich geborenen Zwillinge hatte das Tier bereits verloren. Plötzlich war ein LKW vorgefahren, auf der Ladefläche eine Masse ängstlich blökender Lämmer, die verzweifelt nach ihren Müttern und dem Schutz der Gemeinschaft riefen. Dann waren aus dem Fahrzeug Männer gestiegen, die aus der Herde mitleidlos viele der erst wenige Tage alten Jungen ergriffen und auf den Hänger verfrachteten. Darunter auch die beiden hübschen Töchter von Schaf 13.5. Noch so klein, noch so hilflos.

Seit diesem schrecklichen Moment hatte Nummer 13.5 kein Vertrauen mehr zu ihrem Schäfer, der doch ein guter Hirte sein sollte. Aber keiner war, wie sich nun auf entsetzliche Weise herausstellte. Der voll beladene Wagen hatte sich schließlich mit seiner schreienden Fracht in Bewegung gesetzt zu einem unbekannten Ziel. Doch Schaf 13.5 roch den Tod und wusste, dass seine und die anderen Kinder niemals wiederkommen würden. Besäße es die Fähigkeit zu weinen, würden dem Tier jetzt die Tränen über die wolligen Wangen laufen. Doch Schafe weinen normalerweise nicht. Ihnen blutet nur das Herz.

Schaf 13.5 wollte nicht mehr. Wollte nicht mehr das frische grüne Frühlingsgras auf der Weide fressen. Wollte nicht mehr das kühle Wasser aus dem Trog am Rand des Weihers trinken. Wollte nicht mehr das vertraute Miteinander der Herde teilen. Schaf 13.5 wollte sterben. Abseits von den nichts ahnenden Gefährten hatte sich das Muttertier an eine Stelle am angrenzenden Waldrand zurückgezogen, um mit seinem Schmerz allein zu sein. Vielleicht fand sich hier ein Weg, um das elende Leben zu beenden. Doch so einfach war das nicht. Bald schon würde Petrus feststellen, dass eines seiner Schäfchen fehlte und sich auf die Suche begeben. Denn der weiße riesige Hütehund duldete keine Eigenmächtigkeit. Jeder Ausreißer wurde aufgespürt und zu den anderen zurückgebracht. Wenn es um Pflichterfüllung ging, blieb der massige Sherif unerbittlich. Da halfen kein Betteln und Blöken.

Der Gedanke an Petrus hatte 13.5 aufgescheucht. Aus Erfahrung fürchtete das Schaf das, was jetzt kommen würde. Das erbarmungslose Antreiben zurück zur Gruppe, das den Atem nahm. Das bedrohliche Schnappen nach den Hinterläufen, wenn Petrus das Tempo steigern wollte. Das schmerzhafte Zwicken in die Schenkel, um das unbotmäßige Verhalten seines Schützlings zu bestrafen. 13.5 beschloss, es nicht so weit kommen zu lassen und machte sich auf den Rückweg zur Herde. Natürlich blieb die Ankunft nicht unbemerkt. Doch glücklicherweise war Petrus momentan milde gestimmt und beließ es zur Begrüßung bei einem warnenden Knurren.

***

Die Tage zogen ins Land, Routine stellte sich ein. Auch wenn es den Anschein hatte, es wäre alles in Ordnung: Schaf 13.5 versank von Mal zu Mal tiefer in Trauer und Verzweiflung. Eines jedoch war anders geworden. Der Wunsch zu sterben trat in den Hintergrund. Stattdessen fühlte 13.5, wie sich eine unbändige Wut in seiner Seele ausbreitete. Rache. Es wollte Rache. Rache für den gewaltsamen Tod seiner Lämmer, Rache für das Betrogenwerden, Rache für all das Leid, das der Schäfer ihm angetan hatte. Und Schaf 13.5 begann zu überlegen, wie diese Vergeltung aussehen könnte. Das Tier erkannte, dass es Zeit brauchen würde, um einen guten, machbaren Racheplan zu entwickeln.

Zunächst galt es, bei den Gefährten und vor allem bei Hütehund Petrus keine Aufmerksamkeit zu erregen. Nur dann bestand die Möglichkeit, in aller Ruhe nachzudenken und zu einer Lösung zu kommen. Leichter gesagt als getan. Wie die anderen Mitglieder der Herde war auch Schaf 13.5 nicht gewöhnt, seine Verhaltensweisen zu planen. Der Alltag verlief in normalen Bahnen, die kein strategisches Handeln erforderten. Was nötig war zu tun, entschied der Hirte. Danach hatten sich alle zu richten.

13.5 schüttelte den wolligen Kopf. Jetzt hieß es, denken zu lernen. Am besten wäre es wohl, mit der Beobachtung des Schäfers zu beginnen, beschloss das Schaf folgerichtig. Denn er war die Schlüsselfigur, die über das Wohl und Wehe der gesamten Schar bestimmte. So unauffällig wie möglich bezog 13.5 Position. Etwas außerhalb der grasenden Herde, aber nicht so weit entfernt, dass Petrus Anlass gehabt hätte einzugreifen.

Die Tage vergingen in Eintönigkeit, ohne dass sich etwas verändert oder ereignet hätte. Es hatte den Anschein, als ob dies auch so bleiben würde. Trotzdem wollte Schaf 13.5 noch nicht aufgeben. Vielleicht hatte das Schicksal ein Einsehen mit der verzweifelten Mutter und kam ihren Plänen durch einen glücklichen Umstand entgegen. In Gedanken versunken, war 13.5 auch an diesem Sommermorgen der Herde gefolgt, ohne auf den Weg zu achten. Plötzlich wurde sie unsanft aus ihrer Grübelei gerissen, als eine Stimme an ihr Ohr dröhnte, begleitet von heftigem Schnauben: „Na, kleine Wollmaus, hast du dich verlaufen oder willst du mal probieren, wie das Gras auf meiner Wiese schmeckt?“

***

Erschrocken hob das Schaf den Kopf und sah sich zwei gefährlich spitzen Hörnern gegenüber, die zu einem riesigen braunfelligen Koloss gehörten, der ungeduldig mit dem rechten Huf auf den Boden stampfte. 13.5 wusste sofort, in wessen Revier sie da unabsichtlich eingedrungen war: Die weitläufige Weide war das Territorium von Jonathan, dem Zuchtbullen vom benachbarten Bauernhof. 13.5 hatte schon schreckliche Dinge über den Stier gehört. Gewalttätig sollte er sein, voller Jähzorn und unberechenbar. Grund genug, um ein kleines Schaf in Angst und Schrecken zu versetzen. Doch eigentlich, befand 13.5, machte Jonathan einen ganz friedlichen Eindruck. Auf keinen Fall angriffslustig, sondern eher ein wenig neugierig. 13.5 wagte einen Blick in die großen Augen des Rindes, die auf irgendeine unerklärliche Weise unendlich traurig schauten.

13.5 beschloss zu bleiben. „Entschuldige, Jonathan, dass ich so unachtsam vom Weg abgekommen bin. Das war nicht meine Absicht. Wenn ich dich störe, werde ich sofort wieder gehen.“ „Alles gut, kleine Wollmaus. Ich mag nette Gesellschaft“, dröhnte es zurück. „Wie wär's- hast du Lust auf einen Spaziergang zu zweit?“ 13.5 zögerte und schaute sich verstohlen um. „Ich weiß nicht recht. Ich müsste längst zurück bei den anderen sein. Petrus wird mich sicher schon vermissen.“ „Das lass mal meine Sorge sein. Ich kenne euren Hütehund und werde ihm alles erklären, falls er hier auftauchen sollte. Sicher wird er nichts dagegen haben, wenn wir beide einen kleinen Bummel über die Wiese machen.“ 13.5 holte tief Luft. Wäre es möglich, hier und heute einen neuen Freund gefunden zu haben? „Dann lass uns aufbrechen, Jonathan. Ich freue mich sehr, dein Zuhause kennenzulernen. Bestimmt kannst du mir eine Menge erzählen."

So wanderte das ungleiche Paar Seite an Seite über das fette Sommergras und lernte sich mit jedem Schritt ein bisschen besser kennen. „Darf ich dich etwas fragen, Jonathan?" „Nur zu, kleine Wollmaus!" „Wozu trägst du dieses Ding in der Nase, Jonathan? Das muss dich doch stören, vielleicht sogar weh tun." „Das soll es auch", antwortete der Bulle betrübt. „Ich war kaum aus den Kinderhufen herausgewachsen, da hat mir der Bauer diesen Ring verpasst." „Aber warum denn nur?" „Weil er mich so an dieser empfindlichen Stelle ganz leicht verletzen kann. Zu diesem Zweck hat der Bauer einen langen Holzstock mit einem Metallhaken am Ende, mit dem er problemlos in den Ring greifen und ziehen kann. Ich muss dann jedes Mal laut aufheulen vor Schmerzen. Sollte ich also nicht seinen Befehlen gehorchen, genügt ein Ruck und der starke Jonathan wird wieder zu einem kleinen schwachen Kälbchen." „Wie grausam. Aber ich verstehe immer noch nicht. Warst du denn früher so ein wilder, böser Junge?"

„Nein, ich war ein lebenslustiges, munteres Stierkälbchen. Oft zu einem Schabernack aufgelegt, aber insgesamt recht brav und friedfertig. Als ich dann von Mutter und Schwester getrennt und auf diesen Bauernhof gebracht wurde, änderte sich mein bis dahin unbeschwertes fröhliches Leben vollkommen. Ich wurde allein in einen Stall gesperrt, bekam keinen Artgenossen mehr zu Gesicht, dafür aber diesen schrecklichen Metallring verpasst, um mich – wie der Bauer sagte – jederzeit unter Kontrolle zu haben. Glaub mir, kleine Wollmaus, das war für mich eine sehr schwere Zeit." „Aber hast du denn nie versucht, dich zu wehren? Du bist doch ein kräftiger Bulle, der bestimmt einiges reißen kann." „Ich habe sogar verschiedene Male versucht zu fliehen. Ich wollte nur fort von diesem unbarmherzigen Folter-Bauern, raus aus dieser Einsamkeit, wieder unter andere Rinder, die mich verstehen und in ihre Herde aufnehmen würden. Leider bin ich nie weit gekommen. Der Bauer und seine Gehilfen haben mich immer schnell wieder eingefangen, geschlagen, mit der Mistgabel blutig gestochen und erneut in den dunklen Stall gesperrt. So habe ich gelernt, dass Gegenwehr zwecklos ist und mich in mein Schicksal ergeben. Nun verlaufen meine Tage einigermaßen friedlich. Hauptsache, ich versehe meinen Dienst zuverlässig." „Von welchem Dienst sprichst du?", erkundigte sich das

Schaf. „Das, kleine Wollmaus, erzähle ich dir später einmal. Doch jetzt habe ich eine Frage an dich. Wie heißt du eigentlich? Jetzt spazieren wir schon eine ganze Weile gemeinsam durch die Gegend und ich kenne noch nicht einmal deinen Namen." „Ich bin 13.5." „Das ist eine Zahl, aber kein Name", erwiderte Jonathan verblüfft. „In unserer Herde haben alle eine Nummer. Nur der große Widder wird vom Schäfer ‚Bruno' gerufen."

„Das geht gar nicht. Du brauchst unbedingt einen Namen. Jedes Geschöpf braucht einen eigenen Namen, um sich als Individuum aus der Masse der Übrigen herauszuheben. Was meinst du – darf ich dir einen Namen geben?" „Oh, Jonathan. Das wäre wunderbar. Bitte, bitte. Ich bin schon so gespannt." „Dann lass mich mal überlegen. Wen habe ich denn hier vor mir? Ein sehr hübsches Schäfchen mit einem herrlich weißen Fell, das mich an …. eine Wolke erinnert. Nein, ich hab's. Du siehst aus wie ein kleiner, runder Schneeball. Ja, du bist Schneeball. Gefällt dir dein neuer Name?" „Ich bin stolz, dass du für mich solch einen schönen Namen gefunden hast. Danke, lieber Jonathan. Es ist mir eine Ehre, fortan ‚Schneeball' zu heißen." „Prima", freute sich der sanfte Riese und schnaubte vergnügt durch die Nüstern. Mittlerweile waren die Zwei wieder zurück ans Gatter gekommen. Es wurde Zeit für den Abschied. „Auf Wiedersehen, Schneeball. Wir sehen uns morgen zur gleichen Stunde am gleichen Ort", erklärte der Bulle. „Das machen wir. Ich werde pünktlich sein. Leb wohl bis dahin, Jonathan, und danke für den tollen Spaziergang. Es hat Spaß gemacht, mit dir zusammen zu sein." Und so ging jeder für sich seiner Wege, erfüllt mit Vorfreude auf den kommenden Tag.

***

Als Schneeball am nächsten Morgen an den Zaun kam, der die beiden Wiesengrundstücke voneinander trennte, stapfte Jonathan bereits ungeduldig an der Begrenzung entlang. „Guten Tag, Jonathan. Wie ich sehe, hast du schon auf mich gewartet. Bin ich zu spät?" „Hallo, Schneeball. Nein, nein. Du bist pünktlich auf die Minute. Ich bin heute sehr früh aufgewacht und dachte mir, schon mal am Zaun nach dir Ausschau zu halten. Und jetzt bist du da. Ich freue mich." „Ich mich auch, Jonathan.. Was wollen wir nun unternehmen?" „Siehst du die kleine Anhöhe dort hinten? Da wachsen seltene Kräuter, die anderswo nur schwer zu finden sind. Sie werden dir sicher gut schmecken.“ „Dann los. Da ich noch nicht gefrühstückt habe, knurrt mein Magen schon tüchtig.“

Einige Minuten später standen Bulle und Schaf einträchtig nebeneinander und rupften genüsslich die duftenden Kräuter aus der Erde. Gesättigt und zufrieden begann Schneeball, ihr Gespräch vom Vortag fortzusetzen. „Du wolltest mir etwas erzählen, Jonathan“, erinnerte das Schaf seinen neuen Kameraden. „Es ging um den Dienst, den du dem Bauer leisten musst.“ Jonathan schien das Thema unangenehm zu sein, denn verlegen scharrte er mit dem Huf im Gras und vermied es, Schneeball anzublicken. Seine Freundin spürte das Unbehagen des Bullen und beeilte sich zu sagen: „Du brauchst mir nichts darüber zu berichten, wenn du nicht magst. Verzeih mir meine Neugier.“

„Schon gut“, brummte Jonathan. „Aber komm, setzen wir uns dort ins Gras und machen es uns bequem. Dann erzählt es sich leichter. Also, Schneeball: Weißt du, was ein Zuchtbulle ist und was er zu tun hat?“ „Ich denke, schon. Ein Zuchtbulle besucht Ausstellungen und gewinnt für seinen Besitzer wertvolle Pokale.“ „Vielleicht, manchmal mit Glück.“ Jonathan musste lächeln. „Die Hauptaufgabe eines Zuchtbullen ist es jedoch, für Nachwuchs zu sorgen.“ „Genau wie der Widder Bruno bei uns. Da musst du bei den Kühen in deiner Herde ja ungeheuer beliebt sein!“ Jonathans Lächeln wurde gequält. „Schön wär’s. Aber tatsächlich habe ich bis jetzt eine Kuh nur aus der Ferne gesehen und bin niemals in die Nähe einer der Damen gekommen, geschweige denn in körperlichen Kontakt.“ „Du machst Scherze“, entgegnete Schneeball. „Wie willst du denn auf diese Weise Kinder zeugen? Ich finde das nicht komisch.“ Schneeball wurde ärgerlich. „Deshalb erzähle mir nicht weiter diesen Blödsinn von Paarung aus der Ferne. Ich glaube dir kein Wort!“ „Ich sage die Wahrheit. Alles stimmt. Wenn du mir nicht glauben kannst, dann lass es eben!“, erwiderte der Stier sichtlich aufgeregt.

„Aber wie soll die Sache denn funktionieren, wenn du bei keiner Kuh bist?“ „Ich werde in die sogenannte Besamungsstation auf dem Hof gebracht, dort steht eine lebensgroße Kuh aus Holz, die ich bespringe. Dabei strömt mein Samen in eine künstliche Scheide, die mit einem Plastiksack ausgelegt ist, so dass der Bauer mein Sperma problemlos aus der Kuh entnehmen kann. Die echten Kühe bekommen meinen Samen später dann vom Bauern eingespritzt."

Schneeball fehlten die Worte. Sekundenlang war es totenstill zwischen den beiden. Dann brach es heftig aus Schneeball heraus: " Das ist gegen die Natur. Das, was du tust, ist einfach …. einfach pervers!"

Mit einem tiefen Grollen sprang der Bulle auf die Beine, den massigen Schädel mit den gefährlich spitzen Hörnern bedrohlich gesenkt. Fast hätte er Schneeball aufgespießt, wenn sich das Schaf nicht mit einem beherzten Satz zur Seite in Sicherheit gebracht hätte. In Flocken flog der Schaum aus dem keuchenden Maul, als Jonathan losbrüllte: „Sag das niemals wieder! Ich … bin … nicht … pervers! Und nun verschwinde. Mach, dass du wegkommst. Ich will dich hier nie mehr sehen!"

Schneeball wartete nicht ab, sondern rannte Hals über Kopf davon. Den Hügel hinunter und weiter bis zum Weidezaun, kroch, ohne auf den Stacheldraht zu achten, unten durch und merkte kaum, wie ein großes Stück Fell an den Drahtspitzen hängen blieb. Erst als Schneeball sich vergewissert hatte, wirklich auf der Heimatwiese zu sein, blieb das Schaf stehen und holte Atem. Wenig später war auch Petrus zur Stelle, der natürlich bemerkt hatte, dass hier etwas nicht stimmte. „Was ist geschehen?", fragte er seinen zitternden Schützling. „Bist du von jemandem gejagt worden? Und wieso hast du so viel Fell verloren?" „Danke, Petrus, für deine Nachfragen. Aber du musst dir keine Sorgen machen", antwortete Schaf 13.5, für das der Hütehund schließlich die Verantwortung trug. „Ich bin bloß am Stacheldraht hängengeblieben, als ich mir ein Kraut von der anderen Seite angeln wollte. Mein Ungeschick, tut mir leid." „Dann pass das nächste Mal besser auf", sagte Petrus mit Nachdruck und setzte seine Patrouille fort, nicht ohne den Kopf zu schütteln über so viel Unvernunft und Dummheit dieses kleinen Schafes.

***

Der nächste Tag kam und ging vorbei. Der übernächste Tag folgte, die Woche endete. Eine neue begann. Für Schneeball schien die Zeit stehen geblieben zu sein. Das Schaf bewegte sich wie abwesend, war in einer imaginären Glaskugel gefangen. Wurde gesehen, sah selbst, was im Umfeld geschah, ohne wirklich daran teilzunehmen. Schneeball bemühte sich, den Wirrwarr in ihrem Kopf zu ordnen und Klarheit zu gewinnen über das, was da oben auf dem Kräuterhügel vorgefallen war. Je mehr das Schaf darüber grübelte, desto stärker wuchs die Verzweiflung.

Es war grausam und herzlos gewesen, Jonathan mit dieser unüberlegten Bemerkung so zu verletzen. Schneeball wünschte sich sehnlichst, ihren neuen Freund, den sie offensichtlich wieder verloren hatte, um Verzeihung zu bitten. Doch dafür war es wohl zu spät. Jonathan hatte Schneeball mit Schimpf und Schande aus seinem Revier vertrieben, eine Rückkehr damit unmöglich gemacht. Schneeball hatte Schuld auf sich geladen, die sich nun nicht mehr tilgen ließ. Doch wie sollte es weitergehen? Konnte es überhaupt weitergehen oder musste Schneeball nach dem Tod ihrer Zwillinge nun auch noch den Verlust ihres einzigen Freundes verkraften? Schneeball wusste es nicht.

An einem Nachmittag – an welchem Tag genau, konnte sich Schneeball im Nachhinein nicht erinnern – kreuzte Petrus ihren Weg entlang des Zaunes, den das Schaf regelmäßig nahm in der Hoffnung, Jonathan wenigstens vom Weiten zu erspähen. Eine Hoffnung, die bislang unerfüllt geblieben war. „Hallo, 13.5. Ich habe eine merkwürdige Nachricht für dich“, verkündete der Schäferhund. „Ich soll dir von Jonathan, dem Bullen vom Nachbarhof, ausrichten, dass du bitte mal bei ihm vorbeikommen sollst. Mir soll’s recht sein, solange du in der Nähe bleibst.“ Schneeball ließ den verdutzten Petrus einfach stehen und stürzte davon Richtung Gatter. Ruck-zuck war das Schaf unten durch und lief weiter über die Wiese. Und dann war alles gut.

Sobald Jonathan seine kleine Wollmaus erblickte, raste er los. Auch Schneeball setzte sich eilends in Bewegung. So stürmten die beiden aufeinander zu und fielen sich sozusagen in die Arme. Immer wieder stießen ihre Köpfe sanft zusammen, schmiegte sich liebevoll Wange an Wange und die Augen glänzten durch einen Schleier aus Freudentränen. Nach einer Weile der innigen Begrüßung setzte Jonathan an: „Ach, Schneeball, du hast mir so gefehlt. Ich habe mich so blöd benommen …“ „Nein, Jonathan, ich bin schuld. Ich hätte dich niemals derartig beleidigen und verletzen dürfen. Kannst du mir verzeihen?“ Der Stier wiegte seinen schweren Kopf abwägend hin und her und sagte schließlich: „Lass uns einen Pakt schließen, Schneeball, und uns ein Versprechen geben. Ganz gleich, was passiert: Wir wollen uns immer vertrauen, füreinander da sein, uns helfen und beistehen. Sollen wir uns das hier und jetzt geloben?“ „Ja, Jonathan. Das wollen wir!“, stimmte Schneeball aus fester Überzeugung zu. „Wir wollen Freunde sein, solange wir leben.“

Um ihre Abmachung zu bekräftigen, rieben die beiden Tiere ihre Nasen aneinander und zogen dann in trauter Zweisamkeit hinauf zu ihrem Lieblingsplatz auf dem Hügel, um Futter und Glück zu teilen. Die Zeit an diesem Nachmittag verflog viel zu schnell. Doch auch als die beiden Abschied nehmen mussten, lag keine Spur von Traurigkeit in der Luft. Denn sie wussten, sie würden sich morgen schon wiedersehen. In dieser Gewissheit gingen beide zuversichtlich auseinander.

***

Tage später. „Mal ehrlich, Schneeball. Irgendetwas liegt dir schwer auf der Seele. Möchtest du mir nicht sagen, was dich so bedrückt?“, fragte Jonathan an einem weiteren sonnigen Morgen das Schaf an seiner Seite, als beide ihr gemeinsames Frühstück beendet hatten. „Ich möchte dir diesen schönen Tag nicht mit einer unerfreulichen, elenden Geschichte verderben“, wandte Schneeball ein. „Verstehe ich“, antwortete der Stier. „Aber meinst du nicht auch, dass es dich ein wenig erleichtern wird, wenn du mir dein Herz ausschüttest?“ Schneeball nickte und fing an, Jonathan die traurige Geschichte ihres Lebens zu erzählen.

„Es begann im letzten Winter, als ich fühlte, dass sich in meinem Körper etwas veränderte. Ein bis dahin unbekanntes Verlangen wurde stärker und stärker, ich fing an, eigenartige Gefühle zu entwickeln. Kurz, ich hatte den Wunsch, Mutter zu werden. So kam es, wie es kommen musste. Nach einer nur wenige Minuten dauernden Begegnung mit Bruno, dem Widder, war die Sache bereits gelaufen. Ich wurde schwanger und brachte im Frühjahr die niedlichsten Zwillingslämmer zur Welt, die du dir vorstellen kannst. Als ich die beiden Mädchen zum ersten Mal erblickte, waren die unsäglichen Schmerzen der Geburt rasch vergessen. Schon bald darauf standen die zwei auf ihren wackeligen Beinchen. Und wenig später tollten sie bereits putzmunter und ausgelassen durch den Stall. Du hättest sie sehen sollen, Jonathan. So hübsch und so feingliedrig gebaut, mit dichter weißer Wolle bedeckt, aufgeweckt und kess, wie es sich für zwei gesunde Lämmer gehört. Als es dann hinaus ging in die warme Frühlingssonne, gab es kein Halten mehr. Immer auf dem Sprung, immer auf Entdeckungstour. Ich hatte Mühe, sie im Auge zu behalten. Oft hatte ich die Kleinen nur dann bei mir, wenn sie zum Trinken kamen. So hätte es weiter gehen können. In Frieden und Harmonie wollte ich meine Kinder aufwachsen sehen, bis sie groß und erwachsen genug waren, um selbst Mutter zu werden und mich zu einer stolzen Oma zu machen. Aber das Schicksal meinte es nicht gut mit mir und meinen Zwillingen."

Schneeball stockte und musste schlucken „Möchtest du eine Pause machen? Du kannst auch bei anderer Gelegenheit deine Geschichte fortsetzen, wenn es dir im Moment zu viel wird", erkundigte sich Jonathan besorgt. „Es geht schon. Die Erinnerung an all das wurde plötzlich so intensiv, dass ich einen Augenblick lang nicht weiter berichten konnte", erklärte Schneeball. „Danke für dein Verständnis. Gleich bin ich so weit."

Nachdem sich Schneeball wieder gefangen hatte, fuhr sie mit ihrer Erzählung fort. Ohne etwas zu beschönigen oder zu entschuldigen, berichtete sie von dem Entsetzen, als ihre Lämmer ohne Erbarmen aus der Familie gerissen und auf die Ladefläche eines Viehwagens verfrachtet wurden, in dem es nach Kot, Urin und Todesangst stank. Schilderte das verzweifelte Blöken der Jungtiere, die nach ihren Müttern riefen und beschrieb die Leere, die sie empfand, als der Laster mit ihren Kindern unwiederbringlich fortgefahren war. Schneeballs Stimme verwandelte sich in ein tonloses Flüstern, als das Schaf von dem Schreien erzählte, das seit diesem Schreckenstag unaufhörlich in seinem Kopf nachhallte. Laut, gellend, unerträglich.

Dann – endlich – fing Schneeball an zu weinen. Endlich flossen die Tränen ungehindert, die so lange zurückgehalten worden waren. Denn jetzt war jemand da, der Schnellball zuhörte und verstand. Das kleine Schaf presste das tränennasse Gesicht dicht an Jonathans Flanke, schluchzte und klagte sein ganzes Elend in das feucht gewordene Fell des treuen Gefährten, bis schließlich das Weinen in ein leises Wimmern überging und bald ganz verstummte. Trotz all des Leidens versiegte der Tränenstrom, Schneeball kam wieder zu sich. „Und was willst du jetzt unternehmen?", hörte sie Jonathan auf beruhigend sachliche Weise fragen. „So schmerzlich deine Erlebnisse sind: Du wirst nicht ewig trauern können." Schneeball schniefte. „Wohl nicht. Aber ich werde das, was geschehen ist, nicht so einfach vergessen oder verdrängen. Ich werde mich rächen für den Tod meiner Kinder. Ich weiß noch nicht, wie. Aber ich weiß, dass es so kommen wird." „Dann lass uns überlegen, wie deine Rache aussehen soll und wie sie am besten umzusetzen ist", entgegnete Jonathan. „Du willst mir helfen? Das musst du nicht. All das ist allein meine Angelegenheit", stellte Schneeball nüchtern fest. „Ist es nicht. Hast du bereits das Versprechen vergessen, das wir uns gegeben haben? Wir haben geschworen, füreinander da zu sein und uns gegenseitig beizustehen. Jetzt ist der Zeitpunkt gekommen, um unser Versprechen einzulösen." „Aber, Jonathan: Du bist doch im Grunde genommen ein friedliebender Bulle. Leistest deinem Bauern keine Gegenwehr, mag er auch noch so rabiat mit dir umgehen. Ich dagegen bin eine Mutter, die nichts mehr zu verlieren hat und nur noch auf Vergeltung sinnt. Überlass die Rache mir. Es ist besser so."

***

„Ich habe mich mit den Umständen abgefunden", antwortete Jonathan. „Sicherlich ist die Prozedur in der Besamungsstation abstoßend, aber auszuhalten und schnell vorbei. Und bedenke bitte, Schneeball: Für einige Minuten Widerwillen in der Woche bekomme ich im Gegenzug ein Höchstmaß an möglicher Freiheit. Ich habe mich entschieden und bin bereit, für mein unbehelligtes Leben hier draußen diese kurzfristigen Erniedrigungen in Kauf zu nehmen. Bitte, akzeptiere das. Außerdem: Ich muss keine Verantwortung für andere tragen. Abgesehen von den wenigen Wochen, die ich als Säugling mit Mutter und Schwester verbringen durfte, habe ich niemals eine Familie, niemals Freunde gehabt, für die es sich gelohnt hätte, auf die Barrikaden zu gehen, die eigene Freiheit aufs Spiel zu setzen und Opfer zu bringen. Erst seitdem wir beide uns kennengelernt haben, weiß ich, was Freundschaft bedeutet. Zwar werde ich mich weiterhin mit einer unechten Kuh abgeben müssen. Daran lässt sich nichts ändern und das solltest du mir auch nicht zum Vorwurf machen. Doch trotzdem ist etwas in meinem Leben anders geworden: Ich kann dir helfen, dich zu rächen. Bitte. Gib mir Gelegenheit, etwas Sinnvolles zu tun."

Zustimmend drückte sich das Schaf fest an den Bullen, der ihr Schutz und Halt gewährte. „Nun sag mir, wie du dir die Vergeltung vorstellst", forderte Jonathan. „Was versprichst du dir davon?“ „Genugtuung! Mir ist natürlich klar, dass meine Töchter niemals wieder lebendig werden und zu mir zurückkehren. Aber ich will, dass der Mann, der mir das angetan hat, genau so leiden muss wie ich. Indem ich ihm das Liebst nehme, was er hat. Er soll zeit seines Lebens nie mehr fröhlich sein, nie mehr lachen können, keine Freude mehr empfinden.“ „So soll es sein. Und so wird es sein“, bemerkte Jonathan sybillinisch und begleitete seine Freundin noch bis zum Gatter. „Komm gut heim, Schneeball, und schlaf schön in den Tag. Wir treffen uns morgen am Vormittag wieder.“ „Leb wohl, Jonathan. Auch dir eine geruhsame Nacht und angenehme Träume.“

Und so freuten sich die beiden darauf, nach einer kurzen Pause ihre Freundschaft mit Gesprächen und Gedanken weiter zu vertiefen.

***

Das Undenkbare fand wenig später an einem Sonntagabend im August statt, als die im letzten Sonnenlicht dösende Schafherde durch einen scharfen Knall aufgeschreckt wurde, dem kurz darauf ein zweiter folgte. Aus der idyllischen Ruhe gerissen, drängten sich die Tiere in Richtung Zaun zu der Stelle, an der allem Anschein nach ein Unfall oder Ähnliches geschehen sein musste. Dort, wo die Begrenzung über etliche Meter niedergetrampelt worden war und eine erhebliche Lücke gebildet hatte, hing eine leblose Gestalt in dem verdrehten Stacheldraht. Schneeball arbeitete sich beharrlich durch die Schar der verstörten Artgenossen nach vorn. Ein Blick genügte, um die Person sofort wiederzuerkennen. Es war Leonie. Die junge, hochschwangere Frau des Schäfers kam am Wochenende häufig vorbei, brachte Essen mit und leistete ihrem Mann Gesellschaft.

Die Leiche bot einen grausigen Anblick. Vom Schoß bis hinauf zur Brust von einem spitzen Gegenstand aufgeschlitzt, der im Körper zwei parallel verlaufende, stark blutende Wunden gerissen hatte. Dabei waren nicht nur wichtige innere Organe zerstört worden. Auch das Kind im Mutterleib lebte nicht mehr. Unweit lag Jonathan, der braune große Stier, tot im Gras. Je ein Einschussloch in der Stirn und in der Seite. Die Hörner bis zum Ansatz rot gefärbt, die Glieder unnatürlich verrenkt und die sanften Augen für immer gebrochen.

Zahlreiche Menschen waren bereits am Ort des Geschehens versammelt. Ein Notarzt kam über die Wiese gerannt, um die Frau zu untersuchen – konnte jedoch nur noch den Tod feststellen. Eine Nachricht, die den herbeigeeilten Schäfer völlig aus der Fassung brachte. Er wäre laut schreiend zusammengebrochen, hätte ihn der Bauer vom Nachbargrundstück nicht aufgefangen, der noch das Gewehr in der Hand hielt, mit dem er den rasend gewordenen Bullen erschossen hatte. Ein Polizeiauto fuhr vor. Die eifrigen Beamten sicherten zunächst mit einem Absperrband die Unglücksstelle, um Gaffern und Unbefugten den Zutritt zu verwehren und ungestört die Ermittlungen aufnehmen zu können. Ein Vorhaben, das allerdings wenig Zeit benötigte – so, wie sich die Lage darstellte.

Nun, da Profis im Einsatz waren, verlief alles Weitere äußerst routiniert. Die Mitarbeiter des örtlichen Bestatters standen auf Abruf bereit und verfrachteten den Körper der getöteten Frau in einen schwarzen, unauffälligen Reißverschluß-Sack, den sie anschließend zu dem wartenden Leichenwagen schafften. Dies geschah so diskret und schnell, dass kaum einer der Umstehenden etwas davon mitbekam. Langsam zerstreute sich die Menge der Zuschauer, die von irgendwoher auf die Todeswiese geströmt waren. Um den erschossenen Bullen kümmerte sich in diesem Moment niemand.

Jonathan lag unbeachtet in einer Lache schwarzen, geronnenen Blutes auf dem Boden, besetzt mit blaugrün schillernden Fliegen, die bereits begannen, ihre Eier in die Wunden des toten Stieres abzulegen. Schneeball schob sich langsam durch das jetzt offen stehende Gatter und näherte sich ihrem leblosen Freund. Bei ihm angekommen, lehnte das Schaf seine Wange an den schweren Kopf mit dem Nasenring und flüsterte: „Danke, mein Jonathan, für alles. Jetzt warte bitte auf mich. Bald werden wir wieder gemeinsam über die Weiden ziehen. Ich werde mich beeilen. Bis dahin hab etwas Geduld.“

Schneeball wandte sich zum Gehen und verließ, ohne sich noch einmal umzudrehen, das Gelände. So musste das Schaf nicht mit ansehen, wie sich Männer an dem tonnenschweren Kadaver zu schaffen machten, die Beine des Bullen mit grobgliedrigen Stahlketten zusammenbanden und am Schwenkarm eines Krans, der auf die Wiese gefahren war, zum

Abtransport in die Abdeckerei befestigten. So blieb von ihrem geliebten Gefährten nichts übrig als ein Stück Müll, nicht wert, mit Anstand behandelt und in Würde bestattet zu werden.

Schneeball hatte sich auf den Weg gemacht. Wie von einem inneren Kompass gesteuert, verfolgte sie ihr Ziel, bis sie endlich an die mehrspurige Schnellstraße gelangte. Als aus der Ferne breite, weit leuchtende Scheinwerfer auftauchten und rasch näherkamen, betrat Schneeball die Fahrbahn. In wenigen Sekunden wurde das Schaf erfasst und zu Boden gerissen. Die mächtigen Zwillingsreifen des Trucks leisteten ganze Arbeit. Auf dem Asphalt zurück blieb lediglich eine undefinierbare Masse aus Fleisch, blutigem Fell und zermalmten Knochen, die immer weniger wurde, je mehr Fahrzeuge darüber hinweg rollten. Der Laster, der Schneeball überfahren hatte, war übrigens mit spezieller Fracht unterwegs in den Süden. Die Ladung bestand aus zwanzig Schlachtpferden, die in Italien zu Wurst verarbeitet werden sollten.

Forellenquintett

Die Viola verstummte verstimmt. Schubert hatte ausgespielt. Die launische Forelle musste für eine Weile auf dem Trockenen warten, bis das Bächlein helle wieder zu fließen begann. Wütend legte Edgar den Bogen beiseite. Dieses verdammte Geschrei aus dem zweiten Stock über seiner Wohnung. Seit das junge Paar vor einigen Wochen ein Kind bekommen hatte, fand das Gebrüll so gut wie nie ein Ende. Unmöglich, sich dabei auf das dringend notwendige Proben zu konzentrieren, die Partituren aufmerksam zu studieren, seine Spieltechnik zu verbessern und sich mit aller Kraft auf ein neues Engagement vorzubereiten.

Leider war Edgar, der Violinist mit Vorliebe für Klassik und konzertante Lieder, zurzeit out of job. Die Philharmonie der Stadt hatte aus Kostengründen rationalisieren müssen und die Besetzung des Orchesters verkleinert. Edgar, ledig und jung, hatte es getroffen. Um sich während der finanziellen Durststrecke über Wasser zu halten, hatte Edgar beschlossen, Violinstunden zu geben. Nun sah er sich mehrmals in der Woche einer Schar wenig begabter Gören gegenüber, denen er im Auftrag der kunstbeflissenen Eltern das Geigenspielen beibringen sollte. Auch wenn ihm diese Tätigkeit ein kleines Einkommen sicherte, so grauste Edgar doch immer wieder aufs Neue vor dieser Tortur. Gerade eine Geige war ein Instrument, das unsachgemäße Behandlung mit schrillen Dissonanzen bestrafte. Für das geübte Ohr des Konzertgeigers eine schier unerträgliche Folter, die allenfalls nur noch von dem fast ununterbrochenen Baby-Gebrüll übertroffen wurde.

Nun war er auf der Suche nach einer Anstellung oder zumindest nach der Gelegenheit, bei Veranstaltungen und privaten Konzerten aufzutreten. Aktuell hatte er die Chance in Aussicht, bei einem offiziellen Empfang der Industrie- und Handelskammer als Mitglied eines Ensembles mitzuwirken und einen namhaften Sänger zu begleiten, der vor dem geladenen prominenten Publikum einige Schubert-Lieder vortragen wollte. Ein Glücksfall, den es unter allen Umständen zu nutzen galt. Denn vielleicht ergaben sich aus diesem Auftreten neue Möglichkeiten für eine Festanstellung als Musikus. Die ebenfalls geladene Presse würde sicher über sein Spiel berichten; Orchester-Chefs könnten diese Artikel lesen und auf ihn aufmerksam werden. Edgar hatte trotz der momentanen beruflichen Zwangspause nichts von seinem Optimismus verloren.

Doch die attraktive Offerte war sehr begehrt und unter den zahlreichen Konkurrenten heiß umkämpft. Um aus diesem Wettbewerb siegreich hervorzugehen, musste Edgar ein Höchstmaß an Perfektion beim Vorspielen vor dem als kritisch bekannten Verbandspräsidium erreichen. Ein Ziel, das sich nur durch intensives Üben, Üben und nochmals Üben verwirklichen ließ.

***

Deshalb beabsichtigte Edgar keinesfalls, den Tag sang- und klanglos zu beenden. Zum Teufel mit dem Schreihals eine Treppe höher! Edgar wusste, was zu tun war. Grimmig packte er seine Geige in den Kasten und machte sich auf an den Ort, wo er endlich Ruhe und Muße zum Proben finden würde. Den Fischteich am Stadtrand, idyllisch zwischen Feld und Wald gelegen.

Mit dem Rad schaffte er den Weg in einer knappen Stunde. Viel Zeit, aber der Aufwand lohnte sich. Auch wenn er jedes Mal nass geschwitzt war, wenn er über die schmale, geteerte Zufahrt am Gewässer ankam. So auch jetzt. Edgar stellte das Fahrrad an den Uferrand, zog Schuhe und Socken aus und ließ die Beine im kühlen Wasser baumeln. Ah, das tat gut. Zehn Minuten später hatte er sich soweit erfrischt, dass er sich dem eigentlichen Zweck seines Kommens zuwenden konnte. Was nun folgte, war ein einstudiertes Ritual. Edgar hockte sich nieder und schnalzte mit der Zunge. Beinah im selben Augenblick begann es an der Wasseroberfläche zu quirlen und zu brodeln. Ein klares Zeichen dafür, dass sich seine Freunde eingefunden hatten. Grade so, als ob sie bereits auf ihn gewartet hätten, weil sie wussten, dass der Besuch stets etwas Leckeres für sie im Gepäck bereit hielt.

Edgar packte das Leinensäckchen aus, in dem er das Fischfutter mitgebracht hatte und fing an, die Mischung aus Mehlwürmern, Insekten, Körnern und Pellets großzügig zu verteilen. Kurz darauf hatten die Raubfische alles vertilgt.

Nun konnte der zweite Teil der Zeremonie beginnen: Edgars Auftritt. Im Probenraum der freien Natur war er ganz eins mit seinem Instrument, das er mit all seinem Können zu immer besseren Leistungen antrieb. Das Pizzicato musste verbessert werden, die Grifftechnik ließ zu wünschen übrig, die hohen Töne kamen nicht sauber und klar genug heraus. Edgar schonte sich nicht. Denn bereits in wenigen Tagen ging es für ihn ums Ganze. Dann entschied es sich, ob sein Vortrag gut genug war, um die sicherlich starke Konkurrenz auszuschalten und in das Ensemble aufgenommen zu werden. Bis dahin durfte er keine Zeit mit Tralala verschwenden. Vom erfolgreichen Üben hing seine Zukunft ab.

Und Edgar probte unerbittlich. Eine Stunde, zwei Stunden. Er vergaß die Zeit um sich herum, bis die Dämmerung hereinbrach. Konnte sich die Sonne nicht einmal verspäten? Unwillig packte Edgar seine Siebensachen zusammen, rief den Fischen ein ‚Adieu' zu und radelte heimwärts. Unterwegs lief ihm noch der Bauer, der die Forellenzucht betrieb, über den Weg. Aber Edgar war nicht zum Plauschen aufgelegt. Deshalb winkte er nur kurz. Der Bauer würde es schon nicht übel nehmen.

Besagter Bauer kannte den Mann mit der Geige mittlerweile recht gut. Zunächst hatte er über den wunderlichen Kauz gelächelt, der mit seinen Ständchen den Fische-Flüsterer gab. Doch mit der Zeit gewöhnte sich der Bauer so an den Anblick, dass er sich Sorgen machte, wenn der Geigenspieler einmal mehrere Tage lang wegblieb. Den Fischen schienen die musikalischen Intermezzi jedenfalls nicht zu schaden. Also kein Grund, den Musiker nicht gewähren zu lassen.

***

Die Sonne befand sich schon im Sinkflug, als Edgar nach Hause zurückkehrte. Die Wohnung, die er vor drei Jahren im ersten Stock eines schmucklosen Zweckbaus aus den Sechzigern an der Hauptstraße bezogen hatte, beeindruckte durch spartanische Kargheit. Nichts Überflüssiges störte den Minimalismus, kein persönlicher Schnickschnack verunstaltete die Regale. Früher hatte Edgar noch ein Klavier besessen, auf dem er immer mal wieder spielte – auch wenn er die Violine beim Musizieren bevorzugte. Aber wegen der zahlreichen Umzüge quer durch die Republik, die sich aufgrund der häufig wechselnden Engagements in verschiedenen Städten nicht vermeiden ließen, wurde das unhandliche Piano zunehmend zu einer Belastung. Schließlich verkaufte Edgar das Instrument an ein Ehepaar, das von der großen Pianisten-Karriere seines fünfjährigen Sohnes schwafelte. Ob sich der Wunschtraum vom Wunderkind erfüllt hatte, wusste Edgar nicht. Es kümmerte ihn auch nicht im Geringsten. Hätte man ihn nach seiner Meinung gefragt, wäre er eher skeptisch gewesen. Die Mozarts im Lande waren dünn gesät. Es fällt eben kein Meister vom Himmel, ein begnadeter Pianist schon gar nicht. Schließlich hatte er selbst es nur zu einem Konzertgeiger in der zweiten Reihe geschafft – und das bei erwiesenem Talent, außerordentlichem Fleiß und unerschütterlichem Glauben an seinen Erfolg.

Trotz angeborener Sparsamkeit war Edgar durchaus bereit, für seine Musik einiges zu investieren. Der einzige Luxus, den er sich neben seiner Violine gönnte, die er für einen stattlichen Betrag auf einer Musikalien-Auktion ersteigert hatte, war ein High-Tech-Präzisionsplattenspieler in Premiumqualität. Auf Kugellagern schwebend konstruiert, sensibel auf jede Vibration und jede noch so leichte Berührung reagierend, aber von nahezu überirdischer Klangwiedergabe. Oft legte Edgar eine Platte auf, um das ausgewählte Musikstück mit seiner Geige zu begleiten. Eine ausgezeichnete Übung und zugleich ein Vergnügen, das jedoch durch das Auftreten des Brüll-Babys ein Stockwerk höher ein jähes Ende gefunden hatte.

Mochten andere ihr Herz für Kinder entdecken – Edgars Herz schlug nur für sich selbst und seine Musik. Er konnte die Schreie des Entzückens nicht nachvollziehen, die viele Leute angesichts verhutzelter, greinender Bälger ausstießen. Er fand es höchst ermüdend, wenn Eltern, die eigentlich ziemlich vernunftbegabt zu sein schienen, tagelang kein anderes Thema als das Papa-Mama-Gestammel ihres Sprösslings hatten. Edgar konnte sich Sinnvolleres vorstellen, als den lieben langen Tag auf einem Spielplatz zu verbringen und den Nachwuchs auf dem Klettergerüst zu beobachten. Ebenso interessierten Edgar die schulischen Fortschritte von Erstklässlern und Gymnasiasten gleichermaßen wenig bis überhaupt nicht. Und es erstaunte ihn immer wieder, wenn sich hinlänglich als intelligent eingeschätzte Erwachsene plötzlich eines Happi-Teita-Heia-Vokabulars bedienten, um sich mit dem Säugling im Kinderwagen zu unterhalten. Wobei Kisuaheli genauso passen würde, da ein kleines Gör in diesem Alter sowieso nicht in der Lage ist, den Sinn oder Unsinn einer solchen Erwachsenen-Ansprache zu kapieren. Im Vergleich stellt sich sogar ein Hund in so einem Fall gescheiter an. Er versteht immerhin, was man von ihm will und gehorcht zumeist aufs Wort. Etwas, was Edgar in seinen eher seltenen Begegnungen mit Kindern bislang schmerzlich vermisste.

***

Schon in der Schule hatte sich Edgar von seinen Klassenkameraden ferngehalten. Ihm stand nicht der Sinn nach Fußball oder anderen Freizeitbeschäftigungen, die unter Gegröle und gegenseitigen körperlichen Attacken ausgetragen wurden. Wie albern, hinter einem Ball herzulaufen und sich von hanebüchenen Regeln dirigieren zu lassen. Edgar bevorzugte die geistige Auseinandersetzung, etwa beim Schach. Eine kluge Kriegsführung auf hohem Niveau, die gesittet und ohne Verletzungen verlief. Aber trotzdem das Potenzial besaß, dem Gegner eine herbe Niederlage zuzufügen.

Diese Taktik hatte Edgar auch während seiner Ausbildung zum Profi-Musiker beibehalten. Teamplay war in diesem harten Konkurrenzkampf nicht angebracht. Es galt, den Wettbewerber zu übertreffen und als Klassenbester den Punkt zu machen mit dem Ziel, eine weiterführende Karriere-Chance zu bekommen. Also nach Möglichkeit während eines Auftritts von einem Konzert-Agenten entdeckt und vermittelt zu werden. Das bedeutete: Spätestens nach dem Konzert war es mit der Harmonie vorbei. Jeder gegen jeden und jeder für sich allein, lautete die Devise, um weiterzukommen.

Edgar erinnerte sich noch genau an die blonde Bratsche, ein madonnengleiches Miststück, mit dem er einige Semester an der Akademie studiert hatte. Diese Schlange mit ihrem falschen sanften Getue schaffte es doch tatsächlich, allen anderen die Schau zu stehlen und sich bei den Professoren einzuschmeicheln. Zumindest bei den männlichen Vertretern des Lehrkörpers. Die weiblichen Dozenten besaßen dagegen den vollen Durchblick und stuften Isabella, die blondgelockte Bratsche, als das ein, was sie war: Eine mittelmäßige Musikantin, die mangelndes Können mit mädchenhaftem Gehabe sowie einer bewundernswerten Fähigkeit im Manipulieren wettzumachen versuchte. Tatsächlich mit einigem Erfolg. Die Mischung aus Unschuld und Hilflosigkeit setzte bei etlichen Männern gewisse Schutzinstinkte frei, die sich positiv auf die Notengebung auswirkten. Wenn Isabella beim Vorspielen während einer Prüfung patzte – und das kam gar nicht so selten vor - , fand sicherlich der eine oder andere Examinator eine Entschuldigung für den bedauerlichen Ausrutscher, der dann in der Regel wesentlich gnädiger beurteilt wurde als bei anderen, die in ähnlicher Situation ebenfalls nicht fehlerfrei gespielt hatten. Wie Edgar erfuhr, machte sich Isabellas Strategie schnell bezahlt. Kurze Zeit, nachdem sie ihr Studium abgeschlossen hatte, ergatterte sie eine Dozentenstelle an der Universität im Bereich Musikwissenschaft. Ein auskömmlicher Job, der ihr auf Dauer ein sicheres Salär bei einem geringen Aufwand an Zeit und Arbeit garantierte. Bei dieser Vorstellung konnte sich Edgar eines Anflugs von Neid nicht erwehren. Wieso hatte diese dumme Gans solch ein Glück, während er als hervorragender Geiger von einem Engagement zum nächsten tingeln musste. Das Leben war ungerecht. Mit dieser ernüchternden Einsicht begab sich Edgar an diesem Abend zu Ruhe.

***

Am nächsten Morgen kroch Edgar schon früh aus den Federn, um möglichst viel Zeit am Tag für seine Etüden zu nutzen. Die Noten für die Violinsonate G-Dur von Wolfgang Amadeus, die er für heute als Übungsstück ausgesucht hatte, lagen schon auf dem Ständer bereit. Er würde sich alle erdenkliche Mühe geben, seinem Lieblingskomponisten gerecht zu werden. Die ersten Takte klangen noch ein wenig zittrig, doch dann wurde Edgars Spiel flüssiger und harmonischer. In sich versunken folgte Edgar dieser wundervollen Musik, bereit wie Goethes Faust zu wünschen, dass dieser schöne Augenblick doch verweilen möge.

Dann – ohne jede Vorwarnung – setzte das Störfeuer ein, das jeglichen Wohlklang zerstörte. Der Säugling aus dem zweiten Stock schrie aus voller Kehle. So laut, dass die Violine nicht dagegen anklingen konnte.
Edgar war nicht mehr in der Lage weiterzuspielen. So sehr zitterten seine Hände vor unbändigem Zorn. Dieser verfluchte Balg wird seine Karriere vernichten! Edgar presste die geballten Fäuste gegen die Ohren, um das unsägliche Geplärre zu dämpfen. Vergebens. Was hatte er nicht schon unternommen, um ein bisschen Ruhe zu bekommen. Er hatte das

Gespräch mit den Eltern gesucht, um Verständnis und Rücksicht für seine spezielle Situation als Profi-Musiker gebettelt, bestimmte Ruhezeiten vorgeschlagen, damit er wenigstens ein paar Stunden täglich ungestört üben konnte. Er hatte mit dem Besen gegen die Decke geklopft, wenn der Lärm wieder einmal nicht auszuhalten war, hatte gegen die Wohnungstür des Paares getrommelt und an der Haustür Sturm geklingelt. Ohne Erfolg. Die Leute blieben stur in dem Wissen, dass Edgar keine Handhabe hatte, gegen das Schreien des Kindes vorzugehen. Babies durften nach Herzenslust und zu jeder Tages- und Nachtzeit brüllen. So war das und Edgar konnte nichts daran ändern.

Und nun auch das noch. Ein Blick aus dem Fenster sagte Edgar, dass es heute mit seiner Probe im Ersatzquartier am Teich nichts werden würde. Es regnete in Strömen ohne Aussicht auf ein baldiges Ende. Nur noch drei Wochen. Dann musste er antreten zum Vorspielen. Bei dieser Gelegenheit kam es darauf an, mit seiner Virtuosität das Auditorium zu begeistern. Der Jury zu beweisen, dass er der einzig Richtige für das geplante Konzert war. Nur noch drei Wochen Zeit, um sich auf diese Herausforderung vorzubereiten.

Die Zeiger der Uhr rückten an diesem Morgen recht langsam vor. Da das enervierende Geschrei des Kindes unvermindert andauerte, machte es für Edgar keinen Sinn, erneut nach der Geige zu greifen. Stattdessen nahm er sich wie schon so oft die Noten vor, um sich die Tempi, die Modulationen und Schwierigkeiten der Stücke einzuprägen, die für das Kammer-Konzert vorgesehen waren. Darüber hinaus hatte Edgar selbstkritisch festgestellt, dass seine Bogenführung einige Schwächen aufwies und optimiert werden musste. Während er diese Trockenübung absolvierte, hörte es auf zu regnen. Es war inzwischen früher Mittag geworden und Edgar überlegte, ob er doch noch hinaus zum Fischteich fahren sollte. Zu spät, morgen vielleicht, entschied er. Plötzlich fiel ihm auf, dass es still geworden war. Kein Geschrei mehr, der Säugling hatte wie durch ein Wunder sein Terror-Gebrüll eingestellt.

Jetzt konnte er das Geigenspiel fortsetzen, frohlockte Edgar. Wenn das kein Grund zur Freude war. Zumindest ein Grund, sich etwas Leckeres zum Abendessen zu gönnen. Sozusagen als Trost für den Ärger, den es heute wieder einmal reichlich gegeben hatte. Ein Kottelet, Erbsen und dazu knusprige Bratkartoffeln, zum Nachtisch eine tüchtige Portion

Vanille-Eis mit Erdbeeren – Edgar hatte seine Wahl für das abendliche Menü getroffen.

***

Auf dem Weg ins Untergeschoß, wo sich sein separater Kellerraum mit Waschmaschine, Tiefkühltruhe und zahlreichen Regalen befand, kam er an dem Kinderwagen vorbei, den das Paar aus der Etage über ihm häufig im Hausflur abstellte, um sich das beschwerliche Treppensteigen mit dem sperrigen Teil zu ersparen. Aus dem Gefährt ertönte ein leises Quäken, wie Edgar bemerkte. Offenbar wollte die Familie in Kürze zu einem Spaziergang oder zum Einkaufen mit Baby im Schlepptau aufbrechen. Edgar blieb stehen. Da lag der winzige Unhold, der ihm das Leben so schwer machte. Sorgsam zugedeckt und ausgehfertig mit Strampelanzug und Mütze bekleidet. Als sich Edgar über den Wagen beugte, verzog sich das runzelige Gesicht und das Plärren wurde lauter. Edgar hatte genug gesehen. Keinesfalls wollte er darauf warten, bis das Gebrüll die gewohnte Lautstärke erreichte. Ohne sich weiter aufzuhalten, wandte er sich ab, stieg die Treppe zum Keller hinunter und erreichte mit wenigen Schritten seinen Wirtschaftsraum.

Die Tiefkühltruhe war gut gefüllt mit Gefrierbeuteln unterschiedlichen Inhalts. Edgar kaufte gern auf Vorrat ein, um für schlechte Zeiten gerüstet zu sein. Extra große Fleischtranchen aus dem Sonderangebot, Gemüse und Obst zu Billigpreisen, Fertiggerichte dicht am Verfallsdatum, aber immer noch zum Einfrieren geeignet. Edgar selbst kochte stets für mehrere Mahlzeiten auf einmal und lagerte den Rest bedarfsgerecht im Eisschrank. Als Musiker mit schwankenden Einnahmen wusste er, was es hieß, Ebbe in der Kasse zu haben. Also sorgte er vor. Denn auch ein armer Musikant wie er brauchte regelmäßig etwas zwischen die Kiemen – genau wie die Forellen im Teich, grinste er.

Um die eingekauften Großmengen zu zerkleinern und zu portionieren, hatte sich Edgar eine entsprechende Ausrüstung angeschafft. Schlachtermesser in unterschiedlichen Größen, Geflügelschere, Hackbeil und Knochensäge, dazu einen Fleischwolf, ein Gerät zum Ausbeinen und einen Wetzstahl sowie Schneidbretter und natürlich jede Menge Gefrierbeutel. Das Equipment besaß Profiklasse und erfüllte seine vielfältigen Aufgaben perfekt. Wie hätte Edgar auch sonst ein

Schweineviertel zerlegen, eine Reihe Rippchen voneinander lösen oder einen Truthahn in mundgerechte Stücke teilen sollen.

Kottelet, Erbsen, Kartoffeln. Außerdem eine Packung Eis. Edgar stopfte die Zutaten für sein Abendessen in eine Tüte und verließ den Keller, vorbei an dem Kinderwagen, aus dem jetzt nichts mehr zu hören war. Zeit, die Sachen aufzutauen, blieb genügend. Edgar war an diesem Tag in diesem Augenblick erstmals mit sich und der Welt im Reinen.

Den Nachmittag verbrachte er mit Üben, wobei er beinah bedauerte, nicht zu den Forellen gefahren zu sein. Die Sonne hatte sich durchgearbeitet und schien nun strahlend vom blauen Himmel. Morgen ist auch noch ein Tag, tröstete er sich. Morgen würde er bestimmt fahren. Nach dem Abendessen, das ihm wie immer vorzüglich gelungen war, leistete sich Edgar eine Auszeit vom Geige-Üben und erholte sich vor dem Fernseher bei einem französischen Reißer aus der Ära des Film noir. Bevor Edgar schlafen ging und die Nachttischlampe ausknipste, notierte er noch in dem Merkheft, das stets griffbereit am Bett lag: Montag Fischfutter besorgen! Ein wichtiger Hinweis, da der Inhalt in der Vorratsdose im Küchenschrank bedenklich geschrumpft war. Für den morgigen Besuch würde es noch gerade reichen, doch dann musste er sich dringend um Nachschub kümmern. Selbstverständlich kam es für Edgar nicht in Frage, ohne die üblichen Leckerbissen zum Forellenteich aufzubrechen. Die Silberlinge wären sicherlich sehr enttäuscht, käme er mit leeren Taschen vorbei.

***

Als es am darauffolgenden Morgen an der Wohnungstür klingelte, war Edgar gerade aufgewacht. Zunächst beschloss er, die sonntägliche Störung zu ignorieren. Doch wer auch immer vor seiner Tür stand – derjenige malträtierte die Schelle mit beharrlicher Ausdauer. Erzürnt schlüpfte Edgar in Morgenmantel und Hausschuhe, um dem Störenfried gründlich die Meinung zu sagen. Ein Blick durch den Spion veranlasste ihn allerdings, ohne Verzug die Tür zu öffnen. Polizei! Der uniformierte Überraschungsgast tippte an seine Mütze und erkundigte sich: „Edgar Mauritz? Kann ich kurz hineinkommen?“ Edgar trat zur Seite. „Bitte sehr. Womit kann ich dienen? Ist etwas passiert?“ „Ein Kleinkind wird vermisst. Deshalb befragen wir alle Hausbewohner, ob möglicherweise etwas bemerkt wurde, was bei der Suche helfen könnte." „Meinen Sie das Baby aus dem zweiten Stock?", fragte Edgar. „Korrekt. Haben Sie eine diesbezügliche Beobachtung gemacht?" „Tut mir leid", bedauerte Edgar. „Ich bin Musiker und stecke gerade in den Vorbereitungen für ein Konzert. Darum verbringe ich die meiste Zeit mit Üben hier in meiner Wohnung. Nein, ich habe nichts beobachtet, nichts gesehen und gehört, was Ihnen vielleicht weiterhelfen könnte." „Ach so, Sie sind Musiker?", fragte überflüssigerweise der Cop noch einmal nach, obwohl dieser das Instrument und den Notenständer zweifellos gesehen hatte. „Ja, ich spiele beruflich Violine. Wie ich schon sagte, habe ich in den letzten Tagen kaum das Haus verlassen, da mich das anstehende Konzert sehr beansprucht. Allerdings hat der Säugling, der mit seinen Eltern ein Stockwerk über mir wohnt, die ganze Zeit tüchtig Lärm gemacht. Aber das ist in diesem Alter wohl normal." „Danke für die Auskunft", verabschiedete sich der Uniformierte. „Kann sein, dass die Kripo noch einmal bei Ihnen vorbeischaut. Je nach dem, wie sich die weiteren Ermittlungen gestalten. Natürlich unternehmen wir alles, um das vermisste Kind schnellstmöglich aufzufinden." „Davon bin ich überzeugt", entgegnete Edgar und schloss die Tür hinter dem Polizisten.

Wie von ihm angekündigt, standen im Laufe des Tages zwei weitere Polizisten vor Edgars Wohnung, diesmal in Zivil. Edgar ließ auch diese beiden ohne Zögern eintreten. „Ich bin Hauptkommissar Gebhard, mein Kollege Schroppmann", stellten sich die Kriminalbeamten vor. „Herr Mauritz, wir haben erfahren, dass Sie sich vermehrt über das Geschrei des Säuglings von Ehepaar Becker aus dem zweiten Stock beschwert haben. Stimmt das?" „Leider ist das Haus sehr hellhörig gebaut, so dass viele Geräusche deutlich in meiner Wohnung zu hören sind. Dazu gehört zwangsläufig auch das laute Weinen des Babys von oben. Nun brauche ich als Berufsmusiker ein Minimum an Ruhe, um mich auf die Stücke zu konzentrieren, die ich in Kürze auf einem Konzert vortragen werde. Und ja, ich habe das Ehepaar mehr als einmal gebeten, für etwas mehr Ruhe zu sorgen." „Und wie wurden Ihre Bitten aufgenommen?" „Leider ohne großes Entgegenkommen. Die Eltern vertreten die Meinung, dass ein gesunder Säugling brüllen darf und auch muss. Deshalb bleibt mir nichts anderes übrig, als mich damit zu arrangieren und zu hoffen, dass der Kleine bald aus der Brüll-Phase heraus ist." „Verstehe", sagte Kommissar Gebhard. „Können wir uns mal kurz in

Ihrer Wohnung umschauen?" „Tun Sie sich keinen Zwang an", antwortete Edgar betont lässig.

Die beiden Kommissare durchsuchten Edgars Wohnung schnell, aber gründlich. Edgar lehnte derweil an der Küchentür, von wo er das Geschehen gut im Blick behalten konnte. Offensichtlich verlief die Durchsuchung ohne Ergebnis. Die Polizisten schienen nichts Verdächtiges entdeckt zu haben und beendeten nach rund zwanzig Minuten die Überprüfung. „Nichts für ungut, Herr Mauritz. Noch einen schönen Tag."

Im Weggehen blickte einer der Kommissare noch einmal zurück. „Noch eine Frage. Wie haben Sie eigentlich das Problem mit dem Üben gelöst? Sind Sie dafür in den Keller gegangen?" „In der Tat", antwortete Edgar. „Auch wenn ich jetzt ein Klischee bedienen muss: Ich bin in der letzten Zeit wirklich häufig im Keller gewesen, weil ich dort unbehelligt üben kann. Ohne andere zu stören und ohne selbst gestört zu werden." „Dann verfügen Sie demnach über einen eigenen Kellerraum?" „Wie allen anderen Mieter auch", gab Edgar Auskunft. „In meinem Wirtschaftsraum kann ich unter anderem in der Maschine Wäsche waschen, Vorräte lagern und Lebensmittel einfrieren. Und zur Not eben auch Geige spielen. Möchten Sie den Abstellraum ebenfalls überprüfen?" „Ein kurzer Blick wird genügen. Wenn Sie uns bitte begleiten wollen."

Im Kellergeschoß angekommen, brauchte Edgar nur kurz zu warten, bis die Inspektion abgeschlossen war. Schon nach wenigen Augenblicken verließen die Kommissare den Raum mit den Worten: „Alles in Ordnung, Herr Mauritz. Danke für Ihre Kooperation und nochmals Entschuldigung für die Störung." „Kein Thema, meine Herren. Ich wünsche Ihnen viel Erfolg bei der Arbeit und drücke die Daumen, dass sich das Kind bald wieder einfindet. Eines würde mich aber doch interessieren. Wie ist der Säugling überhaupt abhanden gekommen? Wurde er entführt?" „Sie werden verstehen, dass wir aus ermittlungstechnischen Gründen nicht viel dazu sagen können", antwortete Kommissar Schroppmann. „Aufgrund der aktuellen Situation gehen unsere Untersuchungen selbstverständlich in alle Richtungen. Zumindest sieht es so aus, dass es zu einem tragischen Missverständnis zwischen den Eltern gekommen ist. Frau Becker hat am Samstag nachweislich eine Freundin besucht. Das Kind sollte derweil in der

Obhut des Vaters verbleiben. Vor der Abfahrt hatte Herr Becker mit dem Baby auf dem Arm seine Frau zur Haustür gebracht, um sich zu verabschieden. Den kleinen Jungen legte er in den dort abgestellten Kinderwagen in der Absicht, später mit ihm eine Runde spazieren zu gehen. Da Herr Becker seine Geldbörse vergessen hatte, musste er noch einmal kurz nach oben in die Wohnung. Zurück im Flur, war seine Frau bereits fort und hatte offensichtlich das Kind entgegen der ursprünglichen Planung mitgenommen. An spontane Entscheidungen seiner Frau gewöhnt, wunderte sich Herr Becker nicht weiter über den leeren Kinderwagen. Erst nachdem am Sonntagmorgen Frau Becker nach Hause zurückgekehrt war, fiel das Fehlen des Babys auf. Wir wurden sofort zur Hilfe gerufen und haben unverzüglich die Ermittlungen aufgenommen." „Unfassbar", kommentierte Edgar die Geschichte. „So viel Pech ist kaum zu ertragen. Jetzt bleibt nur noch, den Beckers viel Glück zu wünschen, was ich hiermit tue."

***

Auch wenn situationsbedingt im Haus ein ständiges Kommen und Gehen herrschte, genoss Edgar die ungewohnte Ruhe mit ganzer Seele. Die wenigen Wochen, die ihm bis zum Vorspielen noch blieben, nutzte er intensiv, ohne sich von Unwichtigem ablenken zu lassen. Mal ein Kaffee zwischendurch oder ein Happen aus der Mikrowelle – das musste genügen. Sein Einsatz lohnte sich, denn das Geigenspiel näherte sich in Ausdruck, Klang und Präzision einem Status, der Edgar zufrieden stellte. Hundertprozentig würde er die ersehnte Perfektion niemals erreichen, wusste Edgar selbstkritisch. Doch wer konnte schon von sich behaupten, vollkommen zu sein, ohne überheblich zu wirken.

Bei der Suche nach dem verschollenen Säugling schien es bislang keine Fortschritte zu geben. Edgars Mitgefühl hielt sich in Grenzen. Schließlich waren die Eltern selbst schuld. Hätten sie besser aufgepasst, wäre das alles nicht geschehen. Edgar glaubte nicht, dass die Lösung des Rätsels im Haus zu finden sein würde. Warum sollte einer der Mieter ein kleines Kind entwenden? Höchst unwahrscheinlich. Viel wahrscheinlicher schien es Edgar zu sein, dass jemand von außen den Säugling aus dem Wagen genommen und weggebracht hatte. Die Haustür war tagsüber lediglich eingeklinkt und stellte aus diesem Grund kein Hindernis dar. Wer ins Haus wollte, kam auch hinein. Vielleicht war die Täterin eine Mutter, die ihr eigenes Kind verloren hatte. Solch eine Entführung sollte nach Edgars Informationen gar nicht so selten vorkommen. Wie dem auch sei – die Polizei würde den Schuldigen über kurz oder lang aufspüren und das Baby zurückbringen. Hoffentlich nicht allzu bald, wünschte sich Edgar. So schnell hatte er nicht vor, die wieder gewonnene Stille aufzugeben.

***

Kurz vor dem Auftritt vor der Jury beschloss Edgar, einen Ausflug an den Fischteich zu unternehmen. Viel zu lange hatte er seine schuppigen Freunde vernachlässigt. Es wäre kein Wunder, wenn sie ihn gar nicht mehr erkennen würden.

Am Teich angekommen, öffnete Edgar den Geigenkasten, legte das Instrument auf seiner Schulter zurecht und fing zu spielen an. Mit einer Intensität und Empfindsamkeit, die er zuvor noch niemals verspürt hatte. So fand Schuberts Quintett in A-Dur auf ungewöhnlicher Bühne ein vielfältiges, aufmerksames Gehör. Fast schien es so zu sein, als ob das silbrig geschuppte Publikum im bewegten Wasser mit den Flossen Beifall klatschte, was nicht verwunderlich gewesen wäre. Schließlich war das Musikstück den Forellen gewidmet.

Als die Geige mit einem letzten süßen Ton ihr Spiel beendete, herrschte Stille im Rund. Sogar die Fische hatten ihr Tummeln eingestellt und verharrten wie in einer Schockstarre. „So, meine Lieben, das war mein Abschiedskonzert für euch. Heute habe ich euch zum letzten Mal mit meiner Violine unterhalten“, verkündete Edgar. „Aber nicht traurig sein, meine Freunde. Ich habe euch kleinen Räubern zur Erinnerung etwas mitgebracht. Als Dankeschön für eure treue Zuhörerschaft, als Anerkennung für euren Applaus für mein oft so unzulängliches Spielen und als Geschenk für euch alle, damit ihr noch lange an mich denken möget.“

Er schnürte den grauen Sack auf, den er auf dem Gepäckträger seines Rades festgezurrt hatte, und warf den ersten blutigen Brocken Futter in den Teich. Unverzüglich färbte sich das aufgewühlte Wasser rot. Schwärme von Fischen schwammen eiligst heran, hoben die Köpfe, um einen Teil aus dem schmackhaften Mahl zu erhaschen. Denn Forellen lieben Frischfleisch über alles. Stück für Stück verfütterte Edgar an seine hungrigen Freunde, bemüht, die Leckerbissen mit gezielten Würfen möglichst gerecht zu verteilen. Es dauerte nicht lange, bis der letzte Happen rückstandslos verputzt worden war.

Edgar nickte zufrieden und machte sich, von seiner Last befreit, unbeschwert auf den Heimweg. Es wurde Zeit für eine letzte Probe. Denn morgen war der große Tag der Entscheidung, der Edgar mit Zuversicht entgegensah. Er würde der Beste sein. Dessen war er gewiss.

Als Edgar nach Hause kam, wurde er bereits von der Polizei erwartet. Man hatte bei einer nochmaligen Untersuchung in seiner Tiefkühltruhe im Keller Spuren vom Blut des vermissten Kindes gefunden. Die Mitnahme der Violine ins Gefängnis wurde Edgar fürs erste untersagt.

Spinnennetz

Madame KaLi war fett geworden. Alt, grau und hässlich. Kaum fähig, den unförmigen Körper auf den rachitischen, von knotigen Krampfadern durchzogenen Beinen zu halten, hatte sie seit Jahren nicht mehr die Behausung verlassen. Die Tage und Nächte verbrachte Madame KaLi in einem motorisierten Liegesessel, der eigens für sie angefertigt wurde und der sie in der Wohnung beweglich machte.

Schon früh am Morgen rollte sie auf ihrem Thron zum Beobachtungsposten an das große Fenster mit Blick auf die Einkaufsstraße, in der sie seit langem lebte. Die überschaubare Kleinstadt hatte sich für Madame KaLi als ideales Umfeld erwiesen, um Kontakte zu knüpfen, ihren dubiosen Geschäften nachzugehen und weiter emsig die feinen Fäden zu ziehen, mit denen sie ihr nächstes Opfer umgarnen und einfangen konnte. Hier in der Hochparterre hatte sie jahrelang Hof gehalten, ihre Besucher empfangen, Bittsteller ins Elend geschickt oder bei guter Laune wenigen Auserwählten die Gnade gewährt, noch ein Weilchen finanziell weiterzuleben. Madame besaß Geduld. Früher oder später war ihr bislang jeder ins engmaschige Netz gegangen. Unausweichlich, unerbittlich. Weil sie es so wollte.

So war das pompöse Eckhaus No. 130 in der belebten Mittelstraße mit den Türmchen und Erkern aus der Gründerzeit für viele zu einem berüchtigten Ort geworden, den man mied, wenn man dazu in der Lage war. In diesem Gebäude wohnte der böse Geist der Stadt, der über Jahrzehnte das Schicksal zahlreicher Menschen in der Hand gehabt hatte. Daumen hoch oder runter. Die Gebieterin über Wohl und Wehe traf ihre Entscheidung nach Gutdünken. Einfach, weil sie es konnte.

***

Heute war Madame KaLi nicht mehr auf Besuch eingestellt. Man mag es kaum glauben: Aber das fette Monster war eitel und mochte sich in seiner unappetitlichen Optik nicht vor anderen Menschen präsentieren. Also hatte sie beschlossen, ihr Geschäft aufzugeben. Kein schwerer Entschluss für Madame. Schließlich hatte sie während ihrer langjährigen

Tätigkeit als Geldverleiherin viel investiert und viel verdient – aber auch viel erlebt. Da war beispielsweise der Student gewesen, der eine Zwölfjährige geschwängert hatte und nun dringend Geld für die Abtreibung brauchte. Madame tat ihm den Gefallen. Mehr noch. Sie gab dem unfreiwilligen Vater in spe die Adresse eines Arztes, der wegen ähnlicher, damals noch verbotener Eingriffe zwar die Approbation verloren hatte, aber ungeachtet dessen über die nötige praktische Erfahrung verfügte. Bedauerlicherweise hatte der Herr Doktor a.D. an diesem späten Nachmittag keine glückliche Hand beim Hantieren mit seinen Werkzeugen.

Die Ausschabung verlief nicht wie gewünscht, die starke Blutung ließ sich nicht stillen. Um einen Skandal und womöglichen Besuch von der Staatsanwaltschaft zu vermeiden, verfrachtete der Mediziner das Mädchen kurzentschlossen ins Auto, das für solche Situationen bereit stand und vorsorglich mit Plastikfolie ausgelegt worden war. Statt ins Krankenhaus zu fahren, wo ebenfalls unangenehme Fragen warten würden, setzte der Arzt die Kleine in einem entlegenen Waldstück ab. Dort wurde sie an einem der darauf folgenden Tage von einem Trupp Forstarbeiter gefunden. Zu spät für Hilfe. Das Kind war bereits verblutet. Obwohl die anschließende gerichtlich angeordnete Obduktion ein eindeutiges Ergebnis brachte, liefen die polizeilichen Ermittlungen ins Leere. Trotz einiger Verdachtsmomente konnte kein Täter oder Verantwortlicher im Zusammenhang mit dem Tod des Mädchens ausfindig gemacht werden.

Für Madame war die Sache damit jedoch noch nicht erledigt. Der junge Mann, dem sie geholfen hatte, die Abtreibung zu finanzieren, musste ihr nun gratis als Callboy zur Verfügung stehen – wann immer Madame Lust nach Frischfleisch verspürte. Phantasiebegabt war der Jüngling nicht gerade gewesen. Madame kam nicht umhin, ihm klare Anweisungen zu geben und selbst damit blieb die Bettgeschichte ohne Leidenschaft und Lust. Mehrmals hatte Madame KaLi sogar gehört, wie sich ihr Lover im Anschluss im Bad übergeben musste. Nicht ihr Problem, wenn der Junge mit einem schwachen Magen zu kämpfen hatte.

Wie so manches, sollte auch diese unliebsame Begleiterscheinung mit der Zeit von selbst verschwinden. Denn je mehr Pfunde Madame KaLi auf die Waage brachte, desto geringer wurde ihr Bedürfnis nach Sex und Nähe. Es bereitete von Mal zu Mal weniger Vergnügen, ihre schwergewichtigen Fleischmassen auf die Lagerstatt zu hieven, um dort sportliche Verrenkungen zu üben. Madame zog darum die Konsequenzen, entließ ihren Stand-by-Liebhaber aus seinen Diensten und widmete sich fortan anderen, nicht so anstrengenden körperlichen Genüssen. Essen zum Beispiel.

***

Madame KaLi war sich ihrer Macht als letzte Anlaufstelle der Verzweifelten und Gescheiterten voll bewusst. Zu ihr kamen Leute, die anderswo keinen Kredit mehr erhielten. Leute, die ohne sie verloren gewesen wären. An das anfängliche Jammern und Betteln, das zum Ritual gehörte, hatte sie sich gewöhnt. Kein Grund, Mitleid zu haben. Denn erfahrungsgemäß zahlte sich Härte aus. Letzten Endes hatte noch jeder Bittsteller in die eiskalten Bedingungen eingewilligt, die Madame für die Vergabe eines Darlehens stellte. Und niemand kam auf die Idee, die aufgezwungenen Vorgaben nicht zu erfüllen. Gegenüber unpünktlichen oder unwilligen Zahlern kannte Madame kein Pardon. Bei Zahlungsverzug saugte sie den betreffenden Schuldner bis zum Äußersten aus, brachte ihn um seinen letzten Besitz und ging achtlos an ihm vorbei, sollte er als Obdachloser auf der Straße landen.

In den ersten Jahren ihrer Tätigkeit beschränkte sich das unheilvolle Wirken der Geldverleiherin auf die Kreditvergabe und die damit verbundene Ausbeutung ihrer Opfer. Es schmeichelte ihrem Ego, Macht zu verspüren und nach Belieben auszuüben. Madame verstand es glänzend, Profite zu machen. Und zwar nicht allein in finanzieller Hinsicht. Denn mit der Zeit erkannte Madame, dass es etwas gab, das ihren Einfluss noch stärker und einträglicher machen würde als Geld: Informationen waren der echte Schatz, mit dem sie die Puppen bedeutend besser nach ihrem Willen tanzen lassen konnte. Ein glücklicher Umstand kam ihr dabei zugute, mit dessen Hilfe sie in die Lage versetzt wurde, ihr Spinnennetz reißfest über die ganze Stadt auszubreiten.

Es geschah vor etlichen Jahren, als sie der Kaplan aus der Kirche am Marktplatz aufsuchte. An diesem denkwürdigen Tag hatte er –

unverdächtig in Zivil gekleidet – an ihrer Tür geklingelt und um Unterstützung gebeten. Wie sich in zähen Gesprächen herausstellte, litt Hochwürden an akuter Spielsucht und kam mit seinem Salär nicht mehr aus. Madame KaLi witterte sofort ihre Chance und bot dem Kirchenmann geldwerten Beistand an. Im Gegenzug verlangte sie Informationen von ihm – Informationen der intimen Art, wie sie Menschen eigentlich nur im Beichtstuhl von sich geben. Es war ein schweres Stück Arbeit gewesen, den Pfarrer zur Preisgabe der Geheimnisse zu bewegen. Am Ende erwies sich seine Spielsucht doch stärker als die Verpflichtung zu schweigen.

Madame KaLi hatte die Investition in den zockenden Geistlichen nie bereut. Mit der Zeit war sie im Stande, von vielen Persönlichkeiten in der Stadt ein Dossier mit brisantem Inhalt anzulegen. Beispielsweise über den Stadtrat mit seiner Vorliebe für minderjährige Jungen. Oder den Filialleiter der örtlichen Sparkasse, der in kriminelle Grundstücksgeschäfte verwickelt war. Ebenfalls gut zu wissen, dass der Direktor des örtlichen Gymnasiums bei der Domina am Stadtrand ein und aus ging und sich gerne zu nächtliche Stunde am Hundehalsband durch die unbelebten Straßen führen ließ. Oder dass der Chefarzt der Chirurgie im Krankenhaus vor jeder Operation Kokain schnupfte. Sogar beim Spritzen von Heroin war er unlängst beobachtet worden. Ebenso gab es bei der Polizei schwarze Schafe, die gern und oft gegen einen bestimmten Obolus ein Auge zudrückten.

Mit geistlicher Unterstützung hatte Madame mittlerweile die großen und kleinen Sünder in der Stadt kennengelernt und verfuhr mit ihnen nach Belieben. Dabei verstand sie es, ihre geheimen Kenntnisse wohl dosiert und gezielt einzusetzen – und zwar immer dann, wenn sie sich davon einen handfesten Vorteil versprach. Meist genügte ein Telefonat, um sich im jovialen Plauderton mit dem Betreffenden auf einen angemessenen Preis für ihr Schweigen zu einigen. Falls erforderlich, zog sie die Daumenschrauben fester an. Drohte mit Veröffentlichung in der Lokalzeitung oder mit der Weitergabe von Informationen an den Ehepartner. Auch der Hinweis, dass man die Arbeitskollegen verständigen könne, zeigte vielfach durchschlagende Wirkung. Etwa bei dem Bauunternehmer, der verschiedentlich Material von minderer Qualität verwendet hatte und damit die Verantwortung für massive Baumängel trug. Hier hatte ein kurzer Hinweis genügt, um ihn zu bewegen, Madames Haus von Grund auf aufwendig zu sanieren und auszubauen.

In guter Erinnerung war ihr auch der größte Juwelier am Ort geblieben, der nebenbei einen schwunghaften Handel mit Hehlerware betrieb. Madame Kali hatte dank des auskunftsfreudigen Kaplans ein brauchbares Druckmittel gegen ihn in die Hand bekommen. Ein nachbarschaftlicher Besuch in seinem Laden klärte sehr schnell die Fronten. Ein typischer Fall von Geben und Nehmen war wieder einmal zu vollen Zufriedenheit Madames umgesetzt worden.

Nicht, dass sie den Schmuckhändler jemals hätte ermahnen müssen, seinen Verpflichtungen nachzukommen. Jedes Jahr zu Weihnachten fand sie ein kleines Päckchen im Briefkasten, darin ein wertvolles Schmuckstück aus Gold und Diamanten. So hatte sich ihre Schatulle im Laufe der Zeit buchstäblich bis zum Bersten gefüllt. Dabei kümmerte es sie wenig, ob die Juwelen aus einem Einbruch stammten oder auf anderen kriminellen Wegen in die Hände des Juweliers gelangt waren. Immer, wenn sie den Kasten öffnete, fuhren ihre Hände gierig über den glitzernden Schatz. *Diamonds are a girl's best friend* – Marylin hatte recht, fand Madame und steckte versuchsweise einen Ein-Karäter an den Finger. Pech, zu eng. Bei Gelegenheit würde sie ihn weiter machen lassen – oder auch nicht. Leider war der Juwelier mittlerweile gestorben, so dass die noblen Geschenke ausblieben. Madame KaLi zuckte beim Betrachten ihrer Kostbarkeiten die fetten Schultern. Nichts daran zu ändern. Was sie hatte, das hatte sie.

Selbstverständlich wäre es Madame niemals in den Sinn gekommen, ihr Tun als Erpressung zu bezeichnen. Nein – sie fühlte sich auf der sicheren Seite als Menschenfreundin, die gestrauchelten Mitbürgern gegen eine kleines Dankeschön zur Seite stand. Auf diese Weise wurde ihr so manche Annehmlichkeit zuteil. Etwa die üppig bestückten Präsentkörbe, mit besten Empfehlungen geschickt vom Metzgermeister in der Marktstraße, der seine Umsätze durch den Verkauf von präpariertem Gammelfleisch aufzubessern pflegte. Oder die kostenlosen Kollektionen der neuesten Mode der Saison, die der Inhaber des Bekleidungsgeschäfts am Kirchplatz in jedem Frühjahr und Herbst Madame KaLi in einer privaten Schau vorführte. Was ihr gefiel, durfte sie selbstverständlich behalten. Und das war nicht wenig. Die

Großzügigkeit des Geschäftsmanns kam nicht von ungefähr. Seit Madame ihm gegenüber angedeutet hatte, über seine Abstecher in die Stricher-Szene in der benachbarten Kreisstadt und ebenfalls über seine AIDS-Erkrankung Bescheid zu wissen, zeigte sich der Händler als äußerst spendabel.

***

Natürlich benötigte Madame KaLi seit etlicher Zeit aufgrund ihrer körperlichen Einschränkungen im Alltag Hilfe, die ihr zur Hand ging, Besorgungen erledigte und sich um die Wohnung kümmerte. Rosalie hieß die schwarze Perle, die Madame KaLi seinerzeit aus Haiti mitgebracht hatte. Warum und wieso? Die Gründe lagen ebenso im Dunkel wie die Herkunft der farbigen Frau, die schweigsam den Dienst bei ihrer Herrin verrichtete und im Übrigen in der Stadt für die meisten eine Unbekannte geblieben war. Niemand wusste Näheres über Rosalie. Noch nicht einmal ihren Namen kannte man, außer einigen wenigen Leuten wie beispielweise der Supermarktleiter, bei dem sie ihre Einkäufe tätigte oder der Heizöllieferant, der stets zu Beginn der kalten Jahreszeit den erforderlichen Brennstoff brachte.

Madame KaLi verließ sich ganz und gar auf Rosalie, was jedoch nicht hieß, dass sie ihre Helferin gut behandelte. Hätte man Madame gefragt, weshalb sie derart harsch und unfreundlich mit Rosalie umging, wäre sie wohl ziemlich perplex gewesen. Rosalie, eine ungebildete Schwarze, die sie aus Mitleid aus den Slums von Port au Prince gerettet hatte. Nicht viel mehr als eine Sklavin, einfach jemand, der gehorsam Befehle ausführte und ansonsten keine Beachtung verdiente. Weshalb sollte sie dieser Person besondere Zuneigung entgegenbringen?

Zu den Pflichten Rosalies gehörte es auch, Madame KaLis geliebte Haustiere, die sie als Andenken von ihren zahlreichen früheren Reisen mitgebracht hatte, artgerecht zu versorgen. Solange es ging, hatte die unförmig gewordene Vettel diese wichtige Arbeit selbst erledigt und keinem anderen anvertraut. Aber je mehr sie an Beweglichkeit einbüßte, desto schwieriger fiel es ihr, sich um die Tiere im nötigen Maße zu kümmern. Daher musste Rosalie die Aufgabe übernehmen, natürlich streng bewacht von den Argusaugen der Madame. Eigentlich handelte es sich nicht um eine aufwendige Prozedur. Die bis zu handtellergroßen

Spinnen in den Terrarien liebten Wärme, verborgene Verstecke und schmackhafte Beute. Mehr brauchte es nicht, abgesehen vom Reinigen der Glasbehälter ab und an.

Trotzdem konnte Vorsicht nicht schaden. Etliche dieser Spezies waren durchaus im Stande, ein ausgewachsenes Mannsbild in kurzer Zeit schachmatt zu setzen. Unter anderem die berühmt-berüchtigten Schwarzen Witwen, von denen Madame KaLi einige in ihrer Sammlung hatte. Zu den gefährlichen Mordsviechern in Madames Grusel-Zoo gehörten ebenso die beiden Killermaschinen aus der Familie der hochgiftigen Sydney Trichternetzspinnen. Rund vier Zentimeter groß, ausgestattet mit enormen Kieferklauen, die an Umfang die Beißwerkzeuge mancher Schlangen übertrafen. Ein Biss genügte, um einen Menschen innerhalb von einer Stunde zu töten. Im Vergleich dazu waren die Taranteln und Vogelspinnen im Kasten nebenan harmlose Krabbeltierchen. Selbstverständlich hatte Rosalies Herrin beizeiten Vorsorge getroffen und im Kühlschrank einen ausreichenden Vorrat an wirksamen Gegengiften angelegt. Madame KaLi verlor eben niemals ihre Sicherheit aus den Augen. Mit ein Grund, weshalb das Wort Leichtsinn in ihrem Vokabular nicht vorkam und ihr menschenverachtendes Tun ohne negative Folgen blieb.

Also lief das Leben von Madame und ihrem Dienstmädchen auf den ersten flüchtigen Blick in geordneten Bahnen. Doch der Anschein trog. Obwohl sich Madame KaLi während ihres langjährigen Aufenthalts in der Karibik mit den dortigen Gepflogenheiten und Gebräuchen vertraut gemacht hatte, missachtete sie nun die leisen Anzeichen einer Veränderung in Rosalies Verhalten. So sensibel und empfänglich Madame KaLi auf die Stimmung ihrer Schuldner reagierte, so gefühllos setzte sie sich über die Empfindungen ihrer Haushaltshilfe hinweg. Nicht der Rede wert, nicht wert, beachtet zu werden. Als Vertreter der harten Schule hielt Madame nichts von der Wechselwirkung zwischen Zuckerbrot und Peitsche. Die Peitsche allein reichte ihr vollauf. Ein Fehler, wie sich herausstellen sollte.

***

Bedauerlicherweise war Madame KaLi wegen ihrer eingeschränkten Mobilität nicht in der Lage, sich in den ersten Stock zu begeben, wo sich

Rosalies Quartier befand. Eine kleine Wohnung, dennoch durchaus zweckmäßig und für eine Person ausreichend. Hätte Madame KaLi die Räumlichkeiten inspiziert, wäre bei der Überprüfung Erstaunliches zu Tage gekommen. In einer Ecke des Wohnzimmers hatte Rosalie aus einem ausrangierten Tisch eine Art Altar gebaut, auf dem sich allerlei merkwürdige Gegenstände befanden. Darunter zahlreiche Flaschen und Gläser, die mit Pulvern, Kräutern und Flüssigkeiten unbekannter Herkunft gefüllt waren. Ein farbenfrohes Arrangement, das zunächst einmal kein Unbehagen beim Betrachter auslöste. Gruseliger wurde es aber sofort, wenn der Blick auf den schwarzen Miniatursarg daneben fiel. Dazu gehörte wohl auch ein lila lackiertes Holzkreuz, das aufgrund seiner Bemalung nicht unbedingt christlichen Ursprungs zu sein schien. Rätsel gab ebenfalls ein kleiner Stoffbeutel mit mysteriösem Inhalt auf – genauso einige Knochen, eine Machete und ein Pendel, aus einem Amethysten geschnitten. Das Sammelsurium wurde durch einen Mörser, einen Klumpen Ton sowie ein Bündel Nadeln komplettiert.

Eine Kuriosität sollte darüber hinaus auch noch Erwähnung finden: Prominent mitten auf dem Altar platziert lag ein Bambusstab, dick mit Lederbändern umwickelt und mit einigen Federn verziert. In einem Ende des Stabs steckt ein getrockneter Hühnerfuß. Ein ästhetisch ziemlich fragwürdiger Anblick. In einer anderen Zimmerecke hatten zwei Conga-Trommeln Platz gefunden. Ursprünglich auf dem Schwarzen Kontinent beheimatet, war das traditionelle Instrument im Zuge der Verschleppung farbiger Sklaven aus Westafrika mit in die Karibik gekommen und hatte dort die kreolische Musik nachhaltig beeinflusst. Gut möglich, dass Rosalie die Trommeln aus Haiti mitgebracht hatte.

Zweifellos hätte Madame KaLi sogleich gewusst, was es mit diesem fremdartigen Konstrukt auf sich hatte. Denn auf der Antilleninsel, von der ihre Dienstmagd stammte, zählt der Geheimkult, dessen Bestandteil der Altar war, zu den am häufigsten praktizierten Religionen. Voodoo – inzwischen ein Touristenmagnet mit Shows, Souvenirläden und geschäftstüchtiger Zauberei, der Geld in den bitterarmen Inselstaat schaufelt. All dies hatte allerdings nichts mit der reinen Lehre zu tun, die bis heute von erfahrenen Priestern angewandt wird. Während die sogenannte weiße Magie im Glauben der Anhänger durchaus positive Eigenschaften wie beispielsweise Heilkräfte oder Schutzfunktionen besitzt, verursacht das schwarze Pendant genau das Gegenteil. Das

Spektrum reicht angeblich vom Fluch bis zum Tod. Dies erklärt, weshalb Voodoo bei vielen Menschen aus den betreffenden Regionen immer noch Angst und Schrecken verbreitet.

Madame blieb von all dem unbeleckt. Nachts schlief sie tief und entspannt, ohne von Albträumen geplagt zu werden. So wachte sie auch nicht durch das leise Trommeln der Congas auf, das hin und wieder die nächtliche Stille durchbrach. Das Tam-Tam war kaum zu vernehmen und daher ausgezeichnet an das deutsche Verbot der Ruhestörung angepasst. Während der Voodoo-Zusammenkünfte auf Haiti steigerten sich die Congas hingegen bis zum rhythmischen Crescendo, das die Anwesenden in Ekstase versetzte. Oft verausgabten sich die verzückten Menschen körperlich so sehr, dass sie mitten im Tanz zusammenbrachen – einem Herzschlag nahe. In diesem Rauschzustand waren sie empfänglich, von einem der verschiedenen Voodoo-Geister besessen zu werden. Eine Ausnahmesituation, die durch blutige Riten und magische Handlungen zusätzlich angeheizt wurde.

***

In den vielen Jahren, in denen Rosalie bereits bei Madame Frondienste leistete, hatte die Haitianerin jedoch noch nie irgendwelche Voodoo-Zeremonien abgehalten. Wenn die Arbeit es zuließ, besuchte sie sonntags sogar die Kirche, wie es sich für eine gute Katholikin gehörte. Viel zu beichten hatte sie nicht. Rosalie führte ein tugendsames Leben, wie Madame auf Nachfrage von ihrem geschwätzigen Kaplan erfuhr. Was also hatte das Voodoo-Szenario in Rosalies vier Wänden zu bedeuten? Vielleicht verspürte die Haushaltshilfe so etwas wie spätes Heimweh. Denn trotz des langen Aufenthalts in der deutschen Kleinstadt war sie mit ihrer dunklen Hautfarbe und dem schwarzem Kraushaar eine Fremde geblieben, die auffiel und der man auf der Straße verstohlen nachschaute. Voodoo als Seelentröster fern der Heimat – warum nicht.

Die ausgeglichene Situation sollte sich dramatisch ändern, als Rosalie die Nachricht von einer immensen Umweltkatastrophe erreichte, die in ihrer Inselheimat mit Tornados und Erdbeben gewaltige Schäden angerichtet hatte. Davon betroffen war auch ihre Familie. Eltern und Geschwister mussten in den Trümmern ihres eingestürzten Hauses ihr Leben lassen, andere Verwandte lebten in eilig zusammengeschusterten Behelfsunterkünften oder auch ohne Obdach auf der Straße. Darunter auch Rosalies kleine Nichte, die durch das Unglück sämtliche Angehörigen verloren hatte. In großer Sorge wandte sich Rosalie deshalb an Madame mit der Bitte um Hilfe. Einen Rettungsplan hatte sie sich bereits zurechtgelegt. Sie beabsichtigte, das Mädchen nach Deutschland zu holen, bei sich aufzunehmen, in eine Schule zu schicken und ihm später eine chancenreiche Ausbildung zukommen zu lassen. Kurz: Rosalie wollte ihrer Nichte Seraphine eine gute Mutter sein. Für dieses Vorhaben war sie bereit, ihr gesamtes Erspartes aufzuwenden. Familiensinn stand bei der gebürtigen Haitianerin traditionell ganz oben.

Auch wenn es an Geld nicht mangelte, so war Rosalie doch auf die Unterstützung Madame Kalis angewiesen. Ihre Wohnung würde auf Dauer zu beengt sein für zwei Personen. Deshalb brauchte Seraphine ein eigenes Kinderzimmer. Eigentlich kein Problem, da direkt neben Rosalies Unterkunft mehrere Räume leer standen. Einen davon wollte Rosalie nun mieten – mit Erlaubnis der strengen Hausherrin. Nachdem Rosalie ihr Anliegen geschilderte hatte, herrschte zunächst Schweigen. Ein Schweigen, das für Rosalie unerträglich lange andauerte. So lange, bis sie sich traute nachzufragen: „Und, Madame, was sagen Sie?“ „Ich sage natürlich Nein!“, entgegnete Madame KaLi kategorisch und musterte ihre Untergebene aus zusammengekniffenen kalten Augen, die unter den feisten Wülsten des Gesichts nahezu verschwanden. „Aber bitte, Madame. Haben Sie Mitleid mit meiner kleinen Nichte. Sie ist so ein braves Kind und wird Sie bestimmt nicht stören.“ „Schluss jetzt. Ich dulde keine Fremden in meinem Haus und schon gar nicht eine Göre, die nur Lärm und Arbeit macht. Ich will meine Ruhe haben.“ „Madame, ich appelliere an Ihr gutes Herz. Ich bin mir sicher, dass Sie das alles nicht so meinen und Kinder mögen.“ „Sicherlich. Am liebsten gegrillt.“

Rosalie holte tief Luft. „Wenn das so ist, dann kündige ich hiermit fristlos. Ich werde auch ohne Ihre Hilfe für mich und meine Nichte einen Weg finden.“ Mit dem Mut der Verzweiflung verschränkte das Dienstmädchen die Arme und blickte Madame trotzig an. Falls Rosalie einen Wutausbruch erwartet hatte, sah sie sich getäuscht. Denn unter den dicken Decken, mit denen sich Madame auf ihrem Liegesessel eingehüllt hatte, fing es an zu beben. Dazu stieg aus den Kissen ein krächzendes Kichern, das den fetten Körper erfasste und wabern ließ.

„Du willst kündigen? Ein toller Witz. Was hast du dir dabei gedacht? Glaubst du allen Ernstes, ich würde eine Mörderin gehen lassen?“

Rosalie verlor sämtliche Farbe. „Madame, das ist über 20 Jahre her.“ „Na und? Mord verjährt nicht. Die Polizei hier und in Haiti wird es bestimmt interessieren, dass eine gewisse Rosalie Perez seinerzeit ihren Arbeitgeber erstochen hat.“ „Er hatte mich immer wieder mit äußerster Rohheit vergewaltigt, geschlagen und gequält. Ich habe mich nur gewehrt. Das wissen Sie doch.“ „Es kommt nicht darauf an, was ich weiß und was nicht. Ob es Notwehr war, wie du behauptest, kann ich nicht bezeugen. Ich habe nur gesehen, wie du auf Monsieur Jacques eingestochen hast. Also steht fest, dass du den Mann ermordet hast. Dafür kommst du ins Gefängnis oder stirbst durch den Strang. Solltest du mich verlassen, dann werde ich dafür sorgen, dass du deine Strafe erhältst.“ „Aber, Madame. Sie haben mich doch damals selbst vor den Schergen des Ton Ton Macut auf Haiti in Sicherheit gebracht.“ „Ja, mein gutes Herz hat wieder einmal die Vernunft besiegt. Du hast mir leid getan, weil du so ein dummes Ding warst. Deshalb wollte ich dich nicht der Geheimpolizei überlassen, die dein Leben zerstört hätte. Und wie dankst du mir meine große Güte jetzt? Mit Egoismus und Aufmüpfigkeit.“ „Bitte, Madame. Ich flehe Sie an. Überdenken Sie Ihre Entscheidung noch einmal.“ Rosalie kniete nieder und hob die Hände. „Schluss damit. Du hast die Wahl. Bleiben und weiterhin ein angenehmes Leben in meinem Hause führen oder gehen und sofort ins Gefängnis kommen. Also: Ich höre.“ Resigniert senkte Rosalie den Kopf. „Ich bleibe bei Ihnen, Madame.“ „Schön. Übrigens hindert dich niemand, deiner Nichte jederzeit Geld zu schicken. Auf diese Weise kannst du ihr und deiner Familie ganz bequem Hilfe leisten. Genug auf der hohen Kante wirst du dafür wohl zur Verfügung haben. Schließlich bekommst du von mir ein nahezu fürstliches Gehalt für das bisschen Husch-Husch, das du Arbeit nennst.“

***

Damit beendet Madame KaLi das Gespräch und rollte mit ihrem Mobil aus dem Zimmer. Zurück blieb eine Frau, die ihren Tränen nun freien Lauf lassen konnte. Müde schleppte sich Rosalie hinauf in ihre Wohnung im ersten Stock und verschloss die Tür. Es wurde Zeit zu handeln. Auf dem Voodoo-Altar stand alles dafür bereit.

Doch bevor sich Rosalie ans Werk machte, ließ sie die Erinnerung an die schrecklichen Erlebnisse in ihrer Jugend auf Haiti aufleben. Damals war sie als 14-Jährige aus den Elendsvierteln der Stadt in den Haushalt des Ehepaars Jacques gekommen, um dort der Köchin zur Hand zu gehen. Ohne Ausbildung und sozialen Status stand sie in der Rangfolge des Personals ganz unten, musste die Drecksarbeiten erledigen, für die sich die anderen zu schade waren, wurde getriezt, geschubst, gemobbt. Bis eines Tages der Herr des Hauses auf sie aufmerksam wurde. Das Herz der unbedarften Rosalie war schnell gewonnen. Ein paar Süßigkeiten, eine Einladung auf die Kirmes inklusive Riesenrad und Geisterbahn, ein hübscher Modeschmuck ohne viel Wert – das genügte, um Monsieur Jacques für Rosalie zum Helden zu machen. So wagte sie auch nicht, sich gegen die ersten Annäherungsversuche ihres Brötchengebers zu wehren. Und als sie sich wehren wollte, war es bereits zu spät. Statt Präsenten gab es nun Gewalt. Schläge, Drohungen und grausame Vergewaltigungen, immer wieder und immer öfter. Rosalie wurde schwanger. Als sie sich dem Vater anvertraute, rastete dieser aus.

Er prügelte auf Rosalie ein, trat ihr mit aller Kraft in den Unterleib, stieß ihren Kopf wieder und wieder auf den Boden. Rosalie suchte verzweifelt nach einem Gegenstand, um sich gegen den rasenden Mann zu verteidigen und bekam ein Messer zu fassen, das in Reichweite auf einem Tisch lag. Rosalie stach zu, blindlings. Einmal, zweimal, sie zählte die Stiche nicht. Sogar als ihr Vergewaltiger längst tot auf den Fliesen lag, stach sie weiter auf ihn ein. Erst als sich eine Hand auf ihre Schulter legte, ließ Rosalie das Messer sinken. „Komm schnell, wir müssen sofort von hier verschwinden, bevor jemand etwas merkt", erklärte Madame KaLi, ein häufiger Gast des Ehepaars Jacques und zufällig zu Besuch.

Wie betäubt folgte Rosalie der guten Freundin des Hauses, die sie mit ihrem Auto in ein abgelegenes Landhaus brachte. Bevor Madame sich wieder in ihren Wagen setzte, versprach sie dem verstörten Mädchen, am Abend wiederzukommen. Am späten Nachmittag setzten bei Rosalie dann starke Blutungen ein, die nicht aufhören wollten. Mit letzter Kraft schleppte sich Rosalie aus dem Schlafzimmer ins Bad, wo sie bewusstlos zusammenbrach und die Fehlgeburt nicht bemerkte, die wenig später einsetzte.

Als Madame KaLi eintraf, fand sie Rosalie auf dem Boden in einer großen Blutlache liegend, die Fliesen verschmiert, Handtücher und Laken rot durchtränkt und nass. Madame entwickelte angesichts dieses Horrors außergewöhnliche Energie, griff zu und schaffte Ordnung. Rosalie trug sie zurück aufs frisch bezogene Bett, machte im Badezimmer sauber und beförderte den fleischigen Klumpen, der nach neun Monaten eigentlich ein Säugling hätte werden sollen, zusammen mit der Schmutzwäsche und den Wischlappen in den Mülleimer.

Als Rosalie in der Nacht aus ihrem Tiefschlaf erwacht war und einen Teller Hühnersuppe auslöffelte, die Madame für sie zur Stärkung zubereitetet hatte, schien all das, was geschehen war, wie ein böser Traum zu sein. Fraglich, ob Rosalie zu diesem Zeitpunkt überhaupt wusste, dass sie ihr ungeborenes Kind verloren hatte. Einige Tage später fand sich das Mädchen in Begleitung von Madame auf einem Schiff wieder, das sie nach Deutschland bringen würde. Auf welche Weise Madame KaLi die Passage gebucht und die erforderlichen Papiere beschafft hatte, erfuhr Rosalie nie. Ebenso wurde nie über die Vorfälle im Hause Jacques gesprochen.

Madame KaLi behielt das junge Mädchen für ein geringes Entgelt als Haushaltshilfe, die ergeben und willig stets zu Stelle war und alles erledigte, was ihr aufgetragen wurde. Im Laufe der Zeit war Rosalie zum Bestandteil des Inventars geworden. Ohne Privatleben, ohne Freunde und Bekannte schien sie völlig im Dienst für ihre Herrin aufzugehen. Für Rosalie gab es keinen Anlass zu meutern. Auch wenn sie wie eine Sklavin sozusagen zu Madames Eigentum gehörte, kam keine Klage, keine Beschwerde über ihre Lippen. Rosalie wusste, dass sie Madame ihre Freiheit und ihr Leben verdankte. Dies verlangte Opfer. Selbst wenn sie selbst zum Opfer wurde.

***

Bis zum heutigen Tag war die Zweisamkeit mit Madame für Rosalie in geordneten Bahnen verlaufen. Dies hatte jetzt ein Ende. Mit dem Verbot, ihre Nichte zu sich zu holen, war Madame einen Schritt zu weit gegangen. Schlimmer noch: Sie hatte ihre schwarze Perle unterschätzt. Ein Irrtum, der sich nun rächen würde.

Rosalie wollte Rache. Bedingungslose, unbarmherzige Rache. Für diese Vergeltung reichte kein böser Fluch aus. Rosalie musste sich der Unterstützung übersinnlicher Mächte bedienen, die in der Voodoo-Magie zu Hause waren. Rosalie traf die Auswahl ihres Helfers mit Bedacht. Sie beschloss, das gefürchtete Unwesen Canaima anzurufen, dem ein schrecklicher, gewalttätiger Ruf vorauseilt. Zur Vorbereitung schlich Rosalie vorsichtig die Treppe hinunter, um sich aus der Nachttischschublade in Madames Schlafzimmer eines der Fotos zu besorgen, die dort in Stapeln lagerten. Denn ein Bild von Madame zählte zu den unverzichtbaren Utensilien bei dem geplanten Ritual. Als nächstes begab sich Rosalie zu den Terrarien und holte mit beherztem Griff eine der Giftspinnen heraus. Nun hatte sie alles beisammen, was sie benötigte.

Da der Dämon Canaima die Gestalt einer giftigen Spinne bevorzugt, ist er das perfekte Medium für einen todbringenden Spinnenzauber. Rosalie war bereit. Sie legte Madames Foto auf den Altar, setzte die Spinne darauf und umgab das Arrangement mit einem Kreis aus einem Gemisch aus Kaffee und Salz. Während Rosalie das Wesen beschwor, schnitt sie sich in den Finger und ließ Blut auf die Spinne tropfen. Nach einiger Zeit erhob sich Rosalie, packte einige Sachen in einen Koffer und verließ unbemerkt das Haus. Es ist anzunehmen, dass sie etliche Wertsachen aus dem Besitz ihrer Herrin mitgenommen hatte, da später weder Geld noch Schmuck oder andere Pretiosen im Hause aufgefunden wurden. Rosalie selbst blieb verschwunden. Ihr Aufenthaltsort sollte für immer ein Geheimnis bleiben.

***

Die Tage vergingen, ohne dass etwas Auffälliges geschehen wäre. Da Madame KaLi zurückgezogen lebte und seit Jahren nicht mehr in der Öffentlichkeit gesehen wurde, blieben die Vorgänge im Haus No. 130 etliche Zeit unbemerkt. Erst als Handwerker beispielsweise wegen Wartungsarbeiten an der Heizung mehrfach vergeblich klingelten, als der Schornsteinfeger unverrichteter Dinge gehen musste und der Supermarktleiter die regelmäßigen Festtags-Einkäufe von Rosalie vermisste, machte sich in der Nachbarschaft eine gewisse Unruhe breit. Nachdem verschiedene Versuche, Madame telefonisch oder schriftlich zu erreichen, fehlgeschlagen waren, beschlossen einige besorgte Anwohner, die Polizei zu verständigen.

Die Gesetzeshüter rückten in Begleitung eines Schlüsseldienstes an. Das Aufbrechen des Türschlosses von Madames Altbau stellte für die Profis kein unüberwindbares Problem dar. Und so hatten die Männer bald Zutritt zum Domizil der stadtbekannten Geldverleiherin. Mag sein, dass der eine oder andere neugierig war, einen Blick in die Räumlichkeiten einer Persönlichkeit mit solch zweifelhaftem Ruf werfen zu können. Doch statt auf kostbare Antiquitäten, Tresore, Schmuckschatullen, Geldkassetten und ähnliches zu stoßen, machten die Polizisten ein ganz andere Entdeckung.

Bereits im Flur waberten unzählige dünne Fäden durch die Luft. Manche hatten sich stellenweise zu klebrigen Knäueln verbunden; in den Ecken und Winkeln ballten sich die Gewebe, in deren Zentrum hie und da eine Bewegung von irgendetwas auszumachen war. Je tiefer die Cops in das Haus vordrangen, desto dichter wurde die Textur der weißlich-grauen Netze. Mit jedem Schritt legten sich die Fäden mehr und mehr über die Gesichter, Haare, Hände und die Bekleidung. Fast wie ein Lasso schienen sie gezielt die Stelle zu finden, an der sie sich festklammern konnten. Bald fiel den Polizisten das Sehen und Atmen schwer. Genau so die Orientierung in den so fremd scheinenden Räumen, in denen das gesamte Interieur mit einer Ekel erregenden Schicht überzogen war. Möbel, Gemälde, Dekorationen – alles erstickte unter dem opaken Film, der ebenfalls die Fensterscheiben trübte, so dass kaum noch Tageslicht in die Wohnung drang. Bemüht, auf dem schmierigen Boden nicht auszurutschen, kam der Trupp nur langsam durch das immer dichter werdende Spinnweben-Dickicht vorwärts, bis er schließlich in den ehemaligen Empfangs-Salon von Madame KaLi gelangte.

Auch hier das gleiche Bild wie in den übrigen Räumen. Spinnennetze durchzogen das Zimmer, dazu war ein unbestimmtes, nicht zu ortendes Schaben und Rascheln zu hören. Beinah schien es, als ob sich ein leichtes Schmatzen in diese unheimliche Geräuschkulisse mischen würde. Nachdem sich die Polizisten an das diffuse Zwielicht gewöhnt hatten, fiel ihr Blick auf eine Art Sarkophag, der mitten im Salon stand. Auch dieses Objekt war völlig umsponnen von dem weißlichen Gewebe, das wie ein undurchlässiger Kokon wirkte. Entschlossen machten sich die

Männer daran, den unkenntlichen Gegenstand unter dem Netzwerk freizulegen. Was zum Vorschein kam, löste bei den Beamten, die von Berufs wegen einiges gewöhnt sein durften, blankes Entsetzen aus. Stück für Stück wurde der Liegesessel sichtbar, auf dem Madame die letzten Jahre ihres Lebens zugebracht hatte. Vom Körper der fetten Frau war allerdings nicht viel zu sehen, denn auf dem Leichnam wimmelten unzählige Spinnentiere und taten sich an dem verwesenden Fleisch gütlich. Gesicht und Schädel waren bereits bis auf die Knochen kahl gefressen, an Armen, Beinen und auf dem Leib selbst wurde emsig genagt, geknackt und gesaugt.

Vom Anblick geschockt, musste sich einer der Polizisten übergeben. Die anderen standen fassungslos daneben. Über Funk wurde Unterstützung angefordert, Ärzte und Leichenwagen geordert. Es dauerte einige Tage, bis die Untersuchungen abgeschlossen waren und ein Kammerjäger den Rest erledigen konnte. Ausstaffiert mit einer umfangreichen Schutzausrüstung und der erforderlichen Chemie zur Beseitigung des Spinnenbefalls, leistete der Experte eimerweise ganze Arbeit. Kübel für Kübel sammelte er die inzwischen getöteten Spinnen und ihre Weben ein, um sie im Sondermüll zu entsorgen. Besenrein und spinnenfrei konnte das Haus schließlich der Kommune übereignet werden, da sich keine Erben von Madame KaLi ermitteln ließen.

***

Trotz intensiver Bemühungen von verschiedenen Maklern, außerordentlichen Preisnachlässen und anderer Vergünstigungen erwies sich die Immobilie in bester Innenstadtlage lange Zeit als unverkäuflich. Nach einigen Jahren des Leerstands fand sich schließlich doch noch ein Investor, der das Gründerzeitgebäude mit der markanten blau-weißen Fassade erwarb. Wenig später rückten die Bagger mit der Abrissbirne an, um die feudale Stadtvilla dem Erdboden gleich zu machen.

Heute erinnert nichts mehr an die Ereignisse in Madame KaLis Domizil, das längst durch ein mehrstöckiges Parkhaus ersetzt wurde. Das erste und einzige am Ort. Vorbehalte, das Angebot zu nutzen, gab es bei den Autofahrern im Umkreis nicht. Die Leute vergessen schnell, wenn sich das Vergessen auszahlt. Letztendlich war ein freier Stellplatz fürs Fahrzeug direkt an der Haupteinkaufsstraße allemal lohnender als die

Reminiszenz an eine Gruselgeschichte aus vergangenen Zeiten. So kehrte die alltägliche Normalität wieder zurück ins Städtchen. Warum auch nicht. Gegen unliebsame Vorfälle ähnlicher Art existierte schließlich ein probates Mittel: Sollte sich wirklich einmal eine Spinne ins Parkhaus verirren, käme sie einfach unter die Räder.

Katzengold

1946 war kein gutes Jahr, um auf die Welt zu kommen. Es heißt zwar, dass eine Katze neun Leben hat. Doch selbst das reicht oft nicht aus, um in gefährlichen Nachkriegszeiten zu überleben. Deshalb war Murrka auf der Hut. Musste es sein. Denn die graue Katze hatte erst vor wenigen Tagen vier Junge geboren. Blind, nackt, gerade mal fingergroß und völlig hilflos. Ein triftiger Grund, in der Nähe zu bleiben. Doch Murrka hielt es nicht länger im Nest ganz hinten in der dunklen Ecke der Kellerruine aus. Wachsam durchstreifte sie das Terrain voller Schutt, verkohlter Balken und scharfkantiger Trümmer. Stellte die Schnurrhaare auf Empfang und spitzte die Ohren, damit ihr auch das leiseste Geräusch von gefräßigen Ratten, hungrigen Mäusen und vagabundierenden Hunden nicht entging.

Jederzeit bereit, zum Widerstand gegen die Feinde anzutreten, die es auf ihre Kleinen abgesehen hatten, schärfte die Katzenmutter die Krallen. Eine der wirksamsten Waffen, die sie für den Kampf ums Überleben sowie zu ihrer Verteidigung besaß. Aber wesentlich bedrohlicher als Nager und Streuner war für sie der Mensch.

Denn es passierten schreckliche Dinge, die der kleinen Katze, die mit ihren acht Monaten selbst noch ein Jungtier war, nie gekannte Angst machten. Einige Tag vor ihrer Niederkunft hatte Murrka auf einem verwahrlosten Grundstück in der Umgebung den Unterschlupf ihrer Familie besucht, um von der bevorstehenden Geburt zu berichten. Schließlich war es für die Graue der erste Wurf und sie konnte einen hilfreichen Rat von ihrer erfahrenen Mutter gut gebrauchen. Doch Murrka fand das Katzenheim verlassen vor. Nur ein schwacher Geruch von Mutter und Schwester hing noch in der Luft – übertüncht vom Hauch des Todes und des Verderbens. Stundenlang irrte Murrka umher, rief nach ihren Angehörigen, schaute in jeden Winkel, kletterte über Mauern und hinauf auf Dachfirste, von denen noch Reste in den Himmel ragten. Erschöpft und traurig ließ sie endlich von der Suche ab.

Gerade wollte sie sich auf den Heimweg zu ihrem Keller machen, als ein gelbgetigerter Kater um die Ecke bog. Es war Gordo, der Dicke. Ein

Name, der heute nichts mehr taugte. Denn das schmutzige Fell bedeckte nur noch lose die eingefallenen Flanken. Von dem einst so stolzen mächtigen Chef des Katzenreviers waren nach den langen Zeiten der Entbehrung nur noch Haut und Knochen übrig geblieben. „Guten Weg, meine Kleine", grüßte Gordo höflich. „Was führt dich hierher?"

Voller Stolz, aber auch ein wenig bange vor der großen Ehre, von dem Boss der Katzenkolonie im Trümmerreich angesprochen zu werden, neigte Murrka den Kopf und antwortete: „Auch dir einen guten Weg, Gordo. Ich wollte meine Familie besuchen, um Rat zu suchen für die bevorstehende Geburt. Da ich zum ersten Mal Junge bekomme, bin ich noch nicht erfahren in diesen Dingen und hoffte, meine Mutter könne mich unterstützen. Aber ich finde das Versteck leer, suche seit Stunden nach einem Lebenszeichen und rieche nur Tod und Verzweiflung. Hast du eine Ahnung, was hier geschehen ist?"

„Kleine Murrka, geh nach Hause und kümmere dich um deine Kinder, die bald das Licht der Erde erblicken werden. Hier kannst du nichts mehr ausrichten", entgegnete der abgemagerte Katermann. „Bitte, Gordo. Du weißt doch mehr. Sag mir, was meiner Familie widerfahren ist. Du brauchst mich nicht zu schonen."

„Also gut, Murrka. Du willst es nicht anders. Deine Familie ist umgekommen, wahrscheinlich von Leuten aus der Nachbarschaft getötet." „Aber warum denn nur? Haben meine Mutter und meine Schwester ein Verbrechen begangen, dass sie solch eine Strafe verdienten?" „Nein, Murrka. Sie wurden einfach umgebracht." „Aber, Gordo, weshalb denn? Wir Katzen kommen doch gut mit den Großen aus. Viele von uns leben sogar in ihren Häusern, werden gehegt, gepflegt und gefüttert. Warum musste meine Familie sterben? Bitte, sag es mir!"

Gordo seufzte und zögerte mit der Antwort. Dann legte er die Pfote auf Murrkas Rücken, drückte leicht zu und erklärte: „Deine Angehörigen mussten sterben, weil die Menschen ihr Fleisch essen und aus dem Fell Anziehsachen für den Winter machen wollen" „Das glaube ich nicht!" Murrkas Schwanz peitschte vor Empörung hin und her. „Das ist nicht wahr. Die Großen essen kein Katzenfleisch. Nie und nimmer." „Doch, kleine Murrka. In diesen harten Zeiten tun sie es. Aber du hast recht: Die Großen finden ihr Tun selber verachtenswert und verleugnen, dass sie

Mitglieder aus unserem Volk töten und verspeisen.“ „Verleugnen – wie soll das gehen?“ „Nun, wenn sie eine von uns gefangen haben und erlegen, sprechen sie von einem ‚falschen Hasen‘, der in ihren Kochtopf wandert. In der Menschenwelt ist ein Hasenbraten als Nahrung erlaubt – eine Katze dagegen steht nicht auf dem Speiseplan.“ „Das heißt: Meine Mutter und meine Schwester sind als falsche Hasen für eine Mahlzeit der Großen zubereitet worden? Und aus ihrem weichen Fell werden Mützen oder andere Kleidungsstücke geschneidert?“, erkundigte sich Murrka noch einmal, weil sie das Ganze nicht glauben wollte.

„So ist das“, mischte sich da eine fremde Stimme ein. „Entschuldigt, ich kam zufällig vorbei und hörte euer Gespräch mit an. Gestattet, dass ich mich euch vorstelle. Ich bin Ruby und wohne dahinten ums Eck auf der Schutthalde.“ Die rote Katze ließ sich neben Murrka nieder und fuhr fort: „Ich kann die Ausführungen von Gordo nur bestätigen. Von meinen Verwandten in England kommt die Nachricht, dass die blaue Sippe aus unserem Volk dort schon fast vollständig ausgerottet ist. Nicht nur wegen des schmackhaften Fleisches, sondern vor allem wegen des schönen grauen Pelzes, der bei den Menschen sehr beliebt ist. Deshalb wollen viele dort unbedingt einen Mantel oder eine Jacke aus diesem aparten Katzenfell haben. Aus diesem Grund geht das Töten unserer Freunde auf der Insel ungehindert weiter. Ich hoffe nur, dass wir hier in dieser Stadt verschont bleiben. Obwohl, liebste Murrka - wenn ich dich mit dem hübschen grauen Fellchen so anschaue …“ Die rote Katze mit dem weißen Fleck am Hals lächelte maliziös.

„Sei still, Ruby“, fuhr Gordo dazwischen. „Deine Vermutungen will im Moment niemand hören. Aber danke für deine Auskunft. Das Schicksal unserer Brüder und Schwestern in dem fernen Land sollte uns zu denken geben. Wir müssen sehr, sehr vorsichtig sein. Wir dürfen uns keine Nachlässigkeit erlauben. Besonders aufpassen sollten wir auf unsere Jungen. Kein Spielen, kein Toben, kein Gar-Nichts. Und niemals dürfen wir die Nester ohne Aufsicht lassen“, mahnte der alte Kater. „Ich werde in zehn Tagen ein großes Thing einberufen, zu dem alle Bewohner der Kolonie im Umkreis kommen sollten. Treffpunkt ist wie immer das Trümmerfeld hinter der Kirche mit dem eingestürzten Glockenturm. Hier werden wir beratschlagen, was zu tun ist, damit das Morden der Großen aufhört. Ich habe bereits einen erfahrenen Kundschafter ausgesandt, der Näheres in Erfahrung bringen soll. Bei unserer Zusammenkunft wird er Bericht erstatten."

Gordo wandte sich liebevoll an die kleine, hochschwangere graue Katze. „Murrka, ich denke, dass du bis dahin deine Kinder geboren hast. Sollte Gefahr drohen, bring sie einfach zu unserem Thing mit. Wir werden uns dann gemeinsam um sie kümmern." „So soll es sein, Gordo", erwiderte Murrka. „Ich danke dir für deine Fürsorge."

Murrka grüßte zum Abschied mit der Schwanzspitze und machte sich auf den beschwerlichen Weg zurück in die Katakombe unter dem zerbombten Gebäude, in der sie für eine Weile Zuflucht gefunden hatte.

***

Alle zehn Tage traf sich die kleine Katzengemeinde auf dem Trümmerfeld am Stadtrand, um Neuigkeiten auszutauschen, sich gegenseitig Hilfe zu geben und zu beraten, wie man in der aktuellen Not am Leben bleiben konnte. Noch vor einigen Wochen war Murrka gern zu diesen Zusammenkünften gekommen. Doch in der letzten Zeit zögerte sie und suchte für sich selbst nach Ausreden, um nicht an den Versammlungen teilnehmen zu müssen. Dabei wusste sie im Grunde genau, was sie hinderte. Sie fühlte sich von den jungen Spritzern in der Bruderschaft der Kater jedes Mal stärker bedrängt, fürchtete ihre Annährungsversuche, die nur unvollkommen als scherzhafte Spielerei getarnt waren. Irgendwann, davon war Murrka im Innersten überzeugt, würde sie sich nicht mehr gegen die körperliche Übermacht der starken Kater wehren können. Was dann folgte, war klar. Sie würde wieder Mutter werden. Ungewollt, aber unweigerlich.

Denn obwohl sie erst vor kurzem ihre Junge bekommen hatte, war sie bereits wieder empfängnisbereit. So ist es eben im Katzenleben vorgesehen. Murrka wusste aus eigener bittere Erfahrung, was sie in diesem Fall erwartete: Während der mutmaßliche Vater trotz seines Versprechens, sie niemals allein zu lassen, schon lange das Weite gesucht hatte, musste sie sich um die Kitten kümmern, Futter herbeischaffen und die Erziehung übernehmen. In diesen schweren Zeiten eine schier unlösbare Aufgabe, an der viele ihrer Leidensgenossinnen scheiterten. Nahezu täglich musste Murrka mit ansehen, wie kleine Kätzchen an

Krankheit und Hunger starben. Musste hilflos dabei stehen, wenn die verzweifelten Mütter laut um ihre toten Kinder weinten und bereits wieder von geilen Katern belagert wurden, die nur eines im Sinn hatten: Sich zu paaren und für neuen Nachwuchs zu sorgen. Dies sollte ihr keinesfalls passieren. Sie würde alles daran setzen, ihre Kleinen durchzubringen.

Nein, Murrka wollte unter keinen Umständen noch einmal Mutter werden und das Schicksal ihrer Schwestern teilen. Deshalb hielt sie es für gescheiter, dem Katzen-Thing fernzubleiben. So wäre es auch diesmal geschehen, wenn nicht auf einmal die ehrwürdige Minze vor der Tür zum zerbombten Kellergewölbe gestanden hätte, in dem Murrka Unterschlupf gefunden hatte. Natürlich konnte sie die Patriarchin ihrer Sippe nicht einfach draußen stehen lassen. „Ich wollte dich zu unserer Versammlung abholen“, erklärte die alte Katze. „Komm auf die Pfoten. Wir müssen gehen.“ Murrka drehte und wand sich. „Ich muss etwas gegessen haben, wovon mir richtig übel geworden ist. Bitte lass mich diesmal zu Hause bleiben.“ „Papperlapapp. Bitte keine Fisematenten“, erwiderte Minze mit strengem Blick. „Übel werden kann dir auch noch später. Das Treffen erlaubt keinen Aufschub. Dazu ist die Angelegenheit, die besprochen werden soll, zu wichtig. Alle müssen kommen, auch du, little girl.“ Vor dem Krieg hatte Minze in einem englischen Diplomatenhaushalt gewohnt und war stolz auf ihre Sprachkenntnisse, die sie dort erworben hatte. Doch dann hielt die Katzen-Lady plötzlich inne. „Ich weiß, kleine Murrka, was du fühlst und wovor du dich fürchtest. Auch ich war einmal eine junge Katze und eine hübsche dazu – wie man mir wiederholt versicherte. Deshalb wurde ich zu meiner Zeit ebenfalls von vielen jungen Katern umschwärmt, die nachts unter meinem Fenster schräge Ständchen brachten. Damals hatten die jungen Männer allerdings bessere Manieren als heute und wussten sich einer Dame gegenüber zu benehmen. Heute traut man sich ja kaum noch auf die Straße aus Angst vor Belästigungen oder noch Schlimmerem. Aber mach dir keine Sorgen. Mit solch einem frechen Kater werde ich allemal fertig. Bleib nur schön in meiner Nähe, dann wird dir nichts passieren. And now, Murrka, let’s go!“

***

Nachdem die sprachgebildete Katze ihre Bedenken ein wenig zerstreut hatte, folgte Murrka der energisch voranschreitenden Minze hinaus und weiter zum Versammlungsort, wo sich bereits etliche Artgenossen eingefunden hatten.

Wenig später nahm Gordo Platz auf dem Steinhaufen, den die Katzen als Podium nutzten. Langsam kehrte Stille ein. „Ich grüße euch, liebe Freunde, und danke, dass ihr so zahlreich zu diesem Thing erschienen seid. Ich will mich auch gar nicht lange mit Vorreden aufhalten, sondern erteile Sprinter das Wort, den ich vor einiger Zeit beauftragt habe, die merkwürdigen Vorgänge in unserem Revier zu untersuchen. Wer ist schuld an dem Verschwinden der vielen Gefährten? Wo befindet sich derjenige und wie kann das alles überhaupt geschehen? Antwort auf diese Fragen wird uns hoffentlich unser tapferer Sprinter geben. Sobald wir seine Ausführungen gehört haben, werden wir überlegen, was zu tun ist."

Gordo verließ das Podium und gesellte sich zu den Katzen unten in der vordersten Reihe, die wie alle anderen schon gespannt auf die Erzählung des Kundschafters warteten. Der schwarz-weiße Kater war inzwischen auf den Steinhügel gesprungen. Ein wenig aufgeregt, vor einer so großen Menge reden zu müssen, aber trotzdem sichtlich stolz auf seine wichtige Mission, begann er seinen Bericht: „Vor einigen Tagen wurde ich Zeuge, wie einige Männer mit Netzen durch die Straßen zogen. Schnell war klar, wofür sie ihre Ausrüstung benötigten. Als ihnen eine Katze über den Weg lief, warfen sie das Netz über sie, so dass sie nicht mehr fliehen und sich auch nicht wehren konnte. Leider war auch ich nicht in der Lage, ihr zu helfen. Aber ich folgte den Fängern unauffällig, bis wir zu dem großen Fabrikgebäude kamen, das fünf Straßen von hier entfernt liegt. Viele von euch werden es sicher kennen." Eine junge Katze aus dem Publikum konnte nicht mehr an sich halten und schrie aufgeregt: „Und was passierte dort?" „Gleich. Ich komme gleich dazu", entgegnete Sprinter. „Lasst mich bitte der Reihe nach erzählen. Also: Die Männer verschwanden mit ihrer Beute, die ohne Unterlass herzerweichend weinte und um Gnade flehte, im Untergeschoss des Gebäudes, das wie die meisten Häuser in der Gegend im Krieg ziemlich zerstört wurde." „Das wissen wir. Weiter!", kam ein Zwischenruf aus dem Auditorium.

Sprinter beeilte sich fortzufahren. „Ich ging den Männern über eine zerfallene Treppe in den Keller nach. Und dort, liebe Freunde, sah ich unvorstellbar Grausiges." Der Kater hielt kurz inne, um sich zu sammeln, während das Katzen-Thing atemlos lauschte. „In einem düsteren Gewölbe reihte sich Käfig an Käfig, in denen Katzen und auch ein paar Hunde auf engstem Raum eingesperrt waren. Ein jämmerlicher Anblick, sie derart leiden zu sehen und nichts dagegen unternehmen zu können. Plötzlich hörte ich Schritte näher kommen und versteckte mich rasch hinter einer Kiste. Aus meinem Verschlag konnte ich beobachten, wie zwei Männer in weißen Gummischürzen und Handschuhen einige Käfige öffneten, die Gefangenen ergriffen und mitnahmen. Obwohl ich selbst vor Angst bis in die Schwanzspitze zitterte, habe ich selbstverständlich in Erfüllung meiner Pflicht nicht aufgegeben und bin auch diesen Männern gefolgt. Ich dachte, es gäbe nichts Schrecklicheres als das, was ich bisher in diesem Keller erlebt habe. Doch ich sollte mich furchtbar irren."

Sprinters Nackenhaare sträubten sich in der Erinnerung, die ihm fast die Sprache verschlug. „Ich kam in einen großen Raum mit vielen Tischen, an denen Leute mit Beilen und Messern standen", setzte er schließlich seinen Bericht fort. „In diesem Raum herrschte das große Sterben, denn hier wurden unsere Kameraden auf bestialischste Weise geschlachtet. Ihnen wurden bei lebendigem Leib der Kopf und die Gliedmaßen abgetrennt, was sie natürlich nicht überlebten. Dann zog man den Köpern das Fell ab, das wahrscheinlich später zu einem Kleidungsstück weiterverarbeitet werden würde. An einem anderen Tisch waren Männer und auch Frauen damit beschäftigt, das Fleisch der Katzen zu portionieren und in Zeitungspapier einzupacken. Mehr konnte ich nicht verkraften. Halb ohnmächtig schaffte ich es gerade noch, ins Freie an die frische Luft zu kommen. Bevor ich mich auf den Rückweg machte, entdeckte ich an der Eingangstür zur Fabrik ein großes Schild, auf dem stand: *Täglich frischer Braten vom falschen Hasen. Billig und lecker. 2 kg für ein 1 Gramm Gold. Egal, in welcher Form."*

Für Minuten war in der Versammlung kein Mucks, kein Miau zu hören. Dann brach die Empörung los. Doch Gordo rief dazwischen: „Ruhe! Wir sind noch nicht fertig!" Als sich das Stimmengewirr gelegt hatte, wandte sich der Revier-Chef an seinen Kundschafter: „Danke für deinen ausführlichen Bericht, Sprinter. Du hast gute Arbeit geleistet. Eine Frage habe ich allerding noch. Hast du in Erfahrung gebracht, wer hinter dem Fangen und Schlachten steht?" „Ja, Gordo. Das habe ich. Solch ein großer Betrieb bleibt schließlich nicht unbemerkt. Deshalb habe ich mich in der Nachbarschaft umgehört und herausbekommen, wer die Verantwortung für dieses entsetzliche Geschehen trägt. Es ist Willy Kurtz, der bekannte Schwarzmarkthändler."

„Sieh an. Der kahle Willy mit dem weißen Bart. Hätte nicht gedacht, dass er solch ein Dreckskerl ist", bemerkte Gordo. „Nun, meine Freunde. Lasst uns nachdenken, wie wir diesem Verbrecher das Handwerk legen können. Ich bitte um eure Vorschläge."

Und schon überschlugen sich die unterschiedlichsten Anregungen. „Alle zusammen hin und den Mann killen!" „In der Nacht unsere Gefährten befreien!" „Eine Ausgangssperre über das gesamte Katzenvolk verhängen!" „Die großen Verwandten im Zoo um Hilfe bitten!" „Die Hunde auf Willy hetzen!" Dies und vieles mehr wurde von Gordo aufmerksam zur Kenntnis genommen. Als die Rufe verklangen, richtete der gelbgestreifte Kater erneut das Wort an seinen Clan: „Vielen Dank für eure Ideen. Ich fürchte allerdings, dass wir allein gegen diesen mächtigen Feind mit seinen Helfern nichts ausrichten können. Wir müssen uns tatkräftige und mutige Unterstützung suchen, damit wir Willy Kurtz ein für allemal ausschalten können." Erneut flammte die Diskussion auf. Wer sollte der Heilsbringer und Rächer sein? Gordo hob die Pfote: „Genug jetzt. Ich habe entschieden, Frau Luna um Hilfe zu bitten. Und bevor ich euch wieder unnötig in Rage redet, werde ich euch erklären, warum."

Gordo legte eine wirkungsvolle Pause ein, bis er sicher war, die ungeteilte Aufmerksamkeit der Anwesenden zu erhalten. „Als stadtbekannte Diebin, die vorzugsweise heimlich in der Nacht operiert, verfügt Frau Luna über Mittel und Wege, dem Halunken beizukommen. Zum Beispiel könnte sie ihm das Gold stehlen, das er durch den Tod unzähliger Katzen zusammengerafft hat. Dieser Verlust würde Willy Kurtz sehr empfindlich treffen. Außerdem ist nicht bekannt, dass Frau Luna etwas gegen Katzen hat." „Aber auch nichts dafür. Wie jeder weiß, besitzt sie zwei scharfe Hunde, die uns gegenüber bestimmt keinen Spaß verstehen", kam eine Bemerkung aus den hinteren Reihen. „Das habe ich bedacht", entgegnete Gordo. „Als Hundebesitzerin muss sie jedoch nicht zwangsläufig eine Katzenfeindin sein. Wir müssen den Versuch wagen. Es geht schließlich um unser aller Überleben. Doch nun stellt sich die große Frage: Wer meldet sich freiwillig, um Frau Luna aufzusuchen und um Hilfe zu bitten? Trotz der Gefahr, vielleicht verletzt oder sogar tot gebissen zu werden." Stille. Langes Schweigen. „Was ist los? Habt ihr alle den Mut verloren? Wo sind die Tapferen aus dem Volk, die bereit sind, sich zum Wohl des gesamten Clans einer Gefahr zu stellen?" Gordo wurde ungeduldig und konnte es nicht glauben, eine Ansammlung von Memmen vor sich zu haben.

„Ich werde gehen!", ertönte unvermutet eine zarte Stimme. Murrka konnte im Nachhinein nicht sagen, was sie zu dieser Wahnsinns-Entscheidung getrieben hatte. Auf jeden Fall stand die kleine Graue nun entschlossen vor dem Boss, um sich aus freien Stücken in ein Abenteuer mit ungewissem Ausgang zu stürzen. „Du, Murrka?", erkundigte sich Gordo. „Bist du sicher, meine Kleine?" „Das bin ich. Wann soll ich gehen?" „Du weißt, wo Frau Luna residiert? Dann wäre es am besten, du würdest dich noch vor dem Abend auf den Weg machen. Dann triffst du sie sicherlich noch an, weil sie ihre Arbeit erst später in der Nacht beginnt. Im Namen des gesamten Katzen-Things wünsche ich dir eine glückliche Pfote. Der allmächtige Jäger im Himmel sei mit dir." Mit diesen guten Wünschen war Murrka entlassen und fortan auf sich gestellt.

Bevor sie sich auf die Pfoten machte, wandte sie sich noch einmal an Gordo mit einer Bitte: „Ich möchte meine gerade geborenen Jungen nicht schutzlos zurücklassen, während ich fort bin. Könntest du bitte dafür sorgen, dass sich eine andere Katzenmutter aus dem Revier derweil um meine Kinder kümmert?" „Keine Sorge, Murrka. Für deinen Nachwuchs wird bestens gesorgt werden. Darauf gebe ich dir mein Ehrenwort", bekräftigte Gordo. „Und ich werde ein Auge darauf haben, dass die Kleinen alles bekommen, was sie brauchen. Don't worry, my dear!", ließ sich Minze vernehmen. Murrka nickte erleichtert. Wenn ihr etwas zustoßen würde, wären die Jungen in guter Obhut. Nun konnte sie gehen. Und mit dem ersten Schritt begann ihr Bittgang zu Frau Luna, von dessen Erfolg viele, viele Katzenleben abhingen.

***

Das Büro der Meisterdiebin, die allgemein Frau Luna genannt wurde, weil sie ihrer Beschäftigung in der Nacht nachging, lag in einer Seitenstraße. Im ersten Stock eines von Bombeneinschlägen verschonten Hauses aus der Jahrhundertwende wickelte sie ihre Geschäfte ab, traf Auftraggeber und koordinierte die Einsätze der *Nachtschwärmer*, ihrer Gang aus geschulten Fachleuten, die sich in Disziplinen wie Einbruch, Tresorknacken, Werkzeugbeschaffung und Schätzen von Kunstgegenständen und Geldwerten perfekt auskannten.

Da sich das Gebäude nur einen Katzensprung entfernt befand, war Murrka schnell am Ziel angelangt. Kaum hatte sie die Haustür aufgestoßen, da erscholl bereits durch das Treppenhaus lautes Hundegebell. Murrkas Herz schlug bis zum Halse, aber tapfer unterdrückte die Katze ihre Angst und stieg Stufe für Stufe hinauf. Oben wurde sie schon erwartet. Am Geländer lehnte eine junge Frau mit kurzen dunklen Haaren, ganz in Schwarz gekleidet. Lange Hosen, ein Rollkragenpullover, robuste Armeestiefel – das Outfit war nicht sonderlich damenhaft elegant, aber äußerst praktisch.

„Sieh mal an, eine Miezekatze. Was hat dich denn in diese Gegend verschlagen?“, eröffnete Frau Luna die Begrüßung. Murrka blieb keine Zeit zu reagieren, denn plötzlich stürzten aus der offen stehenden Bürotür zwei große Schäferhunde, die nicht sehr freundlich wirkten und dazu drohend knurrten. Verschreckt duckte sich Murrka und fühlte beinah schon die scharfen Fangzähne in ihrem Nacken. Da ertönte ein energisches Kommando: „Peter und Paul, zurück. Platz und keinen Laut, bevor ich es sage!“ Die beiden Rüden machten kehrt und ließen sich ohne Protest auf dem Boden nieder.

„Komm rein, Miezekatze. Die beiden Angeber tun dir nichts, solange ich dabei bin“, forderte Frau Luna ihren Gast zum Näherkommen auf. Doch Murrka hatte Wichtigeres zu erledigen als einen Antrittsbesuch zu machen. Deshalb folgte sie der Aufforderung nicht, sondern lief demonstrativ ein Stück die Treppe hinunter. Als Frau Luna nicht darauf einging, wiederholte Murrka das Spiel. Einmal, zweimal, dreimal. „Willst du, dass ich mitkomme? Möchtest du mir vielleicht etwas zeigen? Dann los! Lauf voraus, ich folge dir“, erklärte Frau Luna schließlich. „Nein, ihr bleibt hier und wartet auf mich. Bin sicher nicht lange weg.“ Murrka hörte mit Erleichterung, dass Peter und Paul sie nicht begleiten würden.

Frau Luna hatte zwar Entwarnung gegeben, was die Angriffslust der Schäferhunde betraf, aber man kann nie wissen. Und Katzen sind von Natur aus sehr vorsichtige Tiere.

***

Murrka führte Frau Luna geradewegs zu der Fabrik des Schreckens, in der jetzt zu Beginn des Abends nicht mehr gearbeitet wurde und die daher leer stand. Mit einem Stirnrunzeln las Frau Luna das Werbeschild an der Tür und betrat entschlossen das Gebäude. Was sie dort antraf, entsprach genau den Beobachtungen, die Sprinter bei seiner Erkundung gemacht hatte. Entsetzt durchquerte die Diebin den Raum mit den Käfigen voll schreiender Katzen, betrachtet mit Abscheu das angrenzende Schlachthaus mit den Tötungswerkzeugen, die auf den Tischen verteilt lagen, und wandte sich dann an Murrka: „Gut, Miezekatze, dass du mich hierher geführt hast. Ich kenne nur einen, der zu solch einer widerlichen Schandtat fähig ist und damit auch noch Profit macht: Willy Kurtz, der dreckige Gauner vom Schwarzmarkt. Habe ich recht?“ Murrka nickte. „Dachte ich mir. Dann wollen wir dem feinen Herrn mal gründlich die Laune vermiesen und dafür sorgen, dass dies hier für immer ein Ende hat.“

Frau Luna eilte auf die Straße zurück und schickte einen gellenden Pfiff in die Ruinenlandschaft. Kurz darauf kamen einige junge Männer herbei, wie ihre Chefin ganz in Schwarz gewandet. „Das sind meine *Nachtschwärmer*, Miezekatze. Sie werden mir helfen, ein für alle Mal mit dem Verbrecher Willy Schluss zu machen“, stellte Frau Luna die Ankömmlinge vor. „Hallo, Jungs. Schön, dass ihr so schnell gekommen seid. Hier geht es um einen Notfall, der keinen Aufschub duldet“, erklärte die Diebin ihrer Truppe und schilderte kurz, um was es sich in der Fabrik handelte. „Das erste, was wir machen müssen, ist, die gefangenen Katzen freizulassen. Danach sehen wir weiter.“ Und so geschah es. In wenigen Minuten hatten die *Nachtschwärmer* die Käfige aufgebrochen und die Katzen ins Freie gebracht, wo sie in alle Himmelsrichtungen davon stürmten.

„Okay, Jungs. Das wäre erledigt. Ich werde mich gleich mal umsehen, um herauszufinden, wo Willy seine Schätze versteckt hat. Anschließend legen wir Feuer, damit der verdammte Schlachtbetrieb zu Schutt und

Asche verbrennt", erläuterte Frau Luna ihr Strategie. Im Dachgeschoss des mehrstöckigen Fabrikkomplexes wurde die Diebin schließlich fündig. Hier hatte Willy Kurtz eine repräsentative Wohn- und Geschäftsetage eingerichtet, ausgestattet mit antiken Möbeln, wertvollen Gemälden und Kunstgegenständen, die er während seiner Tätigkeit auf dem Schwarzmarkt eingetauscht hatte. In einem der Büroräume entdeckte Frau Luna einen Tresor, in dem sie das Blutgold vermutete, das der Schlächter für die ermordeten Katzen erhalten hatte.

„Conny, kommst du mal? Ich brauche dich hier unterm Dachjuchhe" rief Frau Luna einen ihrer *Nachtschwärmer* herbei, der als erfolgreicher Safeknacker schon so manchen zunächst widerspenstigen Stahlschrank geöffnet hatte. „Schau dir bitte den Tresor an, Conny. Kommst du damit klar?" „Mhmmm. Gute englische Friedensqualität. Schwierig zu knacken, aber nicht unmöglich. Gib mir eine Stunde Zeit, Chefin. Dann werden wir das Kind schon schaukeln." „In Ordnung, Conny. Sag mir Bescheid, wenn du fertig bist."

Auf Conny war wie stets Verlass. Als die beiden vor dem geöffneten Safe standen, gerieten sie trotz ihrer langen Berufserfahrung ins Staunen. In den Stahlfächern stapelten sich Kartons mit Schmuckstücken, daneben lagen Säcke voller Goldmünzen aus unterschiedlichen Währungen und Epochen. „Da haben wir anscheinend eine echte Goldgrube entdeckt, Conny. Ruf die anderen, damit wir teilen können. Aber vorher schafft ihr bitte ein paar Kanister mit Benzin herbei, damit wir in diesem elenden Etablissement ein hübsches Freudenfeuer entfachen können. Und danach sollten wir machen, dass wir wegkommen", ordnete Frau Luna an.

Bald darauf loderten die Flammen aus dem alten Ziegelbau, in dem vor gar nicht so langer Zeit die Produktionsmaschinen der Rüstungsindustrie noch auf Hochtouren liefen. Als nach über einer Stunde die notorisch unterbesetzte Feuerwehr anrückte, war das Gebäude bis auf die Grundmauern niedergebrannt. Da in der unruhigen Nachkriegszeit Brände jedweden Ausmaßes an der Tagesordnung waren, hielt man es für unnötig, nach den Ursachen des Feuers zu forschen. So blieb unaufgeklärt, wer als Brandstifter vermutlich in Frage kommen könnte.

Frau Luna hatte sich nach vollendeter Arbeit ein paar Straßen weiter zurückgezogen, wo sie sich von Murrka verabschiedete. „Na, bist du zufrieden, kleine Miezekatze? Da haben wir doch ganze Leistung gebracht. Und ich verspreche dir, dass Willy Kurtz niemals mehr auf dich und deine Freunde Jagd machen wird. Ach ja: Solltest du wieder mal Hilfe brauchen, dann weißt du, wo ich zu finden bin. Mach's gut. Hat mich gefreut, deine Bekanntschaft zu machen."

***

Am nächsten Tag rief Gordo seine Kolonie zu einem Sonder-Thing ein, auf dem Murrka ausführlich Rede und Antwort stand. Als sie geendet hatte, brach Jubel aus. Selbst würdevolle Katzendamen vergaßen für einen Moment ihre vornehme Zurückhaltung und wälzten sich glückselig auf der Erde, die Beine in die Luft gestreckt. Die Jungen übten sich übermütig im Hoch- und Weitspringen, während die Kater ihre Gesänge anstimmten, die weithin über das Gelände schallten. Doch die Wundertüte der guten Nachrichten hielt eine weitere Überraschung bereit.

Frau Luna hatte entschieden, mit ihrem Anteil aus der kostbaren Beute ein Katzen-Asyl zu gründen, wo notleidende Samtpfoten eine Unterkunft, Futter und – falls notwendig – tierärztliche Betreuung bekamen. Ein Angebot, das in diesen schwierigen Zeiten oft und gern angenommen wurde. Von Willy Kurtz fehlte seit dem Brand jede Spur. Er blieb verschwunden und tauchte auch nicht mehr auf.

Fuchsschwanz

Endlich kam wieder Leben in die Bude. Seit sechs Wochen steppte in der verlassenen Gartenlaube der Bär. Richtiger gesagt vier Fuchswelpen, die unter der aufmerksamen Beobachtung der Mutter über die knarzenden Holzdielen tollten.

Amanda war überglücklich, solch eine ideale Unterkunft für ihre Familie gefunden zu haben. Die baufällige Hütte lag gut versteckt auf einem verwilderten Grundstück hinter Büschen, uneinsehbar für Spaziergänger, die zufällig den schmalen Weg entlanggingen, der an dem Gelände vorbeiführte. Ein Dach über dem Kopf, das vor Wind und Wetter schützte, bedeutete Sicherheit für die Aufzucht. Denn trocken und warm untergebracht, standen die Chancen gut, die Kleinen gesund durch die Kinderzeit zu bringen.

Und es gab noch einen wichtigen Punkt, der für das Quartier sprach: Die Speisekammer befand sich direkt vor der Haustür. Im dichten Gras und Unterholz wimmelte es von Mäusen, Kaninchen und anderem Getier, das den täglichen Menüplan der Fuchsfamilie auf schmackhafte Weise bereicherte. Kurzum: Amanda hatte für sich und ihre Jungen eine ausgezeichnete Immobilien-Wahl getroffen, die sie nicht bereuen musste.

Als die Füchsin vor einiger Zeit aus ihrem bisherigen Wald-Revier in die nahe Großstadt umgezogen war, hatte sie es anfangs nicht leicht, sich in dem Verkehrsgetümmel zurecht zu finden. Überall drohte Gefahr, von rücksichtslosen Autofahrern angefahren zu werden. Dazu zeigten sich viele Menschen nicht erfreut über den tierischen Zuwachs in ihren Gärten. Andere dagegen begrüßten die Füchsin voller Sympathie und stellten ihr sogar ein Schälchen mit Katzenfutter oder ähnlichen Leckereien hin.

Mit der Zeit lernte Amanda zu unterscheiden, wer ihr freundlich gesonnen war und wer nicht. Selbst wenn einmal kein Futter spendiert wurde, musste die Fähe keinen Hunger leiden. Die Mülleimer der Menschen waren stets bis oben gefüllt, worüber sich die Füchsin immer wieder wunderte. Wie kann es angehen, dass jemand so viel wertvolles Essen einfach wegwirft. Ihr wäre das niemals in den Sinn gekommen.

Allerdings stellte sie schnell fest, dass sie nicht die einzige Einwanderin in dem betreffenden Viertel war. Mehrere Füchse, ein Dachs nebst Gattin, Marder und sogar eine Rotte Wildschweine machten sich breit und stritten um Futter und Plätze. Von Natur aus sehr gewieft in der Essensbeschaffung, gelang es Amanda trotz der Konkurrenz stets, sich den Bauch vollzuschlagen.

Es hatte Amanda große Überwindung gekostet, Abschied von ihrer ursprünglichen Heimat zu nehmen. Sie liebte den Wald sehr, in dem sie geboren und aufgewachsen war. Doch der Frieden erwies sich als trügerisch, weil er dem Grünen Tod immer wieder aufs Neue eine gute Deckung bot. Amanda wusste nicht, wann er sein nächstes Opfer mit Blitz und Knall töten würde. Aber sie fühlte instinktiv, wann er kam und sich auf die Lauer legte.

Schon die Mutter hatte damals die kleine Amanda gewarnt: „Hüte dich vor dem Grünrock. Er jagt geschickt und mit gefährlichen Waffen aus der Ferne. Wir sind für ihn eine willkommene Beute, denn für Füchse gibt es keine Schonzeit. Als Freiwild dürfen wir das ganze Jahr über zur Strecke gebracht werden." „Dann muss der Grüne aber großen Hunger haben", hatte das Füchslein Amanda damals naiv gemeint. Trotz des ernsten Themas musste ihre Mutter verstohlen lächeln. „Nein, mein Kind. Ein Jäger tötet nicht, weil er Hunger hat." „Aber warum denn sonst?", fragte verwundert Klein-Amanda. „Aus Lust und Spaß am Morden!"

Seitdem fürchtete die Füchsin nichts so sehr, als einem Jäger zu begegnen. Die Angst war nicht unbegründet, denn die weitverzweigte Sippe verlor in dieser Zeit schnell viele ihrer zahlreichen Mitglieder. Sie wurden erschossen oder verendeten verletzt im Dickicht des Waldes, in das sie sich mit letzter Kraft geschleppt hatten. Wäre Amanda in der Lage gewesen, eine Statistik zu lesen, hätte sie erschütternde Zahlen erfahren. Jährlich verlieren rund 600.000 Füchse deutschlandweit ihr Leben, entweder durch Kugeln, Schrot oder Fallen. Letztere Methode ist besonders perfide, da die Tiere durch Köder angelockt werden und so ahnungslos in ihr Verderben tappen. Bei manchen Jägern steht zudem die sogenannte Baujagd hoch im Kurs, wobei speziell abgerichtete Hunde in den Kessel geschickt werden, um die dort befindlichen Jungtiere zu töten. Sterben, bevor das Leben richtig begonnen hatte.

Als auch nahe Familienangehörige auf Nimmerwiedersehen verschwanden, fasste Amanda den Entschluss fortzugehen. Weit weg. Dorthin, wo keine Jäger ihr Leben bedrohten. Sie hatte bereits von dem Leben in der Stadt gehört und fand die Nachrichten ermutigend. Ein Versuch konnte nicht schaden. Denn alles war besser, als hier im Wald aus Lust und Spaß getötet zu werden.

Anfangs hielt sich Amanda von der Gesellschaft der Artgenossen fern, die sich an ihrem neuen Aufenthaltsort zusammengefunden hatten. Doch mit der Zeit bröckelte die Zurückhaltung. Amanda wurde zugänglicher und fasste zunehmend Vertrauen.

So kam es, wie es immer kommt. Ein höflicher junger Fuchsmann hatte sie so hartnäckig umworben, dass die einsame Amanda schließlich schwach wurde. Das Ergebnis zeigte sich bald darauf in Gestalt vier quicklebendiger Babys. Bereits vor der Geburt hatten sich die Eltern auf die Suche nach einem geeigneten Ort begeben, an dem die glückliche Familie ungestört leben konnte. Alles schien perfekt zu laufen. Bis zu dem Moment, der sämtliche Pläne zunichte machte. Leichtsinnig und spontan wie immer, hatte der junge Vater, ohne nach links und rechts zu sehen, die Straße betreten, um schnell zu seiner auf der anderen Seite wartenden Frau zu gelangen. Seine Unvorsichtigkeit rächte sich grausam. Der Fuchs wurde von einem schweren Wagen erfasst und war auf der Stelle tot. Amanda musste nun allein für die Kleinen sorgen, die bald zur Welt kommen würden. Viel Zeit, um den Verlust ihrer großen Liebe zu betrauern, blieb ihr daher nicht. Jetzt galt es, auf bestmögliche Weise Vorbereitungen für die Niederkunft zu treffen und dafür zu sorgen, dass die Kleinen in Sicherheit aufwachsen konnten. Schicksal, an dem sich nichts ändern ließ.

Glücklicherweise hatte sich am Ende doch noch alles zum Guten gefügt. Das neue Quartier bot der jungen Mutter beste Voraussetzungen zur Aufzucht ihrer Sprösslinge. Keine Menschen, kein Straßenverkehr, keine Gefahr. Doch Amanda war eine vorsichtige Füchsin, die nichts dem Zufall überlassen wollte. Aus diesem Grund ging sie schon bald nach der Geburt der Jungen daran, einen Reserve-Bau anzulegen, in den sie bei Bedarf mit ihren vier Welpen flüchten konnte. Ganz hinten auf dem Grundstück unter stachelbewehrten Brombeerbüschen, Brennnesseln und anderen Gewächsen, die ein Durchkommen schwierig bis unmöglich machten, buddelte sie eine gut versteckte Höhle als Zufluchtsort. Als auch das erledigt war, begann für Amanda das, was man leicht verkitscht als Mutterglück bezeichnen konnte.

Ronda, Minta, Kendra und Brüderchen Lando entwickelten sich prächtig. Doch obwohl sie noch klein waren, begann bereits jetzt die Vorbereitung auf den Ernst des Lebens. Spielerisch lernten sie unter Anleitung der Mutter Mäuse aufzustöbern und mit gezieltem Sprung zu fangen, zwischen Gut und Schlecht zu unterscheiden und ihre Kräfte sinnvoll zu nutzen. Auch das Kämpfen gehörte zum Unterricht. Immer wieder bläute Mutter Fuchs ihren Kindern ein: Um das eigene Revier zu kämpfen, ist in Ordnung. Beißen aber tabu. Was sollte es für einen Nutzen haben, einen anderen Fuchs zu verletzen und womöglich zu töten? Wesentlich intelligenter war es doch, den bei der Auseinandersetzung unterlegenen Rivalen nachdrücklich, aber unblutig aus dem Gelände zu weisen. Ein Vorgehen, das nicht nur der Erhaltung der Art diente. Sondern auch viel aussagt über die Cleverness und das soziale Verhalten der Gattung Fuchs.

Im Laufe der täglichen Lektionen zeigten sich bereits deutlich die unterschiedlichen Eigenschaften der jungen Rotpelze. Während der schüchterne Lando lieber an Mutters Schwanzspitze hing als Alleingänge zu wagen, war Kendra eine Draufgängerin, die mutig voranschritt und die Geschwister animierte, ihr zu folgen. Minta dagegen sinnierte gern, hielt sich stets ein wenig abseits und schien eine Philosophin zu werden. Ronda wollte es allen recht machen. Die kleine Streberin lernte eifrig, immer bemüht, von der Mutter ein Lob zu bekommen. Lieb und vertrauensvoll waren alle Vier, zur Freude der stolzen Mama.

An einem sonnigen Sommertag wurde das Idyll plötzlich unsanft gestört. Ein entferntes Knattern kam schnell näher und wuchs vor dem Grundstück zu einer Lautstärke an, die den empfindlichen Fuchsohren weh tat. Amanda vergatterte die Jungen zu absolutem Stillschweigen und schlich sich geduckt zur Grundstücksgrenze, um nachzuschauen, was dort solchen Lärm verursachte. Vier Jugendliche auf nach Benzin stinkenden Mopeds hatten den Weg in eine Rennstrecke verwandelt. Hin und zurück ging es mit den zweirädrigen Maschinen, die mit qualmenden Abgaswolken die Luft verpesteten. Für das Grundstück, auf dem die

Fuchsfamilie wohnte, interessierten sich die jungen Männer jedoch nicht, wie Amanda erleichtert feststellte. Und noch einiger Zeit schien ihnen das Herumfahren auf der Schotterpiste langweilig zu werden, denn mit einem letzten Aufheulen der Motoren verließen die Vier die ehemalige Schrebergartenkolonie. So kehrte wieder Ruhe ein. Amanda konnte Entwarnung geben. Aber sie blieb wachsam. Denn wer weiß: Vielleicht war dies nicht der letzte unliebsame Besuch von Menschen, die zu einer Bedrohung für sie selbst und vor allem für die Kleinen werden konnten.

***

Der Sommer ging zur Neige. Bald würde der Herbst die ersten Boten schicken und der Tag näher kommen, an den Amanda noch gar nicht denken mochte. Nach dem Gesetz der Natur verlassen junge Füchse im Alter von rund sechs Monaten das heimatliche Quartier, um sich ein eigenes Revier zu suchen. Drei bis vier Monate später wären sie dann so weit, selbst eine Familie zu gründen. Eine leise Hoffnung blieb Amanda noch. Vielleicht würden die Mädchen noch eine Weile bei ihr bleiben, den Familienverbund aufrecht halten und sich im nächsten Jahr sogar gemeinsam um die dann frisch geborenen Jungen der Mutter kümmern. Solch ein Verhalten kam unter Füchsen durchaus öfter vor. Warum also nicht auch bei Amandas Töchtern. Für den Rüden Lando allerdings gab es keine Wahl. Er musste gehen, auch wenn es schwer fiel.

Dank der gründlichen Ausbildung waren Amandas Kinder sehr gut auf das Erwachsenwerden mit all seinen Herausforderungen vorbereitet. Was sie wissen mussten und lernen konnten, hatte die fürsorgliche Mutter ihnen beigebracht. So gab es für Amanda auch keine Bedenken, ihre Rasselbande an dem Nachmittag im Spätsommer für einige Zeit allein zu lassen. Sie wollte sich mit einer anderen Füchsin zu einem Plausch treffen. Etwa so, als ob unsereins sich mit einer Bekannten zu Kaffee und Kuchen verabredet hätte.

Als Amanda zur Gartenlaube zurückkehrte, war es unnatürlich still. Kein roter Wirbelwind kam ihr entgegen gestürmt, kein aufgeregtes Keckern und Bellen war zur Begrüßung zu hören. Alarmiert begab sich Amanda auf die Suche. Und sie wurde auf schreckliche Weise fündig.

Kendras Körper lag mitten auf dem vom Unkraut überwucherten Weg, der zur Laube führte. Die beiden anderen Mädchen hatten versucht, in den Kessel zu flüchten. Doch die Verfolger hatten sie eingeholt und kurz vor dem Ziel getötet. Die Leiche Landos fand Amanda in einer Ecke der Hütte liegen, wohin die Mörder sie einfach weggeworfen hatten. Allen getöteten Füchsen war eines gemeinsam: Ihnen fehlte die buschige Rute mit der markanten weißen Spitze.

Amanda schickte ihre verzweifelte Klage himmelwärts. Aber von dort kam kein Trost. Sie schrie ihr Leid in die Stille hinaus, die keine Anteilnahme zeigte. Ließ es zu, dass ihr der Gram das Herz zerriss und den Lebenswillen raubte. Als der nächste Morgen dämmerte, erhob sich die Füchsin. Es war noch nicht zu Ende. Vor dem Tod stand die Tat. Eine Tat, die sie unbedingt erledigen musste, weil sie es ihren Sprösslingen schuldig war. Vorher würde sie keine Ruhe finden.

Ohne einen Blick zurück trat sie auf den Weg, der an ihrem Heim vorbeiführte, um die Spur der Mörder zu verfolgen. Kaum wahrnehmbar lag noch ein leichter Geruch in der Luft, der sie leiten würde. Amanda hob die Nase, nahm Witterung auf und begab sich auf die mühsame Fahndung nach den Verbrechern, die ihre Kinder verstümmelt und getötet hatten.

Wen sie auch fragte, die Auskunft enttäuschte stets auf gleiche Weise: Niemand hatte etwas gesehen oder gehört, keinem war etwas Ungewöhnliches aufgefallen. Aber Amanda gab nicht auf. Unbeirrt folgte sie der Fährte, auch wenn diese immer schwächer wurde. Sie durchwanderte Tage und Nächte, bis sie auch die letzte Spur verloren hatte. Der Duft war verflogen; damit fehlte der geringste Anhaltspunkt, wo sich die Mörder ihrer Kinder aufhalten könnten. Die Verbrecher waren zu Phantomen des Todes geworden, unsichtbar, unwirklich und doch auf unvorstellbar entsetzliche Weise real. Amanda wusste nicht mehr weiter.

***

Es wurde schon dunkel, als die Füchsin nach einer Woche einen Randbezirk der Stadt erreichte. Ein wenig attraktives Viertel mit zahlreichem Kleingewerbe und Handwerksstätten, mit grauen

Mietshäusern, in deren Vorgärten armselige Ziersträucher verkümmerten. Amanda schnürte durch die öden Straßen, stets darauf bedacht, Begegnungen mit Menschen zu vermeiden. Schließlich kam sie an einem zu dieser Zeit verlassenen Spielplatz vorbei. Ein verdreckter Sandkasten, eine Rutsche, die in die Jahre gekommen war und ein marodes Klettergerüst machten keinen einladenden, kinderfreundlichen Eindruck. Amanda störte dies nicht. Am Rand der Anlage standen einige Büsche, unter denen die Füchsin einen Platz zum Ausruhen finden konnte. Hungrig und müde rollte sie sich zusammen, um ein wenig zu schlafen. Doch dann vernahm sie entfernt ein Geräusch, das bei ihr eine Erinnerung weckte. Ein leises Knattern von Maschinen, das schnell näher kam. Genauso hatte es sich angehört, als die Mopeds vor dem Gartenlaubengrundstück ein Wettrennen veranstaltet hatten.

Auch wenn ihr vom langen Wandern erschöpfter Körper protestierte, rappelte sich Amanda auf, um diesem Geräusch nachzugehen. Wenige Ecken weiter gelangte sie an ein Gebäude, aus dem Lärm und laute Musik drangen. Vor dem Haus entdeckte die Fuchsmutter, was sie bereits vermutet hatte. Fünf Mofas waren dort geparkt; vier von ihnen grausig geschmückt mit einer furchtbaren Trophäe. An einer Metallstange an den Gepäckträgern baumelte jeweils ein Fuchsschwanz. Buschig, rot, mit weißer Spitze. Amande brauchte gar nicht erst Witterung aufzunehmen. Ihr war klar, dass sie gefunden hatte, was sie so lange vergeblich gesucht hatte. Die Fahrzeuge der Täter. Nun gab es für sie wieder Hoffnung auf Vergeltung. Sie würde die Menschen nicht mehr aus den Augen lassen und zur rechten Zeit ihre Rache ausüben. Wie, wo und wann? All das würde sich ergeben.

Amanda ließ sich in der Nähe der Kneipe nieder und wartete geduldig. Nach einigen Stunden kamen fünf junge Männer aus dem Lokal, grölend, Flaschen schwenkend und offensichtlich angetrunken. „Na dann bis morgen, Freunde. Gleiche Zeit, gleicher Ort", rief einer von ihnen den anderen zu, bevor sich der Pulk auf den Mopeds in Bewegung setzte und davon fuhr. Amanda hatte für den Anfang genug gehört. Sie machte sich auf die Beine zurück zu ihrem Schlafplatz unter dem Gebüsch. Dort legte sie den Kopf auf die Pfoten und fing an, einen Plan zu schmieden.

***

Ab sofort widmete sich Amanda gewissenhaft ihrer Detektivaufgabe. Sie beschattetet jeden der Vier auf dem Nachhauseweg zu seiner Wohnung, ermittelte die jeweilige Arbeitsstelle und fand heraus, wie die Mörder ihre Freizeit verbrachten. Dabei stellte die Füchsin fest, dass die Männer vieles gemeinsam unternahmen, aber nicht alles. Der, den sie *Robo* nannten, fuhr zweimal in der Woche nach Feierabend auf einen Hinterhof zu einem langgestreckten Flachbau, wo er – rote Boxhandschuhe auf dem Rücken – für mehrere Stunden verschwand. Amanda vermutete, dass er sich dort sportlich betätigte.

Der mit den merkwürdigen Haaren, die wie ein blauer Hahnenkamm aufgerichtet längs über den sonst kahlen Schädel wuchsen, begab sich regelmäßig an einem Abend in eine öde Gegend, die abseits von der Wohnbebauung lag. Dort traf er sich mit anderen Männern im Keller einer stillgelegten Werkstatt und veranstaltete stundenlang ohrenbetörenden Krach. Man möge Amanda dieses Fehlurteil verzeihen. Aber wie soll eine Füchsin wissen, dass es sich bei diesem Krach tatsächlich um Kultur und zwar um typische Rockmusik aus der Punk-Szene handelte. Mörder Nummer Drei, dem eine schwarze Spinne in den Hals geritzt war und der außerdem eine bunte Schlange auf dem Oberarm trug, liebte offensichtlich das Kraxeln. In Ermangelung von Bergen hielt er sich mindestens an zwei Nachmittagen in einer Einrichtung auf, in der es Kletterwände gab. Amanda wünschte sich mehr als einmal, er möge abstürzen und sich den Hals brechen. Leider tat der Mörder ihr diesen Gefallen nicht.

Die Freizeitbeschäftigung des Vierten mit Namen *Wayne* versetzte Amanda jedoch in Schrecken. Denn er kam mit anderen grüngewandeten Leuten zusammen, um mit Gewehren und Pistolen zu schießen. Amanda konnte deutlich das unverwechselbare Knallen aus dem Gebäude hören, das als der *Schützenverein* bezeichnet wurde.

So war der Stand der Dinge, als Amanda nach einer weiteren Observation müde zu ihrem Lager unter dem Spielplatz-Gebüsch zurückkehrte. Ehrlicherweise musste sie sich eingestehen, dass sie zwar allerlei interessante Erkenntnisse gewonnen hatte, aber jetzt an einem Punkt angelangt war, an dem sie nicht mehr weiterkam. Klar war, dass sie es unter keinen Umständen mit dem Mörder-Quartett auf einmal würde aufnehmen können. Aber was sollte sie tun, um die Männer ihrer gerechten Strafe zuzuführen? Amanda war ratlos. Doch dann kam ihr der Zufall zu Hilfe. Ein Zufall, der alles von ihr abverlangte.

***

Ohne Vorwarnung hörte Amanda an diesem Abend das Geräusch von tapsigen Schritten, die näher kamen. Als sie vorsichtig unter ihrem Busch-Versteck hervor lugte, bemerkte sie etwas Kleines, Pelziges über den spärlichen Rasen torkeln. Die Fuchsmutter kniff die Augen zusammen und dann sah sie, was sich da über den Spielplatz schleppte: Ein räudiges, abgemagertes Eichhörnchen, das allem Anschein nach die Wut hatte. Die große Wut, die erst den Wahnsinn brachte und danach unweigerlich den Tod. Die unheimliche Wut, vor der Amandas Mutter immer gewarnt hatte: „Wenn du ein Tier siehst, das von der Wut befallen ist, dann lauf. Lauf so schnell du kannst und so weit, wie du kommst. Du darfst niemals ein Tier berühren, das an der Wut leidet. Ein Biss von ihm wäre dein sicherer Tod. Es gibt keine Rettung."

Amanda wurde von Panik erfasst. Nur fort von hier, befahl ihr Instinkt. Bring dich in Sicherheit, verlangte ihr Überlebenswille. Du musst fliehen, forderte die Angst. Doch Amanda blieb.

Angesichts des Todes, der auf sie zu wankte, wurde Amanda bewusst, was sie zu tun hatte. Es war eigentlich ganz leicht. Sie musste nur ihre eigene Furcht überwinden und sich selbst opfern, um ihre Kinder rächen zu können. Amanda stand auf, schüttelte sorgfältig ihr Fell sauber und ging dem Hörnchen entgegen. Der bedauernswerte Zwerg im rotbraunen Pelzmantel sprang und biss zu. Die empfindliche Fuchsnase fing an zu bluten. Nicht stark, aber immerhin. „Ich danke dir, kleines Hörnchen. Stirb schnell und ohne weitere Qualen", wünschte Amanda dem tollwütigen Tierchen. Ihr blieb keine Zeit, sich um den Verbleib des Eichhorns zu kümmern. In wenigen Tagen wäre sie selber nicht mehr in der Lage, ihr Handeln eigenverantwortlich zu steuern. Deshalb machte sich Amanda auf den Weg zu ihrer Vergeltung.

Als der Hobby-Boxer *Robo* an diesem späten Abend nassgeschwitzt aus dem Ring stieg, ahnte er nicht, was ihn draußen erwartete. Geduscht und mit trockenem Zeug am Leib, verließ er die Sporthalle, um zu seinem

Motorrad zu gehen. In diesem Augenblick kreuzte ein Fuchs aus dem Schatten der umliegenden Gebäude auf. Offensichtlich ohne Scheu vor den Menschen, denn er machte keine Anstalten wegzulaufen. Ein Stadtfuchs, wie es bereits viele gab. *Robo* zuckte die Achseln. Was kümmerte ihn ein streunender Fuchs. Er stellte seine Tasche ab und suchte nach dem Moped-Schlüssel in der Hosentasche, als der Fuchs einen Satz machte und ihn in die Hand biss. „Du verdammtes Drecksvieh, hau bloß ab", fluchte der Mörder und drohte der Füchsin, die bereits wieder im Schatten verschwunden war, mit der Faust hinterher. Zum Glück war die Wunde nicht tief, lediglich eine Schramme, die leicht blutete. *Robo* wischte das Blut mit einem Taschentuch ab. Nicht weiter schlimm. Kein Grund, den Vorfall an die große Glocke zu hängen.

Einen Tag später hatte der Punk-Musiker mit dem blauen Hahnenkamm auf dem Kopf ebenfalls eine merkwürdige Begegnung. Zugedröhnt und zugekifft, eine Bierflasche in der Hand, kam er kurz vor Mitternacht aus dem Keller. Zeit, nach Hause zu fahren und eine Mütze Schlaf zu nehmen. Morgen musste er wieder früh aus den Federn, weil es der blöde Chef so wollte. Auch er bemerkte den Fuchs erst im letzten Moment, als es bereits zu spät war. Amanda war dem Punker mit voller Wucht in den Rücken gesprungen, hatte ihn zu Boden geworfen und in den Hals gebissen. Der mit dem Hahnenkamm rappelte sich auf ohne genau nachzuvollziehen, was da eben passiert war. Ein Joint zu viel, dachte er. Jetzt habe ich schon Wahnvorstellungen von verrückten Füchsen. Erst am nächsten Morgen entdeckte er im Spiegel des Badezimmers, dass er sich am Hals verletzt hatte. Das Blut war schon getrocknet und ließ sich mit Wasser und Seife leicht entfernen. Stunden später beim Kistenstapeln im Lager, in dem er arbeitete, hatte er diese Kleinigkeit aus der Erinnerung gestrichen. Abgehakt.

Amanda zeigte sich mit dem Halbzeitergebnis ihres Rachefeldzuges zufrieden. Alles war bisher glatt gelaufen. Auch die nächste Attacke auf den Kletterkünstler würde keine Probleme bereiten, dachte die Füchsin voller Zuversicht. Zu Recht. Wie bei den beiden vorherigen Malen behielt sie ihre Überraschungstaktik erfolgreich bei. Ihre Zähne hatten getroffen, Blut war geflossen, die Infektion vollzogen und nicht mehr rückgängig zu machen.

Aber wie häufig, kam auch nun das Schwerste zum Schluss. Amandas Urangst vor den Jägern meldete sich mit Macht zurück, wenn sie an den vierten Mörder in der grünen Tracht der Schützen dachte. Ein Schuss aus seiner Waffe genügte, um ihr Vorhaben scheitern zu lassen. In diesem Fall würde einer der Mörder ungeschoren davonkommen. Dies durfte und konnte sie nicht zulassen.

Andrerseits fehlte die Zeit, sich ihren Befürchtungen hinzugeben. Die Wut stand bei ihr selbst kurz vor dem Ausbruch. Ihr Plan duldete deshalb keinen Aufschub. Geduldig harrte sie vor dem Vereinshaus aus, bis der Schütze herauskam. Leider nicht allein, sondern gemeinsam mit anderen, die noch einige Minuten in angeregtem Gespräch zusammenstanden. Endlich löste sich die Gruppe auf und der Mörder schlenderte zu seinem Fahrzeug, an dem sich als Mahnung für Amande immer noch der Fuchsschwanz-Wimpel leise im Wind bewegte, So, als ob Lando ihr einen Gruß schicken würde. Denn Amanda konnte am Geruch sehr wohl unterscheiden, welchem ihrer Kinder dieser Schwanz gehört hatte. Sie setzte gerade zum Sprung an, als sich der Mörder nach ihr umdrehte. „Wen haben wir denn da? Eine mutige Füchsin. Da hast du dir aber den Falschen ausgesucht, um zu beißen“, grinste der Mörder. „Rate mal, was niederträchtigen Füchsen geschieht, die sich einbilden, Menschen anfallen zu können? Sie werden einfach abgeknallt.“

Der Mörder griff in den Hosenbund und holte eine Waffe hervor. Amanda wusste nicht, ob es ein Revolver oder eine Pistole war. Aber sie wusste, dass es sich um ein tödliches Werkzeug handelte, das sie das Leben kosten würde.

Amanda sprang. Dem Mörder mitten ins Gesicht, wo sie sich in die Wange verbiss. Der Mann versuchte, das wie entfesselte Tier abzuschütteln, was ihm schließlich auch gelang. Von dem Tumult angelockt, waren andere Leute aus dem Schützenverein herbeigeeilt in der Absicht, ihrem Kameraden beizustehen. Nicht erforderlich, denn dieser hatte bereits die Waffe auf den Fuchs abgefeuert. Tödlich getroffen fiel Amanda zu Boden. Der Kadaver würde später an den Amtstierarzt übergeben werden, da Verdacht auf Tollwut bestand, der sich nach der Untersuchung bestätigen sollte.

Die Bisswunde, die Amanda dem Schützen beigebracht hatte, war zu schwer, um geheilt zu werden. Obwohl die Mediziner im Krankenhaus alles gaben, verstarb der Mörder an der Wut, die jedem Geschöpf den Tod bringt. In der Folgezeit wurden drei weitere Tollwutfälle im Bezirk aktenkundig. Auch hier kam jede Hilfe zu spät.

Krokodilstränen

Der Gott grollte. Ihn gelüstete nach frischem Fleisch. Doch die Beute, nach der er verlangte, war rar geworden in seinem Reich. Weil der Himmel wie immer zu dieser Jahreszeit die Schleusen weit öffnete, versteckte sich das Wild feige in seinen Behausungen statt unbekümmert in den Sümpfen umherzustreifen. Daher gab es wenig Gelegenheit, eine der begehrten Trophäen einzufangen. Aufgebracht peitschte der Gott mit seinem meterlangen Schwanz das brackige Wasser auf, das seinen borkigen Panzer dunkel glänzen ließ. Die Geschöpfe ringsum vernahmen den Zorn ihres Gebieters und verstummten aus Angst und Ehrfurcht. Er war der Herr über Leben und Tod, der die Welt zum Erzittern brachte.

Der Herrscher der Sümpfe sank zurück auf sein nasses Lager, die gelben Augen zu Schlitzen geschlossen. Er würde warten. Mit Geduld und kalter Gelassenheit. Denn er hatte gelernt, seine Gier zu zügeln. Wenn es sein musste, war er ein genügsamer Gott, der eine Woche und länger ohne Nahrung auskommen konnte.

So wie sein Körper bis ins hohe Alter stetig ohne Unterlass wuchs, hatte in den Jahrzehnten des Mordens auch die Macht des Allesverschlingers unermesslich zugenommen. Jedoch reichte sie nicht aus, um in die Zukunft zu schauen. Sogar was morgen geschehen sollte, lag in weiter Ferne und war für den Gott unvorhersehbar. Hätte er die Kraft der Prophezeiung besessen, wäre es mit seiner Gelassenheit vorbei gewesen. Denn dann hätte er gewusst, dass sich ein starker Gegner zu ihm auf den Weg machte. Nicht, um sein Opfer zu werden, sondern um den Gott selbst zu jagen und zu töten. Aber dieser ahnte nichts von der tödlichen Gefahr. Er war sich sicher, unbesiegbar zu sein.

***

Der Berufskiller, der den Herrscher der Sümpfe vom Thron stürzen sollte, fürchtete keine Götter, gleich welcher Art sie auch waren. Er hatte die Gottesfurcht nach seinem ersten Auftragsmord auf dem Altar der Erkenntnis in dem Wissen abgelegt, dass nichts und niemand auf der Erde unsterblich ist. Aus diesem Grund war es ihm egal, für welchen

Kopf er Geld kassierte. Ob Glatze oder Fell, Faust oder Pfote, zwei oder vier Beine: Der Profit musste den Aufwand einer professionellen Jagd lohnen. Allein das zählte.

Nun war der Killer, der seine Identität so rasch wechselte wie die Schauplätze seiner Taten, von der Verwaltung, in deren Bezirk sich die Sümpfe befanden, auf den unersättlichen Menschenfresser angesetzt worden. Töten um jeden Preis, lautete seine Mission. Ein maßloses Untier vernichten, das nachts die im Reet versteckten Hütten der Schnapsbrenner überfiel. Einer Bestie den Garaus machen, die unbedarfte Touristen, die sich zu weit über die Reling des Ausflugbootes beugten, das sie durch die beeindruckende Sumpflandschaft schipperte, mit einem Satz von Deck holte. Ein gnadenloses Wesen ins Jenseits befördern, das spielende Kinder zum Frühstück verspeiste und trotz seiner Untaten nicht zur Strecke gebracht werden konnte.

Denn der alte Gott plante klug und schlug blitzschnell zu. Dazu verstand er sich ausgezeichnet darauf, unsichtbar zu bleiben. Das unwegsame Gelände in seinem sumpfigen Reich bot dafür perfekte Voraussetzungen. Oft zogen die Jäger auf der Pirsch an der acht Meter langen Mordmaschine vorbei, ohne sie zu bemerken. Dann bleckte der verborgene Gott in belustigter Häme die Zähne ob so viel menschlicher Dummheit.

Diese Zähne! Nicht nur eine totsichere Waffe mit ungeheurer Beißkraft, die nicht mehr losließ, was sie einmal erfasst hatte. Sondern auch ein Wunderwerk der Natur, das sich in der Zeit der Dinosaurier vor über 230 Millionen von Jahren entwickelt hatte. Jeder der bis zu siebzig Zähne in einem Krokodilmaul erneuerte sich Jahr um Jahr, so dass eine Panzerechse bis ins Greisenalter jagen konnte. Der Umstand, dass diese messerscharfen Mordwerkzeuge aufgrund des unbeweglichen Unterkiefers nicht in der Lage waren zu kauen, beeinträchtigte die Nachkommen der fossilen Urahnen in keiner Weise. War die Beute zu groß, um im Ganzen verschlungen zu werden, drehte sich ein Krokodil so lange um die eigene Achse, bis die Zähne das Fleisch derart perforiert hatten, dass sich aus dem Körper bequem ein passendes Stück herausreißen ließ.

Darüber hinaus bereitete es der Riesen-Echse keinerlei Schwierigkeiten, mehrere Stunden geräuschlos unter Wasser auszuharren. Scheinbar träge lauerte das Tier, das in seinem Revier als Gott verehrt und gefürchtet wurde, in der erdbraunen Brühe auf unvorsichtige Besucher, die es dann nicht besser verdienten, als mit einem raschen Schnappen verletzt und anschließend im Wasser ertränkt zu werden. Mit dieser Taktik hatte der Menschenfresser bisher gut gelebt. Und würde es auch weiterhin tun.

Die Menschenjagd funktionierte zwar nach anderen Regeln als das Reißen eines Hirsches oder eines anderen Beutetiers. Aber die Mühe nahm der Herrscher der sumpfigen Lande klaglos in Kauf. Seit Kindertagen wusste er, dass auf die Anstrengung eine besondere Belohnung folgte. Stets würde ihm der einzigartige Augenblick im Gedächtnis bleiben, als es ihm gelang, den Großen ein Stück von dem Körper wegzuschnappen, den sie frisch getötet ins Wasser gezogen hatten und gerade in mundgerechte Stücke zerteilen wollten. Stolz hatte er den stibitzten Arm in Sicherheit gebracht. Wie köstlich schmeckte der erste Bissen. So ganz anders als die Nahrung, die er sonst erbeuten musste. Nacktes, pures Fleisch. Ohne störende Haare, frei von Schuppen, Federn oder ledriger Haut. Unbekannter Genuss, den er bislang für unmöglich gehalten hatte. Von nun an, so beschloss die junge Echse, würde sie die Auswahl ihrer Mahlzeiten nicht mehr dem Zufall überlassen. Und so wurde in den Sümpfen ein Menschenfresser geboren. Lange, bevor er zum Gott über alle Lebenwesen in dem morastigen Reich aufstieg.

In Erinnerung an vergangen Zeiten gönnte sich der gepanzerte Gott dann doch ein wenig Sentimentalität. Wie schnell die unbeschwerte Jugendzeit verflogen war und dem Ernst des Lebens Platz machen musste. Schluss mit dem Kräftemessen der jungen Krokos, bei dem der Beste im Jagen und Töten ermittelt wurde. Vergangen die gemeinsamen Festgelage, bei denen man sich friedlich ein Opfer teilte und dafür Stück für Stück den Körper ausweidete. Vorbei die ausgelassenen Stunden, in denen er und seine Gefährten mit den abgenagten Menschenköpfen Wasserball spielten. Als Gott teilte er nichts mehr. Ihm allein stand die Beute zu, an der er sich gütlich tat. Was mit den Resten geschah, kümmerte den Allmächtigen aus dem Sumpfreich wenig. Mochte sich gefräßiges Raubzeug aus Wasser und Luft um den zerstückelten Kadaver zanken. Seinen Segen hatte das Getier.

Wie viele Menschen er in seinem fast hundertjährigen Leben umgebracht hatte, konnte er nicht sagen. Der Gott hatte aufgehört zu zählen. Das Normale ist es nicht wert, erinnert zu werden. Was bedeutete schon der Tod eines Menschen. Gar nichts. Offensichtlich vergaßen auch die Menschen schnell, welche Gefahr in den Sümpfen drohte. Anderenfalls würden sie nicht immer wieder zurückkommen, mit ihren Booten die Ruhe stören und dabei ihr Leben riskieren.

Ganz so simpel stellte sich die Sache in Wirklichkeit allerdings nicht dar. Wiederholt hatten Betroffene, denen der Herr der Sümpfe Angehörige oder Freunde geraubt hatte, Jagdtrupps zusammengestellt, um das Monster endlich unschädlich zu machen. Bewaffnet mit Netzen, Harpunen und Gewehren waren sie losgezogen. Und jedes Mal unverrichteter Dinge zurückgekehrt, weil sich die Panzerechse wie stets nicht fangen ließ. Nun hatten die Verantwortlichen Verstärkung geholt. Mit Unterstützung eines Experten hoffte man, die göttliche Plage ein für allemal loszuwerden.

***

Seitdem das Krokodil, das zum Gott geworden war, als Junge zum ersten Mal die Süße menschlichen Blutes gekostet hatte, war der Hunger nach diesem zarten Fleisch, den zerbrechlichen Knochen und delikaten Eingeweiden unstillbar gewachsen. Wie ein Süchtiger an der Nadel hängt, brauchte der Menschenfresser regelmäßig Nachschub, um seine Begierde zumindest für eine Weile zu befriedigen. Etwas anderes interessierte ihn nicht. Auch nicht das tragische Schicksal seiner Artgenossen, die Mitleid verdient hätten.

So hatte er unbeteiligt mit angesehen, wie die Zahl der Angehörigen seines Stammes nach und nach durch Menschenhand dezimiert wurde. Etliche von ihnen fanden in Zoos eine neue Bleibe. Einige mutierten zu Show-Stars, die mit läppischen Dressurauftritten das sensationshungrige Publikum unterhielten. Schwächlinge aus seiner Sippschaft, die der Gott zutiefst verachtete. Die meisten aber schafften es nicht, die eigene Haut zu retten. Und genau darum ging es tatsächlich: Krokodil-Leder war chic, teuer und heiß begehrt. Ein ideales Prestige-Objekt zum lukrativen Geschäfte-Machen. Unzählige Reptilien mussten ihr Leben lassen, um als Handtaschen und anderer modischer Schnickschnack zu enden. Seine Haut würde jedenfalls niemals zu Markte getragen werden, hatte sich der Gott geschworen und dieses Gelübde bislang entschlossen verteidigt.

***

Jedoch: Mitgefühl mit seinen Artgenossen kannte der Gott nicht. Er ging seinen Weg ohne Rücksicht auf Verluste. Eigenschaften und Fähigkeiten, in denen er dem Profikiller ähnelte.

Dieser hatte ebenfalls nur sein Ziel vor Augen, das er mit rücksichtsloser Konsequenz verfolgte. Nämlich satte Gewinne zu machen in Geld, Gold, Kunst oder Immobilien. Sei es durch das Abschlachten vom Aussterben bedrohter Nashörner mit dem bloßen Zweck, ihnen das kostbare Horn zu nehmen, dem Liebeskräfte zugeschrieben wurden. Sei es mit der Jagd nach immer weniger werdenden Tigern, für deren Körperteile von asiatischen Medizinern horrende Preise gezahlt wurden. Sei es mit der Exekution unliebsamer Geschäftsleute, die der Konkurrenz im Wege standen. Sei es durch das Beseitigen von Erben, die das Bestehen von Reichtum und Besitz durch ihre Ansprüche gefährdeten. Sei es bei der Aufgabe, unbequeme Politiker ins Nirwana zu schicken – je nach dem, welche der Parteien am meisten zahlte. Die Liste des Killers ohne Namen war lang und vielfach prominent. Für ihn allerdings kein Anlass, stolz zu sein. Wen oder was er tötete, spielte für ihn nicht die geringste Rolle, solange sein Nummernkonto bei der Bank stetig wuchs.

So befanden sich die Dinge im Zustand der Balance, als die beiden Jäger aufeinander treffen sollten. Jeder von ihnen lebte in seiner eigenen festen Ordnung, die aufzubrechen nicht einfach werden würde.

***

Als der Koloss auf seinem schlammigen Lager von Ferne das Tuckern eines Bootes vernahm, war er sofort auf der Hut. Dass sich jetzt während der Regenperiode ein Mensch in sein Revier begab, bedeutete nichts Gutes. Der alte Gott verließ seine Ruhestatt, um sich Gewissheit zu verschaffen. Drohte Gefahr oder handelte es sich um falschen Alarm? Lautlos ließ sich das Krokodil ins Wasser gleiten und schwamm dem

Geräusch entgegen. Seine Sorge schien unbegründet zu sein. Denn so rasch, wie er gekommen war, entfernte sich der Kahn auch wieder. Noch bevor der Gott das Gefährt erreichen konnte.

Der Jäger hatte auf seiner Erkundungsfahrt genug gesehen. Als nächstes würde er sich eine geeignete Ausstattung für das geplante Vorhaben beschaffen. Denn einen Gott fängt man nicht mit bloßen Händen. Eher mit einem unwiderstehlichen Köder, zu dem selbst ein Gott nicht Nein sagen kann. Der Killer war sich darüber im Klaren, dass es nicht einfach sein würde, diesen Köder zu besorgen. Aber auch das würde ihm gelingen. So wie ihm bisher alles in seiner blutigen Laufbahn gelungen war.

Aber die Vorbereitungen stockten. Solange es in Strömen regnete, lehnte der Killer es ab, auf die Jagd zu gehen. Deshalb war er abgereist. Sobald sich das Wetter besserte, würde er wieder pünktlich zur Stelle sein, um seine Arbeit zu Ende zu bringen. So hatte er es mit seinen Auftraggebern vereinbart. Die Pause kam dem Serienmörder im Übrigen sehr recht. Damit gewann er Zeit, um wichtige Vorkehrungen zu treffen, die über sein Jagdglück entscheiden würden.

Der Weg führte den Killer weit weg in die Slums einer Großstadt. Ein gefährliches Pflaster, aber in hervorragender Weise geeignet, um sich mit dem erforderlichen Zubehör für die Jagd in den Sümpfen zu versorgen. Angstfrei und gewöhnt, dass hinter jeder Ecke eine Bedrohung lauern könnte, bewegte sich der Killer achtsam durch das Viertel, in dem neben der Armut auch das Verbrechen zu Hause war. Kein Problem für den Globetrotter mit dem Tod im Gepäck. Er kannte sich aus.

Weltweit unterwegs in dunklen Machenschaften benötigte er oft vieles, was schwer zu bekommen war. Hier jedoch fand er sogar die ausgefallensten Dinge, ohne lange suchen zu müssen. Explosive Stoffe zum Beispiel gab es bei den einschlägigen Händlern im Quartier in breiter Auswahl. Daher konnte der Killer eine von beiden Zutaten, die er zum Jagen einsetzen wollte, schnell erwerben.

Wesentlich komplizierter gestaltete sich dagegen die Beschaffung des eigentlichen Lockmittels, mit dem der Gott geködert werden sollte. In den Elendshütten fand sich kein Verkäufer, der die begehrte Ware im

Angebot hatte. Oder offerieren wollte. Gut möglich, dass sogar die hartgesottenen Dealer in diesem verrufenen Stadtteil Skrupel hatten, sich an dem dreckigen Geschäft die Hände schmutzig zu machen. Bedenken, die der aufs Töten spezialisierte Fachmann nicht nachvollziehen konnte. Trotzdem musste er zur Kenntnis nehmen, dass der Artikel auf dem Markt einfach nicht vorhanden war. Da half es auch nicht weiter, den Preis zu verdoppeln.

Nun lag es nicht in der Natur des Killers, resigniert aufzugeben. Er hatte die Erfahrung gemacht, dass sogar aussichtslos erscheinende Situationen gedreht werden konnten – vorausgesetzt, man wusste wie und verfügte über das passende Instrumentarium, das zu einer praktikablen Lösung taugte. Da er weder für Geld noch für gute Worte kaufen konnte, was er brauchte, griff er schließlich zur Selbsthilfe. Man hätte sein Vorgehen auch schlicht als Diebstahl bezeichnen können. Unwichtig – allein das Ergebnis zählte.

Ausgestattet mit allem, was er für seine Jagd in den Sümpfen benötigte, kehrte der Reisende in Sachen Tod just an dem Tag zurück, als es zu regnen aufhörte.

***

Der Mond hatte sich gerade durch die Wolkenfetzen hindurch gearbeitet, als der Gott aus einem leichten Schlummer erwachte. Trotz seines biblischen Alters verfügte der Methusalem noch über ein extrem feines Gehör, dem nichts im Umkreis entging. Daher fand selbst ein kaum wahrnehmbares Plätschern seine Aufmerksamkeit. Ein fremdes Geräusch, das sich in den Chor der nächtlichen Stimmen einschlich und nicht dorthin gehörte. Unwillig verdrängte der Gott die wohlige Müdigkeit und machte sich auf, die Ursache der ungewohnten Laute zu erkunden.

Schon bald entdeckte er, was seinen Schlaf unterbrochen hatte. Ein Gepäckstück trieb auf einem der Kanäle dahin, die in großer Zahl die Sumpflandschaft durchzogen. Hin und wieder blieb die Tasche an einem abgestorbenen Baumstamm hängen, der aus dem Wasser ragte. Kam wieder los und dümpelte weiter einem unbekannten Ziel entgegen. Doch nicht die Tasche irritierte den Gott. Zu oft hatte er die seltsamsten

Gegenstände im Wasser gesichtet, die unachtsame Menschen bei ihren Ausflügen verloren hatten. Etwas anderes erregte die Beachtung des Reptils. Ein leises, fast unhörbares Wimmern drang aus dem Behältnis. Ein Laut, der mit Sicherheit nicht von einem Tier stammte.

Moses war zurückgekehrt. Allein diesmal wurde er nicht von einer mitleidigen Pharaonentochter in Obhut genommen, sondern von einem grausamen Gott empfangen, der kein Erbarmen kannte. Mit einem kräftigen Peitschenhieb seines Schwanzes bewegte sich der Gott vorwärts. Die langersehnte Beute war zum Greifen nah. Schon meinte er, das süße Blut schmecken zu können.

Im selben Augenblick, als sich der mächtige Kiefer des Gottes um die weinende Transportbox legte, löste der Killer die Fernzündung aus. Der Sprengstoffgürtel, der den greinenden Säugling in der Tasche umschloss, explodierte auf der Stelle zuverlässig und mit höchster Präzision.

Als der zerfetzte Gott mit aufgerissenem Rachen im Morast versank, schoss Wasser in seine Augen. Doch es waren falsche Tränen. Denn Krokodile weinen nicht.

An der Feierstunde im Rathaus der Stadt am Rand der Sümpfe konnte der Killer bedauerlicherweise nicht teilnehmen. Der Mann, der als erfahrener Großwildjäger, erfolgreicher Bombenbauer und gefragter Experte in Mord und Totschlag rund um den Globus reiste, saß bereits wieder im Flieger. Unterwegs ans andere Ende der Welt. Dort wurde dringend Hilfe benötigt, weil ein angeblicher Werwolf Ärger machte.

Hamsterrad

48 Umdrehungen hatte ich bereits geschafft. Das Doppelte würde ich auch noch packen. Schließlich war es noch früh am Abend. Abgesehen davon blieben nur wenige Alternativen, um mich zu beschäftigen. Eigentlich gar keine. Meine Aufpasser hatten ein Laufrad in meinen Käfig gestellt wohl mit der Vermutung, dieses eintönige Rennen würde mir Spaß machen. Nun ja. Geschenkt. Woher sollten sie es besser wissen. Leider konnte ich nicht mit ihnen reden oder mich sonst wie verständlich machen. Stets, wenn ich etwas sagte, schauten sie mich mit ihren braunen Knopfaugen fragend an. Also schickte ich mich vorläufig und unter Vorbehalt in mein absurdes Los.

Immerhin hatte ich mich an das Essen, das sie jeden Morgen in einer Schüssel durch eine Klappe in den Käfigstäben schoben, bereits einigermaßen gewöhnt. Grünzeug und Körner. Für Vegetarier sicherlich ein andauerndes Festmahl; für normal Veranlagte wie mich mit der Zeit eine ständige Zumutung. Mein Magen schrie nach Fleisch, meine Muskeln forderten schmerzhaft eiweißhaltige Nahrung und mein Appetit würde Gott-weiß-was für Spaghetti Bolognese oder ein Filetsteak mit Pommes geben.

Natürlich hatten meine Wächter von meinen Gelüsten nicht die geringste Ahnung. Und falls doch, deutete nichts darauf hin, dass sie sich davon würden beeinflussen lassen. Sie standen nur regungslos auf ihrem Posten, ohne mich aus den Augen zu lassen. Ich wünschte mir von Tag zu Tag nur eines immer dringender: Lasst mich doch endlich mal in Ruhe schlafen! Aber nein. Sobald es dunkel wurde, sammelten sich noch mehr von diesen Wesen um meine Käfigbehausung. Oft nur zum Gucken, aber manchmal holten sie mich sogar aus dem Gehege heraus, um mich noch genauer zu beäugen und zu beschnuppern. Ich sage Ihnen: Angenehm ist anders. Offensichtlich hielt man mich für eine nachtaktive Kreatur – oder vielmehr hatte ich den Eindruck, die Geschöpfe selbst waren es gewohnt, die Nacht zum Tag zu machen. Denn von morgens bis zum späten Nachmittag bekam ich selten eines von ihnen zu Gesicht. Außer dem unvermeidlichen Wachposten.

Besonderes Vergnügen schienen sie zu empfinden, wenn ich mich in diesem verdammten Laufrad abstrampelte. Dann wurde gequietscht, gezirpt und gequiekt, was in ihrer Sprache wohl so viel bedeutet wie „Schaut euch diesen Idioten an. Hat nichts anderes im Sinn als ziellos und ohne Verstand im Kreis zu laufen.“

Aber da ich von Natur aus friedlich und auf Harmonie bedacht bin, tat ich ihnen den Gefallen, den Blödmann zu spielen. War übrigens auch klüger, für gute Stimmung zu sorgen. Denn die Viecher, oder was auch immer sie darstellten, konnten reichlich ungemütlich werden, sollte einmal etwas nicht nach ihren Vorstellungen gehen. Ich weiß, wovon ich spreche. Zum einen sind sie in der Lage, mit ihren hässlichen, vorstehenden Vorderzähnen kräftig zuzubeißen, wobei durchaus Blut fließen kann. So eine Beißattacke möchte ich unbedingt vermeiden, denn wie allseits bekannt sind Zähne extreme Bakterienschleudern, die gefährliche Krankheiten übertragen können. Das hätte mir zum Glück noch gefehlt, in dieser beschissenen Situation krank zu werden.

Zum anderen verfügen die Biester über lange Stangen aus Holz oder Bambus, mit denen sie ohne Erbarmen zustoßen, wenn ihnen mal wieder irgendetwas nicht passt. Manch blauer Fleck an meinem Körper ist immer noch nicht verblasst. Nun bin ich ein lernfähiger Mensch und begreife schnell, was sie von mir wollen. Daher fällt es nicht schwer, Gehorsam zu zeigen – und dabei auf eine geeignete Gelegenheit zu lauern, um aus dieser lächerlichen Gefangenschaft auszubrechen.

Aber jetzt möchten Sie sicherlich so langsam erfahren, wie ich überhaupt in diese außergewöhnliche Situation geraten bin. Ehrlich gestanden: Ich weiß es nicht. Es war vor ein paar Wochen an einem ganz alltäglichen Mittwoch um zwei Uhr in der Nacht. Bevor ich mich schlafen legte, hatte ich noch meinen Hamster Hermann in seinem Käfig auf der Küchenfensterbank mit frischem Wasser versorgt, anschließend im Bett noch einige Seiten in einem Krimi gelesen und dann das Licht gelöscht. Am nächsten Morgen bin ich in dieser Umgebung in einem Käfig aufgewacht. Wie ich hierhin gekommen bin – ich habe keinen blassen Schimmer.

Eingerichtet ist mein neues Heim mit einer Liege und besagtem Laufrad. Eine Kiste mit Sand gehört ebenfalls zur Ausstattung – Sie wissen schon, wofür. Alles in allem ein durchaus ausbaufähiges Ambiente. Zunächst glaubte ich, schlecht zu träumen. Bis dann diese pelzigen Wesen auftauchten und das Drama wirklich begann. Da man mich nur mit dem Schlafanzug bekleidet entführt hatte, fehlt mir alles, was ich jetzt dringend gebrauchen könnte. Nichts da zum Schreiben, selbstverständlich auch kein Handy, wobei gar nicht feststeht, ob ich in diesem Phantasia-Land überhaupt eine Verbindung zu meiner Welt bekäme. Noch nicht einmal ein Taschentuch habe ich dabei. Unterm Strich sind die Aussichten im Moment recht trübe.

Warum ich hier bin und was ich hier soll, ist mir nach wie vor ein Rätsel. Ich lebe als Single wie Millionen andere auch in einer Mietwohnung, gehe regelmäßig zu Arbeit, habe seit Monaten keine Freundin, was meine Libido in höchstem Maß verärgert, und spiele in meiner Freizeit gerne Tennis. Ich wette, Sie hätten ebenfalls keine Erklärung, wenn Sie in meiner Lage wären. Doch Jammern bringt im Augenblick auch nicht weiter. Deshalb werde ich noch einige Runden drehen. Ich habe sowieso nichts Besseres zu tun.

***

Die Zwillinge Wim und Winnie hopsten aufgeregt auf ihrem Lager auf und nieder. Heute war der große Tag. Heute durften sie erstmals mit ihrem Vater ins Gefängnis, um die fremden Kreaturen im Käfig zu besichtigen. Die Eltern hatten nach heftigen Diskussionen die Erlaubnis zu diesem Besuch gegeben. Es könne nichts schaden, den Kindern etwas Außergewöhnliches zu zeigen und ihren Horizont zu erweitern, meinte Vater Piet. Wer wäre zudem besser als er geeignet, Sohn und Tochter an dieses unglaubliche Phänomen heranzuführen. Piet war ein anerkannter Forscher, der sich seit Jahren mit dem Thema Aliens beschäftigte. Er hatte stets an das Vorhandensein Außerirdischer geglaubt. Ein Glaube, der durch die erfolgreiche Mission der *Wanderer* in vollem Umfang bestätigt worden war. Die Kundschafter, deren Aufgabe es war, bei ihren Reisen durch das Sternenzelt neue Welten zu entdecken, hatten nach vielen fehlgeschlagenen Versuchen endlich Glück gehabt und sogar einige Exemplare der fremden Lebewesen mitgebracht.

Piet und seine Kollegen hatten sich voller Eifer daran begeben, mehr über die neue Art zu erfahren. Das Versuchsobjekt, das ihm die oberste

Behörde persönlich zu Forschungszwecken aus der Gruppe zur Verfügung gestellt hatte, schien intelligent und weitgehend zahm zu sein. Leider war die Arbeit nach einigen Wochen ins Stocken geraten. Man kam schlichtweg nicht weiter.

Als Wim und Winnie das Wesen erblickten, gerieten sie buchstäblich aus dem Häuschen. Noch aufregender wurde die Sache, als ihr Vater den Käfig öffnete und das Ding in die Hand nahm, damit die Zwillinge es aus der Nähe anschauen konnten. Vorsichtig streckte Wim die Klaue aus, um das Geschöpf zu streicheln, das unter der ungewohnten Berührung allerdings zurückschreckte. „Hände weg, Wim. Du siehst doch, dass es Angst hat", sagte Piet und verfrachtete das Wesen zurück in den Käfig. Doch die beiden Kinder gaben keine Ruhe. „Bitte, bitte, dürfen wir das Ding zum Spielen mit nach Hause nehmen? Wir werden auch ganz behutsam mit ihm umgehen und nichts kaputt machen", bettelten die Zwei. „Kommt überhaupt nicht in Frage", erklärte Mutter Mimi. „Ich will keine Tiere in der Wohnung haben. Die machen nur Dreck und Arbeit." „Nein, Mama. Du brauchst gar nichts zu tun. Wir kümmern uns um das Ding", riefen die Zwillinge wie aus einem Munde.

„Eigentlich ist die Idee gar nicht so übel", bemerkte Piet. „Daheim hätte ich wesentlich mehr Möglichkeiten, das Verhalten des Fremden zu erforschen. Und wer weiß: Vielleicht bekomme ich in einer privaten Atmosphäre sogar Zugang zu ihm und kann eine Kommunikation aufbauen."

***

Und so wurde ich zum Spielzeug für die süßen Kleinen, die mich in ihrem zarten Alter bereits um das Zehnfache überragten sowie zum Versuchskaninchen für den Vater, der mich ohne Unterlass bei allen Tätigkeiten beobachtete.

Der Umzug in mein neues Heim verlief reibungslos. Zwei dieser seltsamen Wesen kamen, hoben den Käfig hoch und trugen ihn ohne abzusetzen zu der Behausung meiner Gastgeber. So, als ob es sich um einen leeren Pappkarton und nicht um einen stabilen Großkäfig mit einem ausgewachsenen 80-Kilo-Mann darin handelte. Nach dem Transport fand ich mich in einem leeren Zimmer wieder, blieb jedoch nicht lange allein. Denn bald darauf stürmten die beiden Riesen-Babys herein, gaben unartikulierte Laute von sich und machten sich daran, den Käfig zu öffnen. Glücklicherweise betrat ein Erwachsener das Zimmer, wohl der Vater der beiden. Offensichtlich erteilte er dem Nachwuchs klare Regeln mit der Auflage, mich in Ruhe zu lassen. Anders konnte ich mir die gesenkten Köpfe der beiden nicht erklären. Mir war es völlig schnuppe, ob die Rangen traurig oder froh gestimmt waren. Mir ging es ums Überleben in einer Welt, die nicht die meine war. Was würde die Zukunft bringen? Hatte ich überhaupt eine Zukunft? Die nächsten Wochen würden es zeigen.

Während der folgenden Zeit ereignete sich zunächst nicht viel. Nachts wurde ich erfreulicher Weise kaum noch gestört, was mein Wohlbefinden mächtig stärkte. Ausgeruht kann man eben besser nachdenken und entsprechend intelligent handeln. Leider vertiefte sich gleichzeitig das ungute Gefühl, dass mein Aufenthalt hier länger dauern würde. Denn nichts deutete darauf hin, dass ich kurzfristig aus meinem Gefängnis ausbrechen könnte. In der Ecke Trübsal zu blasen, machte vor diesem Hintergrund wenig Sinn. Daher begann ich zu überlegen, wie ich es anstellen müsste, mich mit diesen Giganten im gefleckten Pelz zu verständigen.

Mittlerweile hatte ich mich an den bombastischen Anblick der Riesen gewöhnt, wobei mich ihr Äußeres entfernt an meinen Hamster Hermann erinnerte, der genau solche dicken Backentaschen besitzt wie diese Kreaturen. Auch die Zähne wiesen eine frappierende Ähnlichkeit auf. Überhaupt: Wenn ich es richtig bedenke, waren die Viecher nichts anderes als überdimensionierte Hamster-Monster. Wie es Hermann jetzt wohl geht? Ich fürchte, er ist inzwischen verhungert oder verdurstet. Oder sogar beides. Ich hatte ja nicht die Möglichkeit, mich vor meiner Entführung um eine Betreuung für meinen Hausgenossen zu kümmern. Ich schwöre feierlich: Nach meiner Rückkehr werde ich im Zoogeschäft sofort einen neuen Hermann kaufen. Und vielleicht eine Hermine dazu. Dann gäbe es bald Nachwuchs und ich wäre stolzer Besitzer einer niedlichen Hamsterfamilie.

Doch zunächst zu meinem aktuellen Problem: Wie komme ich mit diesen Monster-Hamstern ins Gespräch, um die Chancen auszuloten, nach Hause zurückzukehren? Am besten durch Zeichensprache, die international verständlich ist und auch in diesem Fall möglicherweise einen Weg zu einer Kommunikation eröffnet.

Einiges konnte ich bereits in Erfahrung bringen. So hatte ich es offensichtlich mit einem sportlichen Volk zu tun. Denn bei den seltenen Gelegenheiten, bei denen ich einen Blick aus dem Fenster werfen konnte, sah ich etliche Konstrukte im nahgelegenen Park, die in Bauweise und Funktion stark an Fitness-Geräte daheim erinnerten. Viel mehr wusste ich allerdings nicht über meine Gefängniswärter.

Als mich an einem der folgenden Tage der Große aus dem Käfig nahm und mich auf seinem Schreibtisch spazieren ließ, baute ich mich direkt vor seiner Fellnase auf, deutete auf meine Brust und sagte laut und deutlich: Ich bin Ralf. Mein Gegenüber zuckte noch nicht einmal mit einem Schnurrbarthaar. Aber ich ließ nicht locker. Nachdem ich gefühlt hundert Mal meinen Namen genannt hatte, bewegte der Riese die Lippen. Ich vernahm einen langgezogenen Laut wie „iiiiiaf" oder so ähnlich. Immerhin, ein Anfang war gemacht.

Beharrlich setzte ich meine Kommunikationsversuche fort. Sehr zum Vergnügen der beiden Jungen, die sich nun noch intensiver mit mir beschäftigten. Mir war es recht. Denn mit ihrer Hilfe gelang es mir, ein Basis-Vokabular der merkwürdigen Zwitschersprache zu erlernen. Ebenso nutzte ich die Möglichkeit zu zeigen, was mir an meinem Leben nicht gefiel. Beispielsweise verweigerte ich das Essen, bis ich zu dem üblichen Grünzeug-Körner-Gemisch ab und zu etwas Obst oder Insekten und Würmer in meiner Schüssel fand. Letztere verzehrte ich mit Verachtung und geschlossenen Augen. Schließlich brauchte mein Körper unbedingt Proteine, um die Muskelkraft zu erhalten. Da kam es auf einen köstlichen Geschmack nicht an.

Das Mädchen Winnie entdeckte zudem ihr innenarchitektonisches Talent und schmückte meinen Käfig aus. Vorhänge, mit Heu gefüllte Kissen für mein Lager kamen peu à peu hinzu. Außerdem bastelten die beiden primitive Möbel, so dass ich mich bald auf einen Stuhl setzen und die Mahlzeiten an einem Tisch einnehmen konnte. Ein schweres Stück Arbeit war es, die Hamster von der Notwendigkeit einer Waschgelegenheit zu überzeugen. Ihr Fell bedurfte offenbar keiner Reinigung. Vielleicht putzten sie sich wie Katzen und hielten sich so sauber. Nach zähem Hin und Her – hurra!!! – stand endlich der langvermisste Wassereimer in meiner Behausung. Wenn ich sparsam mit dem kostbaren Nass umging, reichte die Füllung für zwei Tage. Als die Kinder dies begriffen hatten, klappte es mit dem Nachschub reibungslos. Ein wundervolles Gefühl, sich wieder waschen zu können. Zwar nicht mit einer kräftigen heißen Dusche zu vergleichen, aber der Mensch wird ja bescheiden.

Trotz dieser sicherlich beachtlichen Fortschritte kam ich meinem Ziel kein Stück näher. Je beliebter ich bei den Hamstern wurde, desto mehr schien meine Heimkehr in weite Ferne zu rücken.

***

„Spannende Neuigkeiten“, verkündete Piet am Mittagstisch der versammelten Familie. „Die oberste Behörde hat ein Comix-Programm aufgelegt, was sehr lukrativ zu werden verspricht.“ „Was ist Comix?“, wollte Ehefrau Mimi wissen. „Comix ist der Name für die neue Spezies, die unsere *Wanderer* vor einigen Monaten mitgebracht haben.“ „Und wieso sollen die Geschöpfe Comix heißen?“ „Ganz einfach. Weil sie so putzig und komisch sind. Das hat die Creatoren im Amt für Werbung auf die Idee für diesen Namen gebracht. Comix gleich komisch. Ist doch logisch.“ Mimi sah das offensichtlich nicht so überzeugend: „Wenn du das sagst. Aber war hat es mit diesem Programm auf sich?“

Piet lehnte sich zurück und schob den Teller beiseite. „Ich will es euch erklären. Nachdem die Forschungsarbeiten, an denen auch ich großen Anteil habe, so gut wie abgeschlossen sind, liegen die Ergebnisse nun vor. Es wurde festgestellt, dass sich die Fremden zumeist gutmütig und friedfertig verhalten, also keine Gefahr für uns und unsere Kinder darstellen. Sobald dies bekannt wurde, setzte eine enorme Nachfrage nach den Comix ein. Denn fast jeder will solch ein drolliges Haustier haben. Ist doch mal was anderes als Quietschmäuse und Heimchen. Um den Bedarf zu decken, ist jetzt das Comix-Programm angelaufen. Mit besten Aussichten auf Erfolg.“ Mimi wedelte ungeduldig mit ihrer rotlackierten Kralle. „Du hast mir aber immer noch nicht gesagt, was genau dieses geheimnisvolle Comix-Programm praktisch bedeutet.“

Piet lächelte. „Nur nicht so hastig, geliebtes Weib. Das Comix-Programm steht für den Plan, eine zentrale Einrichtung aufzubauen, in denen die Comix gezielt unter Aufsicht gezüchtet werden. Dann dauert es nicht lange, bis jeder, der will, ein eigenes Haustier erwerben kann. Übrigens sind die ersten Gebäude schon fertiggestellt und die Paarung bei zahlreichen Tieren im vollen Gange." „Gibt es denn genug von diesen Kreaturen im Land?" „Die oberste Behörde hat Truppen ausgeschickt mit dem Befehl, Nachschub zu besorgen. Die ersten Transporte sind bereits zurückgekommen, beladen mit Kreaturen beiderlei Geschlechts. Das Zuchtprogramm kann mit Tempo hochgefahren werden, um den ehrgeizigen Zeitplan einzuhalten." „Und was ist mit unserem iiiiiiaf?", erkundigte sich Wim. „Können wir ihn behalten?" „Klar doch", versicherte sein Vater. „Ich habe sogar bereits ein Weibchen bestellt, das in den nächsten Tagen eintreffen wird. Dann sind wir in der Lage, eine eigene kleine Privatzucht zu gründen und die Jungen später mit Gewinn zu veräußern. Bestimmt werdet ihr viel Freude haben, die Babys zu betreuen." „Au ja. Da werden wir. Was iiiiiiaf wohl sagen wird, wenn er plötzlich Gesellschaft bekommt?" „Wir werden sehen. Aber ich bin überzeugt, dass er sich freuen wird, nicht mehr allein zu sein", beendete Piet das Gespräch. „Jetzt muss ich mich sputen, der Forschungsrat erwartet mich zur Konsultation. Vielleicht erfahre ich bei dieser Gelegenheit weitere Neuigkeiten. Also bis später, Familie."

***

Nichts hatte darauf hingedeutet, dass an diesem Nachmittag etwas so Einschneidendes geschähe, was mein Leben total verändern würde. Ich lag auf meiner Lagerstatt und hing meinen tristen Gedanken nach, als der Ober-Hamster mein Gehege öffnete und eine junge Frau auf den Boden setzte. Ich glaubte an eine Fata Morgana und schloss die Augen. Als ich sie wieder öffnete, war die Frau immer noch da. Sie war aufgestanden und inspizierte den Raum, der anscheinend künftig auch ihre Wohnung sein sollte.

„Wer bist du? Wo kommst du her? Was willst du hier?", sprudelte es aus mir heraus. „Viele Fragen auf einmal", entgegnete kühl die Blonde. „Erlauben Sie, dass ich der Reihe nach antworte?" „Ja, natürlich. Entschuldigen Sie mein Ungestüm. Aber nach Monaten der Einsamkeit in einem trostlosen Gefängnis ist eine Lichtgestalt wie Sie ein wahres Gottesgeschenk." „Lassen wir den lieben Gott mal beiseite. Denn der kann uns in unserer Lage auch nicht weiterhelfen. Erst sollten wir dem Knigge folgen und uns vorstellen: Ich heiße Sara und Sie?" „Ich bin Ralf, Anfang dreißig, von Beruf IT-Fachmann, ledig und sehr glücklich, Sie kennenzulernen."„Ebenfalls sehr erfreut, Ralf", bemerkte mein hübscher Damenbesuch. „Nun zu Ihren Fragen. Wie gesagt, mein Name ist Sara, ich bin 23 Jahre alt und Sekretärin in einem Chemiekonzern, habe einen festen Freund und kein Interesse an einer anderen Beziehung. Ich komme aus einer Großstadt im Norden, wurde schlafender Weise in einer Nacht- und Nebel-Aktion von diesen hässlichen Gestalten entführt und in ein Lager verfrachtet, wo sich weitere Hunderte Menschen befinden. Ohne ersichtlichen Grund hat man mich heute hierher zu Ihnen gebracht. Und was ich will? Nur weg!" „Das will ich auch. Mit höchster Dringlichkeitsstufe. Aber ist das wirklich wahr, dass noch andere Menschen hierher verschleppt wurden? Davon habe ich nichts gewusst." Ich konnte es nicht fassen. Diese Mistviecher hatten allem Anschein nach eine generalstabsmäßig geplante Kidnapping-Aktion auf der Erde durchgeführt. Damit änderte sich alles in meinen Augen. Vorrangiges Ziel musste nun sein, zu den anderen zu gelangen und einen Massenausbruch zu organisieren. Gemeinsam würden wir es sicher schaffen, gegen die Kreaturen erfolgreich zu rebellieren. Wären sie erst einmal besiegt, würde man weitersehen.

„Woher sollten Sie das auch wissen, wo Sie doch die ganze Zeit allein ohne Kontakt nach draußen in Einzelhaft verbracht haben. Hat sich derweil eine Gelegenheit zur Flucht ergeben?", holte mich Sara in die Realität zurück. „Leider nein. Aber während der Zeit, in der ich schon als Käfiginsasse lebe, habe ich eine Art von Verständigung zu den Monster-Hamstern aufgebaut, so dass ich einen Wunsch äußern kann, der mir zumeist auch erfüllt wird." „Interessant. Monster-Hamster also. Ich hasse Nager und diese ganz besonders", kommentierte meine neue Zellengenossin. „Würden Sie mich bitte jetzt über die speziellen Umstände hier am Ort aufklären?"

Ich erzählte ihr von der Hamsterfamilie, berichtete von den Fortschritten im täglichen Miteinander, schilderte Essgewohnheiten und die Möglichkeit zur sportlichen Betätigung im Laufrad. Sara setzte sich zu mir auf die Liege. „Okay. Wie es scheint, müssen wir uns darauf einstellen, es länger miteinander auszuhalten. Auf diesem beengten Raum dürfte das nicht so leicht sein. Fangen wir daher an, jedem einen persönlichen Platz zuzuteilen, damit wir wenigstens eine gewisse Privatsphäre aufrecht erhalten können. Ansonsten gilt: Hände weg. Anderenfalls kann ich sehr ungemütlich werden."

So gut es ging, richteten wir unser Gefängnis für zwei Personen ein. Sara bekam die Liege zum Schlafen, ich den Boden, abgefedert durch Kissen und Decken. Die Mahlzeiten wollten wir gemeinsam teilen, sportliche Aktivitäten abwechselnd ausüben. Beim Thema Waschen gab es anfangs das Problem des fehlenden Sichtschutzes. Mit Hilfe eines Fenstervorhangs wurde auch das gelöst. Ansonsten würden wir die Zeit nutzen, um Fluchtpläne zu schmieden.

***

„Papa, wann kommen denn endlich die Babys?", knatschte Winnie. „Wir warten schon so lange. Kannst du nicht was machen?" „Gut Ding will Weile haben", bemühte Piet ein altes Sprichwort. „Unsere beiden müssen sich doch erst einmal kennenlernen. So schnell verliebt man sich nicht ineinander. Mama und ich haben auch über ein Jahr gewartet, bis wir so weit waren, euch in die Welt zu setzen." „Ein Jahr! Da sind wir doch schon erwachsen", beschwerte sich Wim. „Bei meinem Schulkameraden Claas ging das viel schneller. Seine Eltern haben gerade ein Junges gekauft." „Das kann schon sein. In diesem Fall haben sich die Tiere eben früher gepaart. Willst du etwa andeuten, dass ihr euch von unseren beiden Kreaturen trennen wollt und stattdessen ein Junges aus der Zuchtanstalt haben möchtet?"

Winnie und Wim schauten sich an. Die Aussicht war verlockend, sogleich ein Comix-Baby zu bekommen. Andrerseits hatten sie iiiiiaf schon so viel beigebracht. Es wäre schade um ihre Mühe. „Also gut. Einen Monat noch, aber nicht länger. Dann kannst du die beiden Comix abgeben und dafür ein Junges besorgen", entschied Wim. „So machen wir das, mein Sohn. Dann drückt mal die Krallen, dass iiiiiaf und sein Weibchen uns den Gefallen tun und bald für Nachwuchs sorgen."

***

Sara und ich lagen noch in tiefem Schlummer, als das Licht anging. Verschlafen richteten wir uns auf. Was war los? Wir sollten es bald, allzu bald, erfahren. Zwei fremde Monster-Hamster packten uns, steckten uns in eine dunkle Box und schafften uns nach draußen. Wir klammerten uns aneinander, voll Angst, was jetzt mit uns passieren würde. Ich hatte ein mulmiges Gefühl. „Wohin bringen uns die Viecher?", fragte Sara, was wohl mehr rhetorisch gemeint war. „Ich weiß es nicht. Ich kann mir auch nicht erklären, wieso wir auf einmal woandershin abtransportiert werden. Egal, was geschieht. Wir müssen auf jeden Fall alles daran setzen, um zusammenzubleiben", mahnte ich. Sara nickte. „Falls man uns lässt." Immer ein bisschen pessimistisch, die Gute.

Den Geräuschen nach befanden wir uns in einem Fahrzeug, das uns zu einem entfernten Ort brachte. Denn die Fahrt dauerte ziemlich lange. Als der Wagen stoppte und unsere Box von den Trägern nach einigen Schritten abgesetzt und geöffnet wurde, fanden wir uns in einem kahlen Zimmer wieder. Einziges Möbelstück war eine breite Liege. Dazu das unvermeidliche Laufrad. Von überall her drangen Stimmen zu uns herüber. Menschliche Stimmen. „Hallo, wir sind neu hier. Kann uns jemand sagen, wo wir uns befinden?", rief ich auf gut Glück. „Willkommen, Freunde!", schallte es zurück. „Wir begrüßen euch ganz herzlich in der Zuchtanstalt unserer freundlichen Gastgeber." „Moment mal. Zuchtanstalt? Wie soll ich das verstehen?" erkundigte sich Sara irritiert. „Ist doch ein klarer Fall", meldete sich die auskunftsfreudige Stimme von irgendwo. „Die Scheiß-Viecher halten uns für niedliche Haustiere und haben diese Einrichtung gebaut, damit wir uns schnellstens vermehren. Jeder Fick ein Baby! Natürlich läuft die versammelte Sex-Orgie hübsch gesittet ab. Jedes Pärchen für sich im separaten Doppelzimmer. Ohne Verbindungstür nach draußen."

„Falls du glaubst, dich nach getaner Arbeit mit ein paar Kumpeln auf ein Bier treffen zu können, bist du schief gewickelt", mischte sich eine zweite Stimme ein. „Keine Chance für einen Hofgang oder sonstige verdächtige Meetings. Zusammen könnten wir ja auf dumme Gedanken kommen. Also nix mit Aufstand und Rebellion, falls einer von euch beiden das im Sinn hat."

Das muss sich erst mal zeigen, dachte ich im Stillen. Wäre doch gelacht, wenn wir diesen Hamstern im XXL-Format mit vereinten Kräften nicht beikommen könnten.

„Und wenn wir nicht wollen? Wenn wir uns einfach gegen solch eine Zwangspaarung wehren?“ fragte ich laut zurück. Denn ich spürte, wie sich Sara neben mir total verspannt hatte, als sie von dieser Sex-Nummer hörte. Stimme Nummer Eins klärte auf: „Dann werdet ihr schon erleben, dass Widerstand zwecklos ist. Diese Aliens besitzen Mittel, deren Anwendung ihr gar nicht erst ausprobieren solltet. Tun schrecklich weh. Letzten Endes hat noch jeder von uns kapituliert und kopuliert, wenn das Wortspiel erlaubt ist. Anders ausgedrückt: Bisher hat jeder getan, was man von ihm und seiner Partnerin verlangte. Deshalb sei froh, wenn du noch einen hoch bekommst. Für Impotenz zeigt man hier kein Verständnis, ebenso wenig für Unfruchtbarkeit. Sollte es nicht klappen, wird das betreffende Paar kurzerhand mit anderen Partnern vergesellschaftet. Schlägt auch dieser Versuch fehl, dann heißt es *Arrivederci.*“ „Was bedeutet *Arrivederci?*“, meldete sich Sara erneut zu Wort. „*Arrivederci,* meine Süße, bedeutet Adieu für immer“, erwiderte unser unsichtbarer Experte in Sachen Zucht und Ordnung. „Menschen, die sich nicht für das Zeugen von Kindern eignen, werden aussortiert und entsorgt.“ „Wollen Sie damit sagen, sie werden umgebracht?“ „Du hast es erfasst, kluges Kind. Also gib dir Mühe, schnell schwanger zu werden. Eine andere Wahl gibt es nicht, wenn man hier überleben will.“

Sara und ich leben noch. Und beabsichtigen, auch weiterhin am Leben zu bleiben. In der Baby-Produktion liegen wir im Soll. Fünf Kinder hat Sara schon geboren. Kinder, die man uns bereits wenige Wochen nach der Niederkunft weggenommen hat. Was aus ihnen wurde – keine Ahnung. Wenn wir doch nur eines behalten könnten. Aber ich gebe diese Hoffnung nicht auf. Darum habe ich Sara in die Hand versprochen, dass wir unsere Kinder wiederfinden und nach Hause in die Heimat bringen werden.

Wenn die Hamsterräder still stehen, ist die Zeit erfüllt. Dann werden wir frei sein. Eines Tages. Irgendwann. Bestimmt.

Über die Autorin

Berichten, was war, was ist und was kann. Für Brigitte Waldens sind Geschichten das ideale Medium. „Was mich an Geschichten so fasziniert, ist ihre Vielseitigkeit, die sich flexibel an den jeweiligen Inhalt anpasst", erklärt die Journalistin und Autorin zahlreicher Sachbücher ihr Faible fürs Erzählen. „Denn sie können mehr, als dem Leser auf unterhaltsame Weise etwas Wissenswertes zu vermitteln. Geschichten sind in der Lage, Szenarien zu beschreiben, Gefühle zu schildern und Verhaltensweisen nachvollziehbar zu machen. Kurz: Eine Geschichte wird jedem Thema gerecht. Deshalb liebe ich Geschichten."

In ihrem neuen Buch „Wut hat keine Tränen" begibt sich Brigitte Waldens auf das Spannungsfeld von Willkür und Widerstand. Hier treffen Mensch und Tier aufeinander, um ihre Kriege auszutragen. Dabei verwischen sich die Grenzen zwischen Fiktion und Wirklichkeit auf beklemmende Weise. Auch jetzt bleibt die Autorin dem bevorzugten Format, in dem sie Inhalte gewöhnlich umsetzt, unverändert treu. Damit gelingt es, im Rahmen von zwölf Episoden die unterschiedlichen Facetten der Wut anschaulich darzustellen. Ein Buch, das nachdenklich stimmt. Denn was heute nicht ist, kann morgen schon werden.

Von Brigitte Waldens sind zuletzt erschienen die Stadt- und Familien-Chronik „Gevelsberg: Objektiv betrachtet" sowie die Bildgeschichten „Mit Licht geschrieben". Mit dem „Catwalk", einer Heimatkunde auf vier Pfoten, bringt sie eine tierische Komponente in das Genre der Regional-Literatur. Ergänzt werden die Publikationen durch den Titel „Aufgegabelt". Die Koch-Geschichten mit Geschmack machen neugierig darauf, was sich hinter Gerichten mit so merkwürdigen Namen wie Pfefferpotthast, Spaghetti nach Hurenart oder Blindhuhn verbergen mag.